포스트텔레비전

일러두기

- 한글 전용을 원칙으로 하되, 필요한 경우 원어나 한자를 병기하였다.
- 한글 맞춤법은 '한글 맞춤법' 및 '표준어 규정'(1988), '표준어 모음'(1990)을 적용하였다.
- 외국의 인명, 지명 등은 국립국어원의 외래어 표기법을 따랐으며, 관례로 굳어진 경우는 예외를 두었다.
- 사용된 기호는 다음과 같다.

  신문 및 잡지 등 정기 간행물, 영화, TV 프로그램 제목 등: 〈 〉

  책(단행본): 《 》

포스트텔레비전

한국 텔레비전의 문화적 정경 읽기

이기형
이동후
이종임
황경아
지음

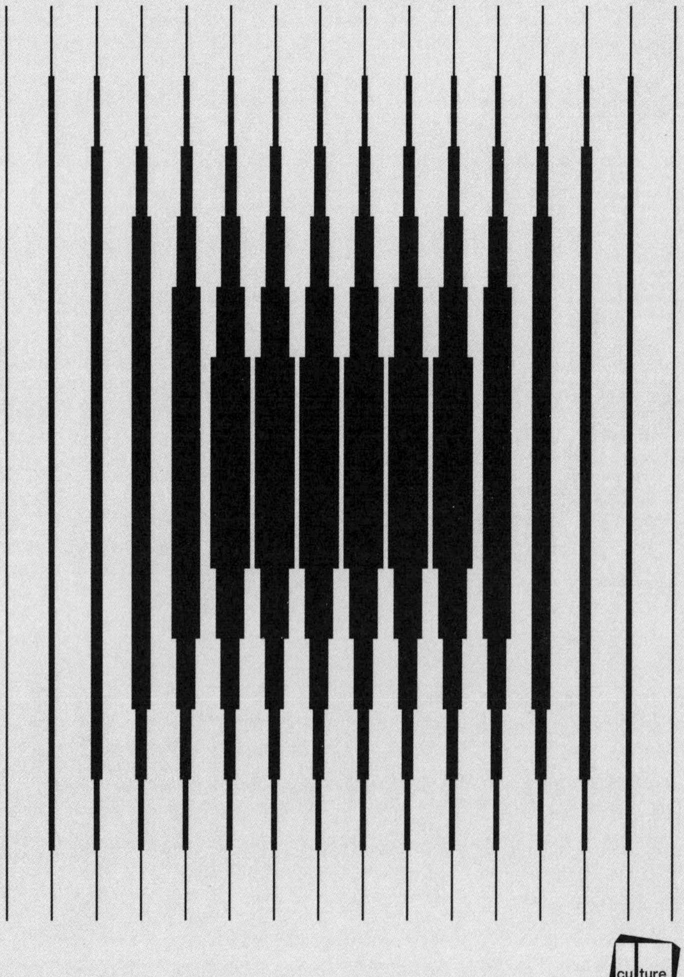

컬처룩 미디어 총서 033

컬처룩 미디어 총서 033

포스트텔레비전

한국 텔레비전의 문화적 정경 읽기

지은이 이기형 이동후 이종임 황경아
펴낸이 이리라

책임편집 이여진
편집 하이픈
표지 디자인 엄혜리

2023년 8월 20일 1판 1쇄 펴냄
2025년 2월 20일 1판 2쇄 펴냄

펴낸곳 컬처룩
등록 번호 제2011–000149
주소 03993 서울시 마포구 동교로 27길 12 씨티빌딩 302호
전화 02.322.7019 | 팩스 070.8257.7019 | culturelook@daum.net
www.culturelook.net

ISBN 979–11–92090–21–4 94300
ISBN 979–11–85521–06–0 (세트)

* 이 책은 '2021년 한국방송학회–지에스리테일 방송/영상 분야 저술 출판 지원'에 의해 수행되었습니다.

★ 2024 세종도서 학술 부문

culturelook

차례

머리말

저자들에게 지난날 텔레비전에 관한 기억은 대개는 가족 구성원이 모여 앉아 흥미진진한 드라마나 국가 대항 스포츠 경기를 먹거리를 나누며 함께 보던 정경을 중심으로 떠오른다. 그 시절의 경험을 돌이켜보면, 텔레비전이 집안에서 향유하던 볼거리와 여가의 중심에 있었음은 꽤 자명하다. 학교에선 아이들과 전날 본 이목을 끌었던 프로그램 내용을 두고 이런저런 이야기꽃을 피우기도 했다. 더러더러 자신이 본 드라마나 오락물 속의 대사나 행동을 흉내 내는 친구들도 있었다. 지금 생각해 보니 채널이 별로 없었는데도, 당시 텔레비전은 꽤 친근한 화자이자, 다양한 이야깃거리를 공유하는 존재였다.

시간이 흘러 그런 어린 시절의 기억이 점차 몰라보게 스러지고, 다매체와 디지털 기술의 세례 속에 놀랄 만한 적응력을 드러내면서 텔레비전의 위상과 쓰임새도 어느덧 큰 폭으로 변모하였다. 무엇보다도 텔레비전은 외양과 크기 및 기능에서 그간에 몰라보리만큼 영리해지고 변화를 거듭해 왔다. 이와 함께 스마트폰과 기기들의 활용이 늘어나면서, 이들이 고정형 TV의 역할을 꽤 대체하고 있으며, 드라마와 예능이나 뉴스를 포함한 주요 콘텐츠의 디지털 기기를 통한 소비도 확산된 바 있다. 그런 과정에서, 텔레비전의 정체성과 이용 방식이 크게 변화하면서, 전술한 기기와 텔레비전이 일상에서 다양한 문화 수용의 연계된 동시에 복합적인 회로circuit를 구현하기도 한다. 예컨대 텔레비전은 온라인과 유튜브 플랫폼 등으로 매끄럽게 이어지는 기능도 담당하면서, 수용자들이 추구하는 오락과 소비, 정보의 소구, 그리고 즐거움과 감정의 투사를 날렵하게 지원하는 면모도 드러내고 있다.

흥미로운 점은 모바일과 플랫폼의 확산 속에서도 가구별 텔레비전의 보유가 줄어들고 있지는 않다는 점이다. 요컨대 기능과 역할에서 텔레비전이, 거센 변화에 직면하고는 있지만, 상당한 적응력과 존재감을 발휘하는 것이다. 앞서 짚은 새로운 미디어 환경의 도래나 테크놀로지의 혁신 속에, 텔레비전은 전 지구화 시대에 지리적 경계를 넘어서는 다양한 문화의 초상과 리듬이 반영된 콘텐츠들을 부단히 소개·매개하고도 있다. 또한, 텔레비전은 다문화와 다인종의 풍경을 꽤 능동적인 상상력으로 선보이는 소통과 인식의 창구로서의 역할도 발현하고 있다.

이렇듯 이제 텔레비전은 물리적으로 매우 풍부한 채널과 다양한 성격의 콘텐츠를 제공한다. 그런 선택의 폭이 큰 만큼, 텔레비전이 구축한 사회적 쓰임새와 일상 속의 즐거움과 위안을 발산하는 위상도 제법 공고하게 유지되고 있다. 여기에 더해 케이블과 유튜브 플랫폼을 종횡으로 연결하면서, 텔레비전이라는 '스마트한' 장치가 소개하는 범주와 장르가 매우 다채로운 이미지들이나 흡인력이 있는 서사들은 여전히 주목을 끌며, 때론 마음을 어루

만지고 잡아당기기도 한다. 물론 집요하고 호들갑스러운 상업적 메시지나 과도하게 연출되는 얕은 감성팔이가 때론 피로를 주기도 하지만, 이 꽤 영리하고 기민한 장치를 그런 이유로 아주 거부할 것 같지는 않다.

이 책은 앞서 시사했듯이, 커다란 변화와 혁신을 보여 주는 텔레비전에 관한 선이 굵은 진단과 유연한 사유를 문화연구의 렌즈로 풀어낸다. 요컨대 이 기획은 문화연구가 전통적으로 탐구해 온 텔레비전의 재현 혹은 의미화 기능의 역할과 사회적 함의에 주목하면서, 특히 수용자에게 친숙한 드라마와 관찰 예능 및 오락 프로그램의 주목할 사례와 관련 쟁점을 집중력 있게 조명한다. 그런 상대적으로 낯익은 텔레비전 콘텐츠의 진단과 비평 외에, 저자들은 '넷플릭스 효과'로 상징되는 거대 플랫폼이 전개하는 주요 영향에서, 이런 새롭게 부상한 기술적·제도적 요인들이 텔레비전의 생산 주체와 관행에 미치는 가시적 효과와 압박, 그리고 탈지역화로 수렴되는 미디어 환경의 확장 속 수용 방식의 변화상도 다면적으로 풀어낼 것이다.

한편 저자들이 나름의 노력과 복안을 반영했지만, 이 책에서 텔레비전이 담당하는 공적 토론과 공론장적 측면에 관한 진중한 분석이나, 기존의 텍스트 분석 외에 담론 분석이나 구체적인 수용자 연구를 활용한 작업을 지면에 충분히 반영하지 못한 점은 아쉽다. 그런 측면은 가까운 미래에 문제의식을 공유하는 학자와 비평가 등이 화답을 줄 주제이기도 하다. 우리는 앞서 거론한 노력을 기반으로, 이 책이 당대 텔레비전의 다층적 변화상과 공고한 위상을 파악하는 데 유용한 자원이 되기를 기대한다.

특히 거대 플랫폼이나 빅 데이터와 인공 지능 관련 커뮤니케이션학의 관심은 매우 크지만, 정작 변화에 변화를 거듭하는 텔레비전을 대상으로 한 호흡이 긴 분석 작업은 많지 않다. 그런 측면에서 이 책이 향후 구현될 다양한 텔레비전 관련 연구를 이어내기 위한 작지만 유의미한 기반이 되기를 바란다.

끝으로, 이 책은 다양한 분들의 도움으로 세상에 나올 수 있었다. 우선 책의 기획에 관심을 갖고 지원해 주신 한국방송학회와 지에스리테일에 감사를 드린다. 또한 흔쾌히 출간을 맡아주시고 책이 나올 때까지 수고를 아끼지 않으신 — 동시에 문화연구 관련 책의 출간에 진심이신 — 컬처룩의 이리라 선생님과 이여진 선생님께도 심심한 감사의 말씀을 표한다. 그리고 무엇보다 이 책을 쓸 때 많은 영감과 지적 자극을 제공하면서, 지치지 않게 우리와 동행해 주신 동료 문화연구자 선생님들께 깊은 고마움을 전한다.

저자를 대표해 이기형 씀

1장

서론: 텔레비전 연구로의 초대

이기형

1. 텔레비전 생태계의 지각 변동과 문화연구의 대응

이 책은 현시점에서 포스트네트워크화와 탈지역화의 흐름이 가시적인 미디어 환경 변화 속에, 특히 텔레비전의 크게 변화된 위상과 다면적인 역할을 조명한다. 아래에서 상술하겠지만, 저자들은 이 책에서 지난 20여 년간 텔레비전의 혁신과 관련 생태계의 변동을 가져온 주요 미디어 기술적·제도적 요인의 진단에서 — 드라마와 관찰 예능 및 교양물 등의 — 핵심 텔레비전 콘텐츠의 구성과 변화상에 관여하는 사회문화적 요인도 포함하는 접근 방식을 활용한다.

과거 지상파 중심의 구성과 수용을 넘어서, 케이블의 부상과 다채널화의 시대를 겪은 이후, 이제 텔레비전은 사회를 아우르는 디지털 플랫폼화 과정의 핵심 '수혜자'로 변화한 바 있다. 또한 텔레비전은 다양한 콘텐츠와 매우 분화된 수용자층의 취향에 연동하는 문화적 매개체로서의 존재감도 드러내고 있다. 이는 일상에 편재하는 텔레비전의 다양한 존재감이나 다원화된 시청과 소비의 양상을 고려할 때, 연구자들이 각별하게 주목해야 할 시사점과 도전을 제기한다. 요컨대 저자들이 이런 복합적인 문제의식을 모색하는 이유는, 기성의 문화연구 주도의 텔레비전 연구가 지향해 온 방향성과 지배적 분석 방식을 일부 변형하면서, 현재 관찰되는 텔레비전을 둘러싼 심대한 변동과 혁신의 함의를 탐구하는 대응의 필요성을 체감했기 때문이다.

예시하자면, '포스트네트워크' 시대에 텔레비전의 평균적 수용자는 수백 개의 채널을 자유롭게 방문하면서 다양한 연예와 오락 콘텐츠에서, 뉴스와 탐사보도물, 토크 쇼, 드라마와 영화, 스포츠 관련 콘텐츠, 그리고 리얼리티 프로그램 등을 지속해서 소비한다. 여기에 더해, 작금의 텔레비전은 광대한 온라인과 유튜브, IPTV, 홈쇼핑, 그리고 넷플릭스 등의 동영상 서비스over the top(OTT) 플랫폼으로 변화무쌍하게 연계되면서, 매우 방대한 소비의 자원과 풍부한 오락 및 여가의 기회를 제공하고 있다. 한국의 사례만을 돌아보아도, 현재 텔레비전이 제공하는 공간에서 영미의 드라마와 중국산 사극, '일드'로 호명되는 일본산 드라마, 튀르키예에서 기획된 역사 드라마, 그리고 북유럽의 느와르 드라마 등을 시청하는 것은 꽤 일상화된 경험이라 할 수 있다. 한편 대중적 관심이 큰 관찰 예능의 영역에서도, 한국산 프로그램과 영미의 리얼리티 프로그램이 경쟁과 모방 및 상호 작용의 효과를 부단히 생성하면서, 장르 측면의 '로컬화'와 탈지역화의 과정이나 사회상의 반영을 복합적으로 전개하고 있다.

이런 측면과 함께, 다양한 오락 콘텐츠들이 전략적으로 활용하는 '게임화gamification'나 장르 변주genre-bending와 실험을 지향하는 추세도 선명하게 체감된다. 한편 거대 플랫폼과 유튜브가 가져온 거시적인 변화 속에, 상당수 수용자층은 시간에 얽매이지 않으면서, 다양한 드라마나 오락 콘텐츠를 수용하며, 종종 '몰아보기'의 단면도 풍부하게 구사한다. 앞서 언급한 상황에서, 텔레비전이 소개하는 외부 세계의 이미지와 서사는 친숙하면서도, 탈지역적으로 수용되는 대중문화의 '동시대성'과 '스낵 컬처snack culture'로 대변되는 다원화된 취향과 욕망의 추구를 큰 폭으로 발현하고 있다.

돌아보면, 과거에 '바보상자'로 불리거나 거실 구석의 평범한 기기a box in the corner 정도로 인지되었던 텔레비전은 디지털 플랫폼 기술의 급속한 변환과 가속화된 영향 속에서, 매우 차별적인 정체성과 폭넓은 위상 변화를 보여 준다. 단적으로 논할 때, 현 상황에서 텔레비전은 놀랄 만큼 '영리한' 장치smart device이자, 네트워크화된 수용의 핵심적 접점으로서의 큰 '진화'의 특징을 구현하고 있다. 이제 대작 드라마나 주요 오락물의 생산과 편성에서 OTT와 한국 '외부'에서 이루어지는 대중적 소비의 특성과 욕구를 고려하지 않을 수 없는 거시적 환경이 확연하게 구축되고 있다.

나아가서 텔레비전의 대형화나 거실과 실내를 벗어난 텔레비전의 도시 공간 내 물리적 이동성이나 편재성omnipresence을 통해서, 과거와는 매우 다른 정보와 오락 콘텐츠 제공의 주요 행위자로서의 텔레비전의 새로운 공적 기능도 관찰된다. 예컨대 도시 공간에서 종종 접할 수 있는 대형 스크린이나, 가정을 벗어난 텔레비전의 변화된 배치는 '네트워크와 모빌리티 사회'의 실상을 체감하게 해 주는 가시적인 상징물signpost로 인지된다. 이런 추세는 집합적으로 수용자에게 크게 확장된 선택의 기회와 더불어 문화적 취향과 선호도를 개방적으로 재구성해 내는 영향도 강하게 발휘하고 있다. 지금까지 서술한 측면을 고려하면서, 일군의 연구자들은 고도로 네트워크화한 텔레비전 생태계의 재구성과 다양한 플랫폼과의 유기적인 접합을 중심으로, '포스트텔레비전'이나 '연계된 TVconnected television'의 면모라는 — 과거보다 급진적으로 변화한 TV의 위상과 확장된 정체성에 — 주목하는 방안을 모색해 왔다.

동시에 텔레비전은 '(대중)문화의 글로벌화'를 체화embody하는 주요 매개체이자 사회 내 영향력이 큰 '스토리텔러'로 기능하기도 한다. 예컨대 24시간 동안 '지구촌'의 주목받는 주제나 이슈를 끊임없이 제공하는 뉴스 콘텐츠와 속보에서, 지리적 경계를 넘어서 공유되는 '문화적 코스모폴리타니즘'과 '상업화된 다문화주의'를 상징하는 일련의 교양과 오락 콘텐츠들은 기성의 공간과 지각에 대한 수용자층의 관성과 관련 통념을 크게 깨뜨리고도 있다. 예를 들면, 범주가 다양한 여행과 교양 관련 텍스트나 오락물들은 다문화적 정경과 다양한 이국적 장소성을 보여 주며, 인종적·문화적 타자와의 교류와 상호 이해를 반영하기도 한다. 전술한 텔레비전의 변화한 성격과 역할이 경험적으로 크게 확장되면서, 텔레비전은 다국적인 문화물을 향유하는 소비자들의 취향에 유연하게 대응하는 면모를 활성화하고 있다.

이런 추세 속에 최근 들어 큰 관심을 끌고 있는 이른바 '넷플릭스 효과Netflix effects'는 기존에 구획된 미디어 소비의 영역을 크게 재구성하는 새로운 수용 방식의 부상과 고도로 개별화된 취향의 재구성을 생성하는 주요 동인dynamics이라 논할 수 있다. 예시하면, 넷플릭스 등의 거대 플랫폼은 콘텐츠 소비의 방식을 심대하게 바꾸면서, TV와 플랫폼 및 온라인의 경계를 흩트리고, 동시에 재구성하는 역량을 발휘하기도 한다. 조금 다르게, 이 현상은 기성 텔레비전 산업의 제작 방식에서 기획과 편성, 방영과 수용의 측면에서도 기존의 관행을 크게 해체하는 집합적인 효과를 생성한다. 넷플릭스 등의 플랫폼이 투여하는 막대한 재원과 방영의 탈지역화가 한국의 드라마와 영화나 관찰 예능을 포함한 주요 콘텐츠의 생산자들에게 새로운 기회와 도전 및 압박을 제기하기 때문이다.

지금까지 서술한 일련의 추세를 숙고하면서, 이 책은 커뮤니케이션학과 문화연구의 영역에서 분석과 탐구가 상대적으로 정체된 텔레비전의 변화하는 위상과 과거보다 확연하게 확장된 역할을 다면적으로 조명하려는 기획이다. 부연하면, 이 책은 텔레비전이 제공하는 핵심 콘텐츠들의 변화에서, 플랫폼 기술의 급속한 변동 속에 새롭게 재편되는 텔레비전 수용의 단면과 사회문화적 함의를 복합적으로 아우른다. 특히, 이 작업은 기성의 커뮤니케이션학이 소셜 미디어에서 유튜브와 가상 현실 및 빅 데이터 등으로 분석의 대상을 옮겨가는 과정에서, 상당한 변화를 드러내는 텔레비전의 위상이나 역할과 관련된 정련된 연구가 여전히 부족하다는 측면에 주목하는 대응이기도 하다.

동시에 이 책은 텔레비전에 관한 기존의 인식을 재구성하고, 텔레비전을 대상으로 한 광의의 문화적 분석과 제도 및 기술 중심의 분석을 유기적으로 조합하면서, 대안적인 텔레비전 연구의 참고 사례를 제공하는 데 초점을 맞춘다. 이런 기획이 요구되는 이유로, 텔레비전 연구로 지칭되는 분야에서도 진중한 관찰과 정련된 '재맥락화recontextualization'의 필요성이 긴요한 의제로 부상한 측면을 짚어 낼 수 있다. 즉 이 책의 저자들은 문화연구를 전공하는 학자들이며, 텔레비전이 발현하는 주요 변화상과 이에 조응하는 분석의 대안과 확장성을 집중력 있게 탐구해 온 이들이다. 특히 이 책에서 우리는 기존의 텍스트와 수용자 그리고 분석 담론으로 상징되는 문화연구의 제도화된 관점과 관심을 일부 재구성하면서, 플랫폼의 영향 및 다양한 콘텐츠의 생산이라는 특화된 사회경제적 맥락과 수용의 복합적인 함의도 수렴하는 방식의 대안적인 접근을 모색한다.

좀 더 구체적으로 이 책의 핵심 주제와 관련해, 우리는 플랫폼의 부상과 연동된 텔레비전의 심대한 위상 변화와 수용의 재구성이 발휘하는 주요 함의에서, 문화 콘텐츠의 핵심으로 부상한 텔레비전 드라마의 눈부신 변화와 초국적인 함의, 관찰 예능을 통한 다양한 사회문화적 이슈의 재현과 환기, 그리고 텔레비전이 구성하는 인종을 둘러싼 쟁점과 숙고할 논점에 특히 주목할 것이다.

2. 텔레비전 연구의 현황과 명암

'텔레비전 연구television studies'의 연원과 전통 및 변화를 짧게 기술해 보면 다음과 같다. 한국의 연구자들에게도 영향이 지대한 영미의 문화연구는 텔레비전이 보여 주는 다양한 장르와 시각의 문법을 탐구하는 데 매우 긴요한 일련의 분석 틀을 제공해 왔다. 예컨대 영미 문화연구의 지적 전통과 문제의식을 수용한 일군의 연구자들은 — 예컨대 레이먼드 윌리엄스Raymond Williams에서 스튜어트 홀Stuart Hall과 데이비드 몰리David Morley 등의 학자로 대표되는 '버밍엄학파the Birmingham School'는 — 대중문화와 영상문화 그리고 텔레비전에 관한 상당히 풍부한 연구와 정련된 이론 작업을 제시해 왔다. 그런 영향 속에 1990년대 이후 한국의 커뮤니케이션학 영역에서도, 문화연구자들이 텔레비전의 분석과 관련된 상당히 확립된 존재감과 함께, 지적 궤적과 기여가 선명한 활동을 꾸준히 구현해 온 바 있다(원용진, 2021; 2014).

한편 전술한 문화연구에 기반을 둔 텔레비전 대상의 탐구는, 관련 영역에서 대표적인 장르라고 할 드라마, 뉴스 및 탐사 보도, 그리고 오락 콘텐츠의 사회문화적 함의와 이념적 가치, 그리고 수용에서 생성되는 즐거움의 추구를 복합적으로 탐구해 왔다. 특히 방법론의 측면에서 문화연구자들은 텍스트 분석과 수용자 연구, 이데올로기 비평, 현장 연구, 담론 분석, 그리고 문화기술지를 적용하면서, 주요 텔레비전 장르와 텍스트들이 사회 내에서 수행하는 의미 작용의 명과 암을 — 즉 '문화정치학적' 탐구를 — 체계적으로 모색해 왔다. 이런 지식 생산이 축적되면서, 텔레비전 연구는 기성의 인문학적 비평이나 관행을 넘어서, 텔레비전이라는 복합적인 구성체의 특성과 변화하는 위상을 다양한 각도로 진단하는 해석 작업과 개념화의 노력을 도모한 바 있다. 예컨대 텔레비전이 집합적으로 발휘하는 사회문화적인 함의implication

와 대중문화의 핵심적 의미 생산의 주체로서의 텔레비전에 관한 다양한 연구들이 전술한 문화연구의 방법론과 주요 개념들을 중심으로 꽤 풍부하게 축적된 바 있다. 동시에 그런 과정을 통해 텔레비전 연구가 커뮤니케이션학 내외부에서 '정당화'되는 성취도 상당히 이루게 된다.

이와 함께, '비판적 미디어 연구critical media studies'로 호명되는 접근도 상당한 성과와 영향력이 큰 전범norm으로서의 위상을 발휘하면서, 텔레비전의 사회정치적 기능과 함의를 진단하는 데 적지 않은 영향을 미친 바 있다. 요컨대 텔레비전이 구성하는 정치적 이해관계나 주요 이데올로기 효과와 헤게모니 작용에 관한 관련 연구자들의 상세한 분석은, 방송 저널리즘에서 공론장의 역할을 탐구하는 대안적인 지적-비판적 흐름을 구체화하게 된다. 또한, 비판적 미디어 연구의 전통 속에, 정치경제학을 특화한 일군의 학자들이 미디어 소유와 지배 구조에서 방송 정책의 거시적 담론 구성과 비판적 진단 등을 포괄하는 연구를 실행하면서, 선이 굵은 분석의 틀과 사례들을 제공해 오기도 했다. 전술한 문화연구와 비판적 미디어 연구라는 두 개의 지적 흐름은 통상적으로 텔레비전 대상 탐구와 관련된 영향력이 큰 지식의 구성과 지적 분담division of labor을 구현한 바 있다(류웅재, 2021; 임영호, 2019; 한국언론정보학회, 2015).

동시에 현재의 시점에서 지난 20여 년간 많은 성과와 영향을 발휘해 온 이 두 지식 생산의 방식에 매우 큰 도전과 변화의 필요성도 제기되고 있다. 즉 광의의 텔레비전과 OTT 영역에서 관찰되는 산업적 혁신과 '규모의 경제'가 큰 효과와 도전을 발휘하면서, 텍스트 분석이나 수용자 연구 혹은 담론 분석이 기존에 유지하던 관성과 관행을 넘어서는 탐구로의 확장과 새로운 방법론적 보완의 요구에 상당히 직면하게 되었기 때문이다. 특히 청년층을 중심으로 텔레비전을 우회하는 소비의 양상이 스마트 기기와 모바일 미디어 그리고 동영상 스트리밍 서비스를 중심으로 크게 확장되면서, 기존의 시청 방식에 집중하던 사회과학적인 조사나 TV 콘텐츠의 의미 작용에 주력해 온 문화 분석이 전술한 측면을 제대로 포착하지 못하는 양상과 한계를 드러내고도 있다. 또한, 대작 드라마와 화려한 오락물이나 오디션 프로그램이 상당한 대중적 인기와 욕망을 견인하면서, 기존의 단일 텍스트 중심의 분석이 상당한 한계를 노출하고 있다.

요컨대 심대하게 확장된 텔레비전의 초상업화가 구성한 거대한 회로와 무시 못할 자장 속에서, 적지 않은 수용자들이 텔레비전 콘텐츠의 감각적 구성이나 이들의 소비와 연계된 매력과 쾌락의 추구에 큰 관심을 표출하고 있다. 반면에 그런 콘텐츠들의 공공성이나 소통 작용에 관한 집합적인 관심은 상대적으로 정체되고도 있다. 정리하면, 지금까지 서술한 텔레비전 콘텐츠의 주요 소비 방식은 텔레비전이 설파해 온 공적 기능이나 '문화민주주의'의 활성화를 위한 주요 스토리텔러로서의 위상과 역할에 심각한 도전을 제기하고 있다.

앞서 짚은 측면을 조금 다르게 풀어보면, 현 상황에서 수용자 집단은 감각적인 콘텐츠와 스펙터클한 프로그램들이 제공하는 다양한 시청이나 대안적인 플랫폼 활용의 기회 속에서, 자신들이 욕구하는 콘텐츠를 찾아 자유롭게 유랑하는 '디지털 노마드'로서의 특성과 역량을 드러내기도 한다. 또한 기성의 비평 담론이나 학술적 진단이 주목해 온 '비판적 미디어 리터러시' 모델이나 '다의성polysemy' 모델을 넘어서, 다양한 배경을 가진 수용자들은 오락과 즐거움 추구의 모델이나 일군의 긴밀한 상호관계성intertextuality을 드러내는 동종 콘텐츠의 집중적 소비로 관심을 대거 돌리고도 있다.

이런 텔레비전을 둘러싼 재편된 현실은 단일 프로그램의 소비를 넘어서, 보다 확장된 유사한 콘텐츠의 기획이나 '컨버전스 컬처convergence culture'와 '트랜스미디어 스토리텔링transmedia storytelling,' 그리고 '멀티버스의 활성화' 등과 같은 대안적 개념화와 변주로 텔레비전 콘텐츠를 대상으로 한 수용과 소비가 전개되는 동태적인 현실을 반영하고도 있다. 예컨대 웹툰에 기반을 둔 드라마들의 생산이 인지도와 파급력 및 매력을 기반으로 큰 성과를 보이게 되면서, 이제는 드라마 관련 스토리텔링의 새로운 자원이자 문화생산자와 수용자 간의 상호 작용을 촉매하는 주요 방안으로 입지를 굳히고 있다. 이런 기존의 장르 경계를 넘어서고, 플랫폼을 횡단하는 드라마의 기획은 다양한 서사의 세계와 세계관을 창안·변주하며, 수용자층의 취향 변화에서 문화산업의 상업적 역량과 실험을 다양하게 촉진하는 방향으로 현실에서 작용하고 있다. 장년층이나 기성세대의 관점에서 텔레비전이 사회정치적 이슈와 관련 정보를 제공하는 역할을 여전히 담당하지만, 청년층의 경우 앞서 거론한 추세가 확장되면서, 텔레비전을 넘어선 스마트 기기와 아이패드 등 다른 다양한 접속 장치를 통한 영상 및 문화 콘텐츠의 활발한 소비와 오락적 활용이 이들의 일상에서 매우 큰 비중을 차지하고 있다.

지금까지의 논의를 종합하면, 텔레비전 연구는 기존의 설명력과 분석적 초점이 강한 이론과 모델을 성찰적으로 계승하면서도, 동시에 플랫폼 중심의 텔레비전 생태계의 변환과 관련 쟁점을 숙고할 필요성과 대안 모색의 요구와도 확연하게 대면하고 있다. 인정컨대, 이 책은 앞서 제기한 쟁점을 다차원으로 탐구할 만한 확장된 주제나 사례 분석을 다수 포함하지는 않는다. 머리말에서 밝혔듯이, 그런 기획은 가까운 과거에 좀 더 많은 연구자 집단이나 비평가들이 담당할 몫이다. 그럼에도 저자들은 수용자들이 큰 관심을 투사하는 드라마와 관찰 예능의 변화상과 관련 맥락을 다면적으로 진단하는 방안이나, 미디어 생태학적인 사유와 '관계론적인' 진단을 텔레비전의 변화 및 수용 양상을 중심으로 제공하면서, 숙고할 논점과 통찰을 진중하게 풀어내는 노력을 지면에서 기울였다.

3. 책의 구성

현재 관찰되는 다매체와 플랫폼의 광범위한 변화와 수용의 새로운 추세를 반영하기 위해서, 우리는 텔레비전 연구가 관행적으로 다루어 온 주제 영역과 방법론을 보강하면서, 관련 쟁점과 변화의 트렌드를 다면적으로 반영하고자 한다.

변화하는 미디어 생태계와 수용 방식의 변용

2장에서는 영미 문화연구의 전통에서 구현된 텔레비전 연구의 특성과 그간에 제공된 성과를 반영하면서, 동시에 변화된 텔레비전 생태계와 포스트네트워크 시대 텔레비전의 위상에 연동되는 텔레비전 연구의 정의와 핵심 주제 영역, 그리고 대안적 분석의 필요성을 자리매김할 것이다.

또한 변화하는 미디어 환경 속 텔레비전이 우리에게 어떤 의미를 갖는지를 질문한다. 전통적 매스 미디어로서 여가 생활의 중심을 차지했던 텔레비전이 디지털 네트워크 기술 및 관련 미디어 산업의 발달과 함께 변모해 왔고 시청 조건 또한 크게 바뀌었다. 특히 넷플릭스와 같이 인터넷으로 동영상을 시청하는 온라인 동영상 서비스 OTT가 일상에 들어오면서, 텔레비전의 형식과 문화적 위상이 달라졌고, 프로그램을 접하고 수용하는 방식 또한 달라졌다. 이와 함께 미디어로서의 텔레비전이 무엇이고 그것의 '경계'가 어디까지인지를 확실하게 말하기 어려워졌다.

저자는 텔레비전을 미디어 환경 변화에 따라 유기적으로 재구성되는 기술·문화적 형식으로 바라본다. 즉 텔레비전을 특정 본질로 정의하려는 본질주의적 접근이나 프로그램 내용(재현의 측면)이나 기술적 특성(기능적 측면)에 한정하여 이야기하는 부분적 접근보다는, 그것을 기술적 요소, 산업적 실천, 수용자 행위, 사회문화적 맥락 등이 서로 유기적으로 연결되어 진화하는 '형성형' 미디어로 탐구한다. 이런 관점은 보다 '관계주의적'이고 열려 있는 접근을 지향한다. 그런 탐색적 접근으로 넷플릭스와 OTT 플랫폼의 등장과 함께 변화하는 텔레비전 시청의 조건과 수용자 경험을 다각도에서 탐색하고 질문한다. 텔레비전의 시대적 진화 양태 및 생태적 변화, 기존 텔레비전 수용자 연구의 이론 및 논제의 한계, 수용자의 양가적 행위성, 초국적 수용 경험, 새로운 수용 문화에 관한 이론 및 방법론 과제 등을 논의한다.

텔레비전 드라마의 변화와 문화정치적 특징

3장에서는 탈지역화transnationalization와 전 지구화라는 핵심적인 문화와 미디어 생태계의 거시적 변동 속에서 텔레비전이 유지해 온 핵심 장르인 드라마가 발현하는 차별성과 혁신을 상세하게 진단한다. 또한 기성의 장르와 텍스트 중심의 분석을 보완할 수 있는 문화적 분석과 생산 문화의 진단을 통한 복합적인 맥락의 중요성이 강조되는 분석적 대안을 모색하고자 한다.

특히 2000년대 초반 이후 아시아 권역을 넘어서 매우 활발한 수용과 관심을 생성하고 있는 '한류 드라마'나 플랫폼의 영향 속에 등장하는 대작 드라마들의 사례를 중심으로, 드라마 생산의 변화상과 주목할 쟁점을 진단한다. 또한 전술한 미디어 환경의 심대한 변동 속에 드라마의 생산자들이 어떤 질적 변화와 혁신 그리고 고도로 정련된 상업화의 기획을 도모하는지를 사례 분석과 트렌드 분석으로 풀어낸다. 주지하다시피, 현시점에서 텔레비전 드라마는 감각적인 스토리텔링과 영리한 스타 시스템의 활용, 그리고 화려하고 정제된 시각 스타일을 구현하면서, 아시아 권역을 넘어서 중동과 남미 및 유럽에서도 상당한 반향을 생성하고 있다. 그런 측면에서 드라마가 매개하는 대중문화의 '초국성'과 '탈경계성'을 탐구하며, 현재 부상한 사례들의 복합적인 함의를 풀어내는 작업이 여러모로 유용하다고 판단한다.

나아가 기존의 텍스트 분석과 같은 대표적인 접근법을 보완하며, 재구성하기 위한 어떤 주의 깊은 방식들이 요구되는지를 설명한다. 즉 이런 유형의 탐구와 관련해서, 특히 기존의 문화적 분석에 미디어 기술과 생산 문화 및 수용 환경의 변화를 포함하는 다층적인 시각과 의미 중심의 텍스트 분석을 넘어서는 유용한 방안도 살펴본다.

리얼리티 프로그램의 확산과 관련 쟁점의 조명: 텔레비전이 제공하는 현실은 어떤 변화와 함의를 생성하는가?

4장은 2000년대 초반을 기점으로, 텔레비전 영역에서 사회적 영향력이 큰 장르인 리얼리티 프로그램의 대중화 요인, 장르의 세분화, 사회환경 변화와 맞물린 수용 과정의 함의 등을 살펴본다. 이 작업은 텔레비전의 역할과 사회적 함의를 이해하는 데 매우 긴요하다. 리얼리티 쇼, 리얼 버라이어티, 그리고 관찰 예능 등으로 변주되는 이 장르는 연예인이나 보통 사람들의 내밀한 사생활과 인간관계 등을 스토리텔링의 핵심 요소로 재현해 낸다. 주제 측면에서 광의의 리얼리티 프로그램은 육아, 연애, 자기 관리와 자기 계발, 도전, 생존, 오디션과 경쟁, 힐링, 메이크오버 등의 관련 주제를 매우 밀착된 방식으로 구현해 왔다.

현재 텔레비전을 통해 시청할 수 있는 프로그램은 다양한 장르가 존재하지만, 대중적 인지도가 높은 연예인이 아닌 평범한 사람들의 일상을 주목하는 리얼리티 쇼는 대중의 공감을 끌어내기에 적합하기에 관련 기획과 실험은 계속 증가하는 추세다. 이른바 가성비 측면에서도, 투자 대비 낮은 위험 요소를 지니고 있고, 일반인의 관계와 삶을 보여 주는 리얼리티 중심의 포맷은 시기별 대중이 선호하는 트렌드에 맞추어 유용한 대응이 가능하다. 즉 끊임없는 변주가 가능하다는 점도 리얼리티 쇼의 인기 요인이라 할 수 있다.

한편 텔레비전의 제작 주체들은 상대적으로 저렴한 생산 비용과 리얼리티 장르의 친숙성을 '전략적'으로 활용하면서, 이 장르의 다변화에도 매우 조직적인 노력을 기울이고 있다. 대중이 원하는 진정성을 재현하는 리얼리티 프로그램은 '정서적 평등주의'에 입각해, 신자유주의적 경쟁을 내면화하고 수행하는 사회적 담론을 반영하기도 한다. 하지만 최근에는 개인의 역량과 자질 등이 중요한 평가 기준이 되면서, 가족 관계 형성과 구성원으로서의 역할, 취업과 성취 등의 성공 담론보다 개인이 과정적으로 기울이는 노력과 역량 등을 리얼리티 관련 콘텐츠에서 재현하고 평가하는 것이 중요한 화두가 되고 있다. 특히 연애도 스펙화되면서 관련 경험을 다룬 리얼리티 프로그램 제작이 증가하며, 상당한 관심을 매개하고 있다. 또한 OTT 플랫폼까지 리얼리티 프로그램 제작에 가세하면서, 리얼리티 프로그램은 개인의 인간관계에 대한 조언자나 관찰자로의 기능에서, 사회가 요구하는 생애 주기 관련 중요 주제인 연애와 결혼 등을 조명하는 프로그램도 증가하고 있다. 지금의 수용자들은 시간과 비용을 들여서 연애하기보다 리얼리티 출연자들의 연애를 통해 대리 만족을 공유하는 방식을 선택하기도 한다. 라이프스타일이 다변화되고 있다고 하지만, 사회적 시선은 여전히 결혼과 출산을 중요하게 판단한다. 즉 연애 리얼리티가 대중적 인기를 끄는 이유를 그런 측면에서 찾을 수 있다. 특히 정상성의 범주 안에 포함되어야 한다는 강박 관념이 연애 리얼리티 프로그램을 통해 어떤 방식으로 대중 담론을 형성하는지를 탐구하는 문화적 분석이 요구된다.

나아가서 이 장에서는 리얼리티 프로그램이 '로컬화'하면서, 어떤 방식으로 대중적 관심과 더불어 논란과 쟁점을 생성했는지를 진단하는 방안도 포함하고자 한다. 특히 지금까지 많은 관련 연구가 축적된 리얼리티 프로그램과 자기 관리 및 생존 서사를 '신자유주의적 관점'의 효과와 이면이나 '정서적 평등주의'를 중심으로 조명하는 작업의 함의와 비판적 논의를 포함한다.

텔레비전이 재현하는 '친숙한 타자들'의 초상과 인종 및 다문화주의를 둘러싼 쟁점

5장은 탈지역화와 지구화의 추세 속에, 인종과 이민자의 초상을 다양하게 반영하는 텔레비전의 재현 방식을 심도 있게 조명한다. 지난 20여 년간 연성 다큐멘터리에서 토크 쇼나 오락과 교양 프로그램 등에서, 한국어를 구사하며 한국 사회에 관심을 표출하거나 한국에 정착한 이들을 다루는 다양한 콘텐츠들이 크게 가시화된 바 있다.

이 같은 선명한 추세 속에, 텔레비전의 공간에서 다양한 버전의 '상업화되고 협의된negotiated' 다문화주의를 둘러싼 관행과 스토리텔링의 변주가 등장했기에, 관련 특징과 명암을 진중하게 진단하는 방안도 상당히 유의미한 작업으로 판단된다. 〈다문화 고부열전〉, 〈비정상회담〉, 〈이웃집 찰스〉 등의 인종과 이주 및 다문화 관련 일련의 사례들을 돌아보면서, 텔레비전이 구성한 타자성과 인종적 재현의 특성과 명암을 탐구한다.

앞서 논한 관심은 한국의 높아진 위상과 자긍심이라는 추세와 여전히 한국 사회에서 주기적으로 부상하며 갈등을 생성하는 '인종주의'와 타자에 대한 '혐오의 정치'라는 상당히 문제적 현상을 교차시켜 진단할 만한 긴요한 비평과 고심이 깃든 토론의 기회를 제공하기도 한다. 그런 공적으로 주목할 문제의식을 중심으로, 이 장에서는 텔레비전이 인종적 타자를 재현하는 양상과 관련된 성취와 한계에서, 다문화주의에 관한 진전된 문제의식을 성찰적으로 탐구하는 작업을 도모한다.

—

언론학 내 문화연구자들은 지난 20여 년간 당대 텔레비전 문화와 영상 문화를 주제로 일련의 학술 작업과 연구서를 발간하는 데 각별한 관심을 기울여 왔다. 예시하면, 《애인: TV 드라마, 문화 그리고 사회》(1997), 《텔레비전 문화연구》(1999), 《텔레비전 이후의 텔레비전》(2013), 《책, 텔레비전을 말하다》(2013) 《텔레비전 비평론》(2021), 《문화연구의 렌즈로 대중문화를 읽다》(2020) 등의 기획을 관련 시금석이자 성취로 돌아볼 수 있다. 앞서 거론한 기획들은 대중적 양식으로 긴 역사성과 사회적 활용의 대상인 텔레비전에 관한 다양한 진단과 이론 작업을 도모한 구성물이다.

이들은 언론학이나 미디어 관련 연구에서 과거에는 사려 깊은 분석 대상이 아니었던 텔레비전과 핵심 콘텐츠들에 관한 광의의 '문화적' 분석과 유연한 이론화 그리고 상세한 비평을 집합적으로 추구한 바 있다. 특히 관련 주체들은 대중문화의 근간으로 텔레비전이 장기간에 걸쳐 담당해 온 공적 매개자로의 역할과 생산물에 관한 촘촘한 진단에서, 그러한 생산물이 표출하는 역사적 변화상과 사회적 쟁점의 함의를 다원적으로 규명하는 데 주력하기도 했다. 전술한 방식으로, 이들은 대중 수용자들과 다양한 희로애락의 감정을 공유하며, 나아가 사회경제적 변동을 차별적으로 반영하는 텔레비전의 독특한 역량에 관한 일련의 탐구와 맥락화의 노력을 지속해서 축적하기도 했다.

그런 과정에서 문화연구자들은 한국 사회에서 텔레비전이 구현해 온 사회적 영향력이 상당한 의미의 생산과 이데올로기 효과 그리고 재현의 정치성을 밀도 있게 파고드는 연작을 제시하면서, 텔레비전이라는 미디어이자 문화적 구성체가 발휘하는 독특한 역할과 명암을 예리한 분석적인 시선으로 탐구해 왔다. 특히 이들은 구체적인 텍스트와 수용자 측면의 분석에서, 텔레비전이 매개하는 사회상의 명암이나 산업적 함의를 다층적으로 탐구하면서, 그런 연구가 정당화되는 노력도 기울인 바 있다.

이 책은 앞서 서술한 축적된 성과와 연동하는 기획으로, 향후 모색될 텔레비전 관련 범주와 탐구가 보다 진전된 작업을 위한 또 하나의 유용한 자원이 되기를 고려한 책이다. 우리는 특히 현재 거세게 발휘되는 OTT와 플랫폼의 영향이 텔레비전 콘텐츠의 구성과 생산 문화에 제기하는 쟁점에서, 수용자들에게 매우 친근한 드라마와 관찰 예능 및 오락 콘텐츠 등의 핵심 콘텐츠가 반영하는 혁신과 변화의 양상 그리고 다문화주의와 인종 관련 긴요한 사회문화적 이슈의 재현을 복합적으로 아우르는 진단을 이 책에서 도모했다. 그런 집합적인 노력이 심대한 변동을 발현하는 텔레비전의 위상과 역할 및 공적 함의를 고려하는 데 일정한 디딤돌이 되기를 희망한다.

2장

OTT 미디어 환경의 텔레비전 시청자

이동후

1. 우리에게 텔레비전은 무엇인가

국어사전에서 따르면 텔레비전이란 “사물의 광학적 상을 전파에 실어 보내어 수신 장치에 재현하는 전기 통신 방식. 또는 그 영상을 받는 수상기”다. 이 사전적 의미는 텔레비전을 전파로 수신한 영상을 전달하는 스크린을 가진 수상기, 혹은 대중에게 영상을 전송하는 방식으로 정의한다. 하지만 텔레비전이 일상의 미디어로 자리 잡으면서 그 의미는 수상기와 전송 기술의 방식뿐만 아니라 텔레비전 프로그램 및 관련 방송 산업을 포괄하게 된다. 더 나아가 영상을 전송하고 수신하는 디지털 네트워크 기술이 발달하고 영상 제작 및 유포와 관련된 산업이 확장되면서, 전파와 수상기에 기반을 둔 기존 텔레비전 정의는 더이상 유효하지 않게 되었다. 여전히 텔레비전이란 단어를 쓰지만, 사람마다 다른 의미로 다가올 수 있다. 어제 텔레비전 프로그램을 봤다는 의미가 어떤 사람에게는 거실에 있는 텔레비전 수상기를 통해 본 프로그램을 봤다는 것이 될 수 있고, 또 어떤 사람에게는 버스로 이동하는 중 스마트폰 앱을 통해 자기가 찜해 놓은 프로그램을 이어서 보는 것이 될 수도 있다. 각자가 익숙하게 접해 왔던 미디어 환경에 따라 텔레비전에 대한 경험과 기억이 달리 구성될 수 있다. 소수의 지상파 방송사가 시청자가 접할 수 있던 모든 프로그램을 편성해 전해 주었던 시절부터 텔레비전을 시청해 왔던 사람들과 이러한 시절을 거치지 않은 이들이 떠올리는 텔레비전에 관한 이미지와 의미가 다를 수 있다. 또 이들의 일상적 미디어 이용 습관이나 실천 또한 서로 다르게 구성될 수 있다. 사람들은 자신이 익숙한 방식으로 텔레비전이란 단어를 떠올리며, 아예 텔레비전이란 단어 대신 특정 플랫폼이나 채널을 언급할 수도 있다.

텔레비전의 어원은 원거리를 뜻하는 그리스어 τῆλε(텔레)와 보는 것을 뜻하는 라틴어 visio(비시오)가 합쳐진 것으로, 텔레비전은 "멀리 떨어진 곳, 상황, 상징 사이의 상호 작용"하는 행위를 가능케 하는 미디어로서, 다른 사람 혹은 다른 세계와 전자적으로 마주하게 해 준다는 의미를 내포한다(Lobato, 2019/2020: 6). '멀리서 보다'라는 어원은 텔레비전의 의미론적 경계가 모호해질 수 있음을 암시한다. 왜냐하면, 이러한 원거리 보기를 가능하게 하는 조건이 바뀌면서 텔레비전이 시각적 상징 공간을 제공하는 방식과 수용 감각이 달라질 수 있기 때문이다. 이 장은 영상 전달 미디어로서의 텔레비전의 형식적 조건이 기술적, 산업적, 사회문화적 맥락에 따라 어떻게 달라져 왔는지를 살펴보고 이와 함께 변화하는 수용자 경험의 조건과 관련 쟁점을 이야기해 보고자 한다. 이러한 논의를 위해 '텔레비전은 ○○이다' 혹은 '현재의 텔레비전 수용자는 ○○ 성격을 가졌다'라고 정의하려는 본질주의적 접근을 추구하기보다는, 텔레비전을 미디어 환경의 변화에 따라 유기적으로 재구성될 수 있는 기술·문화적 형식으로 바라보며 그것의 경험에 관한 보다 탐색적이고 열린 접근을 지향하고자 한다. 다시 말해, 텔레비전을 특정 요소, 예를 들어 프로그램 텍스트의 내용이나 기술적 본질로 국한해 이야기하기보다는, 그것과 관련된 기술적 요소, 산업적 실천, 수용자 행위, 사회문화적 맥락 등이 서로 연결되어 계속해서 달라지는 '형성형' 미디어로 이해하고자 한다. 텔레비전 경험 또한 이러한 형성 과정에 따라 변화가 일어난다고 본다. 따라서 이 장은 텔레비전의 기술·문화적 형식이 어떻게 변화해 왔는지, 이러한 변화가 텔레비전 수용자 경험의 조건을 어떻게 재구성하는지, 그리고 이와 함께 텔레비전 수용자에 관해 생각해야 할 것이 무엇인지를 질문해 볼 것이다.

레이먼드 윌리엄스는 《텔레비전: 기술과 문화 형식*Television: Technology and Cultural Form*》(1974/1996)에서 텔레비전은 기술뿐만 아니라 문화, 이용자 경험, 산업 및 조직 구조 등 다양한 차원의 요소들이 결합한 미디어로 이해해야 한다고 말한다. 그에 따르면, 텔레비전은 기술이자 문화적 형식이다. 텔레비전의 기술·문화적 형식은 방송 프로그램을 매끄럽게 연결하며 지속적 시청을 유도하는 '흐름flow'의 방식으로 나타나고, 이를 통해 일상적 텔레비전 시청이라는 사회적 실천이 형성된다. 이러한 시각을 따를 때, 텔레비전은 기술적, 문화적, 산업적, 조직적, 경험적 차원이 복합적으로 연관되어 구성되는 미디어로 개념화될 수 있다. 현재 우리가 경험하는 텔레비전은 각종 차원의 연관 관계가 반영된 기술·문화적 형식이라고 할 수 있다. 지금의 텔레비전은 소수의 지상파 방송이 사람들의 저녁 여가 시간을 책임졌던 과거의 텔레비전과 다르고, 과거와 다른 형식으로 경험되며, 미디어로서의 위상도 달라졌다. 텔레비전 기술의 발달은 문화적, 산업적 맥락에 따라 특정한 형태와 조직으로 제도화될 수 있고, 이러한 기술적 능력을 활용한 새로운 서비스 개발과 이용자 경험의 확장으로 이어질 수 있다. 텔레비전은 고정된 미디어가 아니라 미디어 환경 변화에 따라 그 성격과 문화적 위상이 유기적으로 달라지는 미디어이고, 이에 따라 우리가 경험하는 텔레비전 수용 조건이 달라진다. 이 장에서는 텔레비전 미디어를 구성하는 다양한 요소가 그동안 어떠한 텔레비전 시청 환경을 구성해 왔는지를 살펴보고, 특히 OTT 플랫폼의 등장과 함께 변화하는 텔레비전 시청 환경과 수용자 경험에 관해 생각해 보려 한다.

2. 기술·문화적 형식의 진화

텔레비전의 '시대'

그동안 학자들은 지상파 방송 중심의 텔레비전 역사가 어떻게 변해 왔는지를 설명하기 위해 텔레비전의 시대를 구분해 왔다. 예를 들어, 어맨다 로츠Amanda Lotz(2007)는 미국 텔레비전 역사를 '네트워크' 시대, '멀티채널' 시대, '포스트네트워크' 시대 등의 단계로 구분하며, 텔레비전 네트워크의 점유율이 크게 줄어든 2000년대의 미국 텔레비전을 '포스트네트워크' 시대라고 했다. 그가 말하는 '포스트네트워크' 시대는 시청자가 다양한 소스의 프로그램 콘텐츠를 수상기뿐만 아니라 컴퓨터 스크린 혹은 이동 기기를 통해 언제 어디서나 볼 수 있다는 점에서 이전 시대와 다르다. 이러한 텔레비전 시대의 구분 방식은 텔레비전 서비스를 전달하는 데 사용된 기술 변화와 이에 수반된 산업적 변동을 주목한다.[1] 윌리엄 유리키오William Uricchio(2009)도 로츠와 유사하게 대중을 위한 전파 기반 방송의 시대, 세분화된 시청자를 겨냥한 케이블, 위성, VCR 등의 협송narrowcasting 시대, 개인별 선호 콘텐츠를 제공하는 DVR, VOD, IPTV 등의 편송slivercasting 시대로 나누고, 이를 시청자가 접하는 텔레비전 형식, 즉 '인터페이스'에 따라 다이얼 텔레비전(1950~1975), 리모컨(1975~1999), 티보TiVo, 유튜브(1999~)의 시대로 각각 불렀다.

이와 같은 시대 구분 방식은 텔레비전 시청 환경의 전반적 변화의 흐름을 살펴보고 텔레비전의 기반 기술 및 시청 양식의 차이를 인식할 수 있게 한다는 점에서 도움을 줄 수 있다. 특히 2000년대 이후 인터넷이 상용화되고 텔레비전 프로그램 및 여타 시청각 콘텐츠를 전달하는 수단으로 활용되면서 달라진 매스미디어로서의 텔레비전 개념이나 위상을 이해하는 데 유용할 수 있다. 이 장에서 텔레비전을 시대사적으로 나누어 살펴보려는 것은 현재의 텔레비전을 과거와 단절된 혁명적 형식으로 바라보며

1 로츠는 2000년대 중반 시점에서 포스트네트워크 시대를 기존 네트워크 방송사와 채널의 지배력이 '잠식'되는 시대로 바라보았는데, 2014년 저서 《텔레비전에 혁명이 일어날 것이다*The television will be revolutionized*》에서는 "네트워크 또는 채널이 없는" 비선형적 미디어 시대로 재정의한다(Lotz, 2014: 21~34).

그 본질을 규명하기 위함이 아니다. 그렇다고 텔레비전의 역사를 상세하게 기술하며 그 실재를 재현하려는 것도 아니다. 이러한 시대 구분을 통해 현재의 텔레비전 시청 환경을 구성하는 다양한 요소와 텔레비전 산업 구조, 그리고 수용자 경험 간의 역동 관계가 어떠한 변화의 과정을 거쳤는지를 볼 수 있다. 그럼으로써 계속해서 진화하는 텔레비전 시청 환경과 수용 문화의 연속성과 차이를 이해하는 탐색의 도구를 얻을 수 있다.

텔레비전의 시대는 텔레비전의 기술 및 문화적 형식, 이와 연동된 산업 구조, 그리고 사용자 경험의 조건을 중심으로 구분할 수 있다(Johnson, 2019 참고). 텔레비전의 기술적 형식은 (1) 영상물을 전달하는 기술 인프라(예: 지상파, 케이블, 위성, 인터넷), (2) 이를 수신하고 볼 수 있게 해 주는 시청 기기(예: TV 수상기, 스마트폰), (3) 이러한 기기를 통한 텔레비전 시청 경험을 촉진하거나 확장해 주는 부가 기기(예: 리모컨, DVD 재생기, 셋톱박스)로 나눠 볼 수 있다. 문화적 형식은 (1) 해당 기술 인프라를 기반으로 제공되는 텔레비전 서비스(예: 방송 채널, 케이블 채널, OTT), (2) 이용자들이 시청할 영상물의 내용과 형식, 분량, 배치 등을 결정하고 고지하며 시청자 경험을 구성하는 틀frame(예: 프로그램 편성, 추천 알고리즘), (3) 제공하는 영상물의 제작 주체 및 유형(예: 전문가 제작 콘텐츠, 사용자 제작 콘텐츠, 광고)으로 살펴볼 수 있다. 이러한 기술·문화적 형식은 해당 사회의 정치경제학적 맥락과 결합한 경제 모델(예: TV 수신료 모델, 광고 시장, 구독 경제) 및 산업 조직(공영, 민영, 지역 혹은 전 지구적 미디어 기업 등)을 기반으로 범용화되어 사용자 경험의 양식을 구성할 수 있다. 예를 들어, 지상파 방송 중심의 전통적 텔레비전 시대는 영상물을 무선 신호 형태로 전환시켜 전파로 송출할 수 있게 하는 기술 인프라와 이를 수신해 시청할 수 있게 하는 TV 수상기라는 기술 형식을 토대로 전개되었다. 이러한 기술 형식은 소수의 지상파 방송 채널이 대중을 대상으로 편성표라는 틀에 따라 전문 제작진이 만든 프로그램이나 광고를 실시간 전하는 문화적 형식으로 나타나게 된다. 이 시대의 텔레비전은 국가의 희소한 전파 자원을 이용하는 기술·문화적 형식으로 인해 국가의 규제를 받는 미디어로 제도화되었고 TV 수신료와 광고비로 재원이 마련되었다. 이러한 형식은 텔레비전 수상기로 전송된 프로그램을 보는 '시청' 행위라는 사용자 경험을 가능하게 했다. 그런데 이와 같은 전통적 텔레비전 개념은 새로운 기술·문화적 형식이 등장함에 따라 도전받게 된다. 공익성을 추구하는 국가 미디어로서 시청점유율을 독점했던 위상이 흔들리기 시작했고, 기존과 다른 수용자 경험 양식이 나타나게 된다. 시청 경험은 기술·문화적 형식과의 관계 속에서 변화하고 있다.

캐서린 존슨Catherine Johnson(2019)은 텔레비전의 기술·문화적 형식의 변화에 따라 네 개의 시대로 구분한다. 방송 시대(1930~1970년대), 케이블/위성 시대(1970~1990년대), 디지털 시대(1990~2000년대), 인터넷 시대(2010년대 이후). 그의 구분 방식은 현재의 이르는 텔레비전 미디어 환경을 살펴보는 데 유용하다. 하지만 영국의 텔레비전 역사를 기초로 한다는 점에서 재고해야 한다. 국가 혹은 지역의 맥락에 따라 텔레비전의 인프라(예를 들어, 네트워크의 광대역 접근과 속도), 기기의 접근성이나 소유 수준, 서비스 조직, 미디어 정책 및 규제 등이 다른 성격을 띨 수 있다. 따라서 텔레비전 시청 환경과 경험의 결은 서로 다르게 전개될 수 있다(Evans et al., 2016). 국내 텔레비전 관련 기술의 도입 및 상용화 과정 그리고 그 사회적, 산업적 맥락이 영국과 다르다는 점에서 존슨의 모델은 국내 미디어 현실에 맞게 수정되어야 한다.

여기서는 국내 텔레비전의 기술·문화적 형식의 변화를 지상파 방송의 시대(1956~1990년대 초반), 다채널 방송 시대의 개막(1990년대 중반), 디지털 전환기(2000년대), 모바일 인터넷 TV 시대(2010년대 이후) 등으로 나눠 살펴보고자 한다. 2000년대 이후를 디지털 전환기와 모바일 인터넷 TV 시대로 구분한 이유는 2010년대 이후 대량의 정보를 고속으로 전송하는 광대역 네트워크 서비스의 확산과 함께 영상물을 실시간 스트리밍하게 할 수 있는 4세대, 5세대 이동 통신의 발달, 그리고 이를 손쉽게 접할 수 있게 하는 개인용 스마트 기기의 범용화로 2000년대와는 양상이 다른 기술문화적 형식이 나타나기 때문이다.

텔레비전의 기술·문화적 형식

우리나라 지상파 방송 시대는 1956년 미국의 RCA사와 민간 자본이 합작해서 만든 '대한 방송'이 호출 부호 'HLKZ'로 방송하면서 처음 시작되었다. 본격적 개막은 1961년 KBS가 TV 방송을 시작하며 이루어진다. 지상파 방송 시대는 지상파 전파라는 기술적 인프라를 기초로 소수의 방송사가 전국 네트워크를 형성하며 전파를 통해 국민에게 프로그램을 전달하면서 이루어진다. 지상파 방송을 수신할 수 있는 TV 수상기가 가정에 보급되면서 매스 미디어로서의 텔레비전이라는 전통적 개념이 만들어졌고 텔레비전은 대중문화의 중심축을 형성하게 된다. 수용자는 소수의 지상파 방송이 시간대에 따라 프로그램을 기획하고 배치하는 편성 체계의 선형적 흐름에 따라 콘텐츠를 시청할 수 있다. 이 시대의 텔레비전은 희소한 전파 자원을 독점하며 전 국민을 시청 대상으로 하는 국가 미디어의 성격을 띠었고, 재원이 상업성(광고 수주) 여부와 상관없이 체제의 구성에서부터 프로그램 편성 방침에 이르기까지 국가의 규제를 받게 된다.

1990년대 텔레비전의 기술·문화적 형식은 두 가지 면에서 기존과 다른 면모를 보여 주기 시작했다. 첫째, 일반인이 직접 프로그램을 녹화하거나 재생할 수 있게 하는 VCR과 같은 부가 기기, 영상물을 저장하고 대여 혹은 소유할 수 있게 하는 VHS와 같은 저장 미디어가 대중화되기 시작하면서, 시청자는 방송국이 정한 편성표에 따라 본방송을 실시간으로 시청해야 하는 시간적 제약에서 벗어나 자신이 원하는 시간에 프로그램을 볼 수 있게 된다. 이들은 방송사의 선형적 편성 시간에 벗어난 개별적 시청 혹은 반복적 시청을 경험할 수 있고, 프로그램을 정지, 되돌리기, 앞으로 가기 등 시청 속도에 대한 통제감을 느낄 수 있다. 이와 함께, 리모컨이라는 부가 기기는 TV 수상기에 부착된 다이얼을 직접 돌리지 않고도 원격에서 채널을 변경하거나 음량을 조절할 수 있게 도와주면서, 시청자가 광고로 이어지는 방송 채널의 편성 흐름에서 이탈해 자신이 원하는 채널로 손쉽게 이동할 수 있게 된다. 케이블 방송의 등장과 함께 방송 채널이 많아진 경우에도 리모컨은 다양한 채널을 돌아다니며 훑어보거나 골라볼 수 있게 도와주고 보고 싶지 않은 광고를 건너뛸 수 있게 했다. 방송 채널의 예약한 편성 흐름에서 벗어나 효율적으로 원하는 방송을 시청할 수 있게 도와주는 것이다. VCR, VHS, 리모컨과 같은 부가 기기의 상용화는 기존의 선형적 편성에 따라 동시적으로 이루어졌던 집단행동으로서의 시청 경험의 틀에서 벗어나 비선형적이고 개인적인 시청을 가능하게 해 주었다.

둘째, 케이블 방송 인프라가 본격적으로 구축되기 시작하면서, 방송 채널이 다양해지고 채널별로 내용이나 대상을 세분화하여 전문적으로 편성하는 이른바 협송이 등장했다. 1995년 국내에 종합 유선 방송(CATV)이 본격적으로 시작되면서, 난시청 지역의 문제를 해소하기 위해 깔렸던 케이블 TV 인프라가 특화된 편성의 다양한 채널을 전송하기 위해 활용되었고, 이용자들은 가입비를 내고 기본 케이블 방송 서비스를 받거나 별도의 비용을 추가로 내며 유료 케이블 서비스나 프로그램별 유료 시청Pay-Per-View과 같은 VOD(Video on Demand) 서비스를 받을 수 있게 되었다. 다채널 방송 시대로 전환되기 시작하면서 텔레비전 수상기를 통한 전통적 시청 양식은 여전히 유지되고 있지만, 지상파 TV의 시청점유율은 점차 감소했고, 다양한 채널을 돌려보며 개인의 취향과 욕구에 부합하는 콘텐츠를 선택해서 보거나 비디오 재생기를 통해 시청 시간 및 속도를 조절해 가며 보는 시청 경험 양식이 새롭게 등장한다. 이러한 시청 경험 양식은 지상파 방송의 선형적 편성 프레임에서 벗어나 자신이 원하는 장르의 프로그램을 지속해서 접할 수 있거나 시청 내용과 시간을 선택할 수 있게 해준다. 이에 따라 기존 시청 관습에 균열이 생기게 된다. 1990년대 중반을 거치면서 텔레비전의 기술·문화적 형식은 VCR과 리모컨 같은 부가 기기의 대중화와 케이블 방송의 출현으로 기존과 다른 성격을 갖게 된다. 이러한 형식은 수용자의 콘텐츠 수요와 요구에 부응하며 '대중'으로 뭉뚱그렸던 수용자를 보다 세분화 혹은 파편화된 대상으로 간주하기 시작했고, 수용자에게 채널 및 프로그램 콘텐츠 선택의 자율성을 가질 수 있는 경험의 기회를 점차 확장시켰다.

1990년대 말부터는 인터넷이라는 인프라가 구축되기 시작하고 개인용 컴퓨터의 범용화가 이루어지면서, 인터넷이 점차 영상물이 유통되는 주요 매개체로 부상했다. 인터넷을 통해 텔레비전 프로그램이나 각종 영상물을 내려받거나 공유할 수 있는 시대가 열린 것이다. 지상파 방송이나 케이블 TV 채널은 인터넷을 통해 생방송을 전송하거나 방송 중 혹은 종영한 프로그램의 다시 보기 서비스를 제공하며 콘텐츠 유통 방식을 확대하였고 디지털 방송으로의 전환도 본격화했다. 2006년에는 이동 중 TV 시청을 가능하게 하는 지상파 디지털 멀티미디어 방송(DMB: Digital Multimedia Broadcasting)이, 2008년에는 인터넷 케이블을 전송된 실시간 방송 및 주문형 비디오(VOD) 등 콘텐츠를 텔레비전 수상기를 통해 볼 수 있는 인터넷 프로토콜 기반의 텔레비전 방송 IPTV(Internet Protocol Television)가 등장했다. 초고속 인터넷의 상용화와 방송의 디지털화가 이뤄지는 기술적 인프라가 구축되면서 방송 콘텐츠는 여러 경로로 전송될 수 있게 되었다. IPTV와 같은 폐쇄된 인터넷망뿐만 아니라 개방된 인터넷망에서도 전송될 수 있게 된 것이다.

디지털 전환기 시대를 거치면서 텔레비전 프로그램은 셋톱박스에 연결된 텔레비전 수상기를 넘어 PC로도 감상할 수 있게 되었고, 시청자들은 방송사의 선형적 편성에서 벗어나 자신이 원하는 프로그램을 원하는 시간에 볼 수 있는 능력을 더욱 확대해갈 수 있게 된다. 그뿐만 아니라 자신들의 시청 경험을 온라인에 표출하며 가시화할 수 있고, 방송 프로그램과 관련된 이용자 제작 콘텐츠(UCC)를 만들거나 공유하며 참여할 수 있게 된다. 인터넷은 기존 TV 콘텐츠 유통을 확장할 뿐만 아니라 기존 텔레비전에서 제공되지 않았던 대안 콘텐츠를 공유하는 인프라 역할을 한다. 텔레비전 프로그램이 다양한 미디어 플랫폼의 맥락 속에 들어와 콘텐츠로 유통될 수 있고, 온라인으로 유통되는 각종 콘텐츠와 수용자의 시선을 끌기 위해 경쟁을 벌인다. 디지털 전환기의 수용자는 점차 디지털 네트워크의 연결성을 통해 각종 기기의 스크린을 넘나들며 텔레비전 프로그램을 비롯한 다양한 영상물은 이용하는 '트랜스미디어' 시청 방식에 점차 익숙해질 수 있게 된다. 이와 함께 이들은 텔레비전을 보는 기기에서부터 시청 내용 및 시간에 이르기까지 이전 시대보다 더 자율성을 갖게 된다.

2010년대부터는 영상물과 같은 고용량 데이터를 실시간 매끄럽게 전송할 수 있는 유무선 네트워크 기술 인프라가 발달하고 개인이 언제 어디서나 인터넷에 접속할 수 있는 스마트폰과 태블릿 PC와 같은 휴대용 단말기 이용이 대중화되면서, 이용자는 인터넷에 접속할 수 있는 모든 기기를 통해 영상물을 즉각적으로 접근할 수 있을 뿐만 아니라 개인이 가지고 다니는 하나의 모바일 기기를 통해 다양한 미디어 플랫폼을 오갈 수 있게 된다. 스마트폰에서부터 PC나 디지털 텔레비전 수상기에 이르기까지

기기를 넘나들며 자신이 보던 프로그램을 이어서 시청할 수 있고, 스마트폰과 같은 개인 기기를 통해 TV 시청, 정보 검색, 사람들과의 소통 활동 등을 동시에 해갈 수도 있다. 미디어의 '유동성 fluidity,' 즉 미디어 기기 간의 유동성, 하나의 미디어 기기로 다양한 미디어를 접할 수 있는 미디어 플랫폼 내의 유동성, 네트워크 연결성을 통한 미디어 텍스트 간의 유동성이 심화되면서, TV 시청이 수월해졌을 뿐만 아니라 다중적인 미디어 이용의 맥락에서 이루어질 수 있게 된다.

또한, 인터넷으로 동영상을 시청하는 온라인 동영상 서비스 OTT(Over The Top)의 본격적인 확대가 이루어지면서, 텔레비전의 기술·문화적 형식과 이용자의 관계를 재구성하게 된다. 이 시대의 텔레비전은 "방송에서 케이블 그리고 인터넷 스트리밍으로, 다이얼 돌리기에서 리모컨 그리고 알고리즘 추천으로, 대중 시청자에서 틈새 시청자와 개인에게로" 콘텐츠가 제시되는 패러다임 변화를 보여 준다(Uricchio, 2014: 275). 네트워크 기술과 모바일 기기의 편재성은 텔레비전 콘텐츠를 비롯한 각종 영상물에 대한 유연하고 개인화된 접근을 가능하게 해 주었고, 하나의 기기에서 다양한 미디어 플랫폼 앱을 오가며 영상물을 시청하는 것을 허용한다. 이와 함께, TV 수상기는 인터넷 연결 기기로 탈바꿈하면서 전통적 방송 시청뿐만 아니라 온라인으로 유통되는 OTT 기반 영상물 시청을 매끄럽게 바꿔 가며 볼 수 있게 해 준다. 수용자는 기존 방송 채널의 선형적 편성과 "개인화된 콘텐츠 전달"을 제공하는 비선형적 서비스(Lotz, 2016: 2)를 오가며 콘텐츠를 선택할 수 있고, 이용자 데이터와 알고리즘이 수용자의 콘텐츠 이용 경험을 구성하는 중요한 조건이 된다. 이 시기의 특징은 텔레비전과 컴퓨팅 기술의 경계가 허물어졌고, 이를 반영하는 기술·문화적 형식이 자리를 잡았다는 점이다. 학자들은 인터넷에 기반을 둔 텔레비전 콘텐츠의 유통과 이용 방식을 주목하면서, 이 시대의 텔레비전을 "텔레비전 2.0"(Bury, 2018), "인터넷 분산 텔레비전"(Lotz et al., 2018), "온라인 TV"(Johnson, 2019)라고 명명한다. 이러한 용어들은 인터넷이 텔레비전 콘텐츠를 전송하고 이용하게 해주는 기술 인프라로서 텔레비전의 존재 기반을 구성한다는 점을 강조한다. 이 시기 텔레비전 이용 경험은 인터넷과 따로 떨어뜨려 생각하기 어렵게 되었고, 이와 같은 조건은 미디어로서의 텔레비전의 경계가 무엇이라고 뚜렷하게 정의 내리기가 어려워졌다는 점을 시사한다.

지상파 방송의 시대에서 인터넷 TV의 시대로 넘어오는 과정에서 희소했던 방송 채널은 풍부해졌고 아날로그 방송 신호로 전파되었던 방송 콘텐츠는 디지털화되어 다양한 텔레비전 시청 플랫폼으로 전송될 수 있게 된다. 텔레비전 초기 시대가 채널 희소성, 대중으로서의 시청자, 소수의 방송 네트워크 체제 등의 특징을 가졌다면, 점차 채널이 복수화되고, 시청자가 파편화되며, 텔레비전 시청 플랫폼이 다양해지게 된다. 특히 인터넷은 텔레비전의 기술·문화적 형식을 확장하는 동시에 와해시키고, 텔레비전은 개별 미디어 형식이 융합한 인터넷 미디어 환경의 일부를 구성하게 된다(Johnson, 2019). 텔레비전의 기술·문화적 형식이 디지털화, 네트워크화라는 미디어 환경적 변화의 흐름에 따라 진화한 유기적 변화체로서, 현재의 텔레비전은 지상파 방송뿐만 아니라 각종 OTT의 기술·문화적 형식이 공존하며 상호 연계되는 외연의 확장을 보여 주게 된다. 수용자들은 개인 모바일 기기를 통해 늘 네트워크에 연결된 상태를 유지할 수 있고, 각종 미디어 콘텐츠에의 접근과 공유 혹은 전유가 손쉽게 될 수 있는 네트워크 환경에서 텔레비전 콘텐츠를 경험하게 된다.

로츠 등(Lotz et al., 2018)은 텔레비전의 전문화된 산업 실천에 따라 제작된 콘텐츠가 온라인에 유통될 때 기존 텔레비전 산업과 완전히 구별되는 단일한 특성의 인터넷 배포 텔레비전 산업을 형성하기보다는, 기존 미디어 형식(기존 방송 및 케이블/위성 등)과 새로운 형식(인터넷 배포 형식, 전문적으로 제작된 텔레비전 콘텐츠와 이용자 제작 비디오 등)이 복합적으로 연동된 혼합적 시장을 구성한다고 본다. 이에 따라 인터넷 텔레비전의 미디어 환경에서는 기존 방송 및 케이블/위성 서비스와 플랫폼 서비스, 전 지구적 서비스와 지역적 서비스, 무료와 광고 기반 혹은 구매형과 구독형의 사업 모델, 선형적 편성과 주문형 혹은 알고리즘적으로 선별된 비디오 서비스, 비디오만 서비스하거나 다른 서비스 혹은 기기 구매와 결합한 서비스, 전문적으로 제작된 콘텐츠와 사용자가 제작한 콘텐츠 서비스 등이 다양한 방식으로 혼합되어 나타난다.

국내에서는 전 지구적 OTT 서비스인 유튜브, 넷플릭스, 디즈니플러스, 애플TV 등과 지역의 OTT 서비스인 웨이브, 티빙, 시즌, 왓챠플레이, 쿠팡플레이, 카카오TV 등이 공존하며, 기존의 지상파 방송 및 케이블 콘텐츠에서부터 자체 제작한 오리지널 콘텐츠나 이용자 제작 콘텐츠에 이르기까지 다양한 콘텐츠를 제공하고 시청자의 관심을 끌기 위해 경쟁을 벌인다. 이들은 채널이나

표 1 시대별 텔레비전의 기술 · 문화적 형식과 시청 경험의 조건

	기술		
	인프라	기기	
		시청 기기	부가 기기
지상파 방송의 시대 1956~1990년대 초반	방송	TV 수상기	
다채널 방송 시대의 개막 1990년대 중반	방송, 케이블	TV 수상기	리모컨, VHS / DVD 플레이어, 셋톱박스
디지털 전환기 2000년대	방송, 케이블, 위성, 디지털 멀티미디어 방송(DMB), 인터넷	TV 수상기, PC, 노트북	리모컨, VHS / DVD 플레이어, 셋톱박스, 이동식 저장 미디어
모바일 인터넷 TV의 시대 2010년대 이후	디지털 방송, 초고속 인터넷, 4G / 5G 등 이동통신, 와이파이, 클라우드 컴퓨팅	TV 수상기, 스마트 TV, PC, 노트북, 태블릿 PC, 스마트폰	리모컨, 셋톱박스

문화적 형식			재원	조직	이용자 경험 양식
서비스	제공 틀	콘텐츠 (제작 주체 + 유형)			
지상파 방송 채널	선형적 편성	전문가 제작 프로그램, 광고	국가 / 수신료, 광고	국가 / 공영 방송사	시청
지상파 및 케이블 방송 채널	선형적 편성, 전문화된 편성(협송)	전문가 제작 프로그램, 광고	수신료, 광고, 구독료, 대여 / 구매	공영 / 지역 방송사, PP / NO / SO	시청, 채널 돌리기, 대여 / 소장
지상파 및 케이블 방송 채널, 주문형 비디오(VOD, PPV), 동영상 공유(P2P), 실시간 스트리밍 방송	선형적 편성, 전문화된 편성(협송), 개인화된 방송	전문가 제작 프로그램, 광고, 트랜스미디어 콘텐츠, 사용자 제작 콘텐츠	수신료, 광고, 대여 / 구매, 구독료	공영 / 지역 방송사, PP / NO / SO, 지역 / 전 지구적 미디어 기업	시청, 채널 돌리기, 대여 / 소장, 재생 / 공유 / 제작, 온라인 팬덤
지상파 및 케이블 방송 채널, 주문형 비디오(VOD, PPV), 동영상 공유(P2P), 다양한 인터넷 동영상 서비스(OTT)	선형적 편성, 전문화된 편성(협송), 개인화된 방송, 추천 알고리즘	전문가 제작 프로그램, 광고, 트랜스미디어 콘텐츠, 사용자 제작 콘텐츠	수신료, 광고, 대여 / 구매, 구독료	공영 / 지역 방송사, PP / NO / SO, IPTV, 지역 / 전 지구적 미디어 기업	시청, 채널 돌리기, 대여 / 소장, 재생 / 공유 / 제작, 온라인 팬덤, 양식화된 참여(좋아요, 댓글 등), 몰아보기, 인터넷과 TV 경험 결합

서비스에 따라 확보한 콘텐츠의 성격이나 제공 방식, 사업 모델이나 수용 경험의 조건을 달리하며 인터넷 TV의 생태계 일부를 구성한다. 인터넷 TV의 생태계의 콘텐츠 유통에서는 사적, 공적, 상업적 공간의 경계가 허물어진다.

텔레비전이 인터넷과 긴밀하게 연계되어 별도의 미디어로 구분하기 어려운 상황에서 인터넷이 텔레비전을 대체하며 종말을 가져왔다거나 텔레비전을 보완하고 있다고 단순화시키기 어렵다. 인터넷 기반 영상 콘텐츠의 유통이 확대되고 새롭게 시장을 만들어 가는 가운데, 텔레비전과 인터넷은 복합적으로 결합한 연속체로 간주할 수 있다. 이러한 연속체에서 기존 텔레비전의 개념적 경계가 허물어질 뿐만 아니라 예측할 수 없는 방식으로 진화하고 있다. 현재의 OTT와 같은 동영상 스트리밍 서비스는 방송과 케이블/위성 등 기존 유포 모델을 대체하지 않지만, 텔레비전의 미디어 환경을 재구성하며 시청 경험의 조건을 바꾸고 있다. 이러한 시청 경험의 조건조차 기술과 문화적 맥락의 변동에 따라 계속해서 진화할 것이다. 영상물을 전달하는 텔레비전의 기술·문화적 형식과 이에 따른 사용자 경험의 조건을 시대별로 정리해 보면 표 1과 같다.

이제 최근 텔레비전 수용 문화를 이해해 보기 위해, 넷플릭스와 같은 OTT 서비스가 기존의 텔레비전과 얼마나 다른 시청 조건을 제공하며 어떠한 경험을 가능하게 하는지, 텔레비전과 수용자의 상호 작용 방식 및 관계가 어떻게 바뀌고 있는지 등을 살펴보고자 한다. 넷플릭스 사례를 주목하는 이유는 이와 같은 OTT 플랫폼의 기술·문화적 형식이 기존 텔레비전과의 관계

속에서 어떠한 차이와 변화를 만들어 가는지를 살펴보기 위해서다. 그것의 새로움을 강조하고 규명하기보다는, 최근 텔레비전 미디어 환경의 생태학적 변화를 가져오는 OTT의 기술·문화적 형식을 탐색하고 텔레비전 시청 경험의 조건이 어떻게 재구성하는지를 알아보면서 현재의 텔레비전 수용 문화를 이해하기 위해서다. 이러한 탐색 과정을 통해 우리는 오늘날의 텔레비전 미디어 환경에서 기존 텔레비전 수용자 연구의 이론 및 논제(예를 들어, 텔레비전의 일상적 이용, 능동적 수용자론, 전 지구적 수용자 등)가 어떠한 도전을 받고 어떻게 확장 혹은 보완해야 하는지를 논의할 실마리를 생각해 보고자 한다.

3. 넷플릭스는 시청 경험의 조건을 어떻게 바꾸고 있는가

넷플릭스의 등장

인터넷 프로토콜과 인프라 기반으로 영상을 전송하는 스트리밍 텔레비전은 인터넷 프로토콜 텔레비전(IPTV)과 OTT로 나눌 수 있다. 전자는 특정 인터넷 서비스 제공자(ISP)의 폐쇄 인터넷 네트워크를 통해 셋톱박스를 거쳐 영상을 전달하는 유형이고, 후자는 개방형 인터넷을 통해 콘텐츠를 전달하는 유형이다. OTT는 IPTV보다 ISP에 상관없이 다양한 기기를 전달받을 수 있다. 따라서 OTT 이용자는 여러 기기(멀티스크린)를 통해 자신이 보고 싶은 콘텐츠를 원할 때 전달받는 비디오 온 디맨드(VOD: Video On

Demand) 서비스를 받을 수 있고, 각자의 계정을 통해 자신만의 콘텐츠 목록을 구성하며 이를 시청할 수 있다. 넷플릭스는 가입해서 일정 액수의 구독료를 내고 서비스를 이용하는 '구독 기반' OTT 플랫폼의 대표 주자로서, 현재 전 세계 190개국 이상에 약 2.2억 명의 회원을 두고 있다. 넷플릭스 이용자는 월정액만 내면 영화와 드라마, TV 프로그램, 다큐멘터리, 애니메이션 등의 매우 다양한 장르의 콘텐츠를 셋톱박스를 별도로 설치하지 않아도 인터넷으로 연결된 컴퓨터나 모바일 기기 등을 통해 언제, 어디서나 무제한으로 볼 수 있다.

넷플릭스Netflix는 '인터넷Net'과 '영화Flicks'를 합성한 이름에서 나타나듯이, 영화관에 가지 않고도 영화를 볼 수 있는 서비스를 제공한다는 아이디어에서 창안되었다. 1998년 넷플릭스가 서비스를 시작할 당시, 비디오 이용은 주로 일정 기간 비디오 콘텐츠를 빌려주고 대여료를 받는 '블록버스터' 같은 오프라인 비디오 대여 전문점을 통해 이루어졌다. 넷플릭스는 이러한 오프라인 서비스를 온라인으로 옮겨와 인터넷으로 DVD를 신청하고 우편으로 대여하는 서비스를 제공하기 시작했다. 그러다가 2006년에 우편으로 DVD를 대여해 주는 서비스 대신 비디오 콘텐츠를 온라인 스트리밍으로 전송하며 월간 구독을 판매하는 플랫폼으로 탈바꿈하게 된다. 비디오 유통 과정에 DVD라는 물질성을 없애고 스트리밍을 통해 배포하면서, 오프라인 매장에서 제공할 수 있는 것보다 많은 100,000개 이상의 DVD 라이브러리를 운용하며 즉각적인 비디오 이용을 가능하게 했다. 넷플릭스는 자신을 "TV 프로그램과 영화를 인터넷 연결 지원 기기에서 광고 없이 시청할 수 있는 멤버십 기반 스트리밍 서비스"라고 소개한다. "인터넷 연결이 가능한 많은 기기를 통해 영화 등의 방대한 아카이브를 제공하는 스트리밍 서비스"로서 "수상 경력에 빛나는 넷플릭스 오리지널, TV 프로그램, 영화 및 다큐멘터리 등 다양한 콘텐츠를 시청할 수 있게" 하는 서비스라고 홍보한다. 넷플릭스는 월정액만 내면 영화와 TV 프로그램을 마음껏 볼 수 있게 하는 구독 체계를 기반으로 지역의 광고 시장에 구애받지 않고 전 지구적으로 확보된 가입자에게 콘텐츠를 유통시킨다.

넷플릭스는 2016년 1월 국내에 진출했다. 당시 국내에서는 인터넷에 연결해 동영상을 볼 수 있는 서비스가 다양한 방식으로 제공되었다. 방송사 계열 콘텐츠를 방송사별로 혹은 통합적으로 볼 수 있게 해 주는 온라인 VOD 서비스, 판도라TV와 곰TV와 같은 온라인 전용 동영상 제공 사이트, 아프리카TV와 같은 실시간 동영상 사이트, 다음카카오나 네이버와 같은 포털이 제공하는 동영상 서비스 등이 제공되었다. 무엇보다 돈을 내고 디지털 방송을 보는 이용 행태가 보편화되는 가운데, 인터넷 서비스 업자가 제공하는 초고속 인터넷망을 통해 TV 프로그램 및 영화 등의 영상 콘텐츠를 시청하는 IPTV 가입자가 계속해서 증가했다.[2] 넷플릭스가 국내에서 처음 사업을 시작했을 때는 국내 콘텐

2 〈2016 방송이용행태 조사〉에 따르면, 전체 가구 중 하나 이상의 유료 방송에 가입한 가구 비율은 91.2%이고 이들 가구 가운데 디지털 방송 가입 가구(디지털 케이블+위성+IPTV)는 80.9%로 나타났다. IPTV의 가입률은 35.6%로서 지속해서 증가했고 2017년에는 기존 유료 방송의 주류였던 케이블 TV(종합 유선 방송)를 넘어섰다.

츠 사업자나 이동 통신 3사와 제휴에 실패하며 고전을 면치 못했으나, 점차 국내 이용자들도 즐길 수 있는 한국산 오리지널 콘텐츠를 제작하고 모바일 기기뿐만 아니라 기존 IPTV 셋톱박스를 활용해 직접 넷플릭스 콘텐츠를 공급할 수 있게 되면서 구독자 수가 증가했다. 특히 코로나19 팬데믹을 거치면서 넷플릭스는 2021년 말 기준 약 500만에 달하는 국내 유료 가입자를 확보한 것으로 알려졌다(이영아, 2022. 1. 19). 최근 몇 년간 국내 OTT 이용률이 증가 추세를 보여 주는 가운데, 넷플릭스는 영상 콘텐츠를 시청할 수 있는 주요 선택지 중 하나로 자리 잡아가고 있다.[3]

넷플릭스는 인터넷으로 내려받아 보던 해외 드라마를 공식적으로 시청할 수 있게 해 주고, 다양한 주제의 콘텐츠와 영화를 개별 구매나 광고 없이 볼 수 있게 해 주며, 더 나아가 지역의 제작 관행에서 가능하지 않았던 거대 자본이 투자된 '오직 넷플릭스에서만' 볼 수 있는 오리지널 콘텐츠를 제공하고 있다. 기존 텔레비전이나 영화 콘텐츠를 다시 보게 해 주는 유통 창구이자 오리지널 콘텐츠를 전하는 플랫폼 역할을 하며 시청할 수 있는 콘텐츠를 확장하고 무엇보다 콘텐츠를 시청하는 방식에 변화를 가져오고 있다. 넷플릭스와 같은 온라인 구독 비디오 서비스의 도입은 최근 텔레비전 미디어 환경의 변화를 잘 보여 주는 현상이자 이를 이끄는 촉매제가 되고 있다.

3 〈2021 방송매체 이용행태조사〉에 따르면, OTT 이용률이 69.5%로 전년 대비 3.2% 증가한 가운데, 유튜브와 넷플릭스의 이용률 증가가 두드러졌다. 넷플릭스의 이용률은 2019년 4.9%에서 2021년 24%로 불과 2년 만에 다섯 배 정도 증가했다.

넷플릭스의 시청 조건

과거의 텔레비전은 특정 물리적 장소에서 볼 수 있는 정주적 TV이고 방송사가 제공하는 개별 콘텐츠나 편성 전략에 의해 구조화된 흐름의 TV였다. 텔레비전은 가정에 고정된 비품으로서 가족들이 모이는 장소 역할을 했고, 방송 프로그램은 아침부터 잠자리에 들 때까지 하루의 일상 행위 패턴 및 일과 구조에 맞춰 편성되었다. 이러한 편성은 광고를 포함한 다양한 장르의 콘텐츠가 순차적으로 부드럽게 이어지는 '흐름flow'을 만들었다. 점차 방송 채널이 많아지고 특정 유형의 프로그램을 선호하는 시청자를 위한 전문 편성이 이루어지면서, 시청자는 여러 채널의 흐름을 오가며 자기가 보고 싶은 대로 구성하는 '슈퍼 흐름super-flow'을 만들어 갈 수 있게 된다(Jensen, 1994). 디지털 기술과 인터넷의 발달로 시청자들은 텔레비전 수상기뿐만 아니라 다양한 미디어 스크린을 통해 구조화된 편성 흐름에서 벗어나 자신이 보고 싶은 것을 유연하게 선택해서 보는 통제력을 가지며 자신만의 습관적 시청 패턴을 형성할 수 있게 된다. 텔레비전이 어딜 가나 볼 수 있는 '주변의 TVambient TV,' 언제 어디서나 이동 중에도 볼 수 있는 '모바일 TV,' 자신이 선호하는 프로그램으로 시청 흐름을 구성하는 '개인적 TV,' 다른 활동을 하면서 이용할 수 있는 '이차적인 미디어' 혹은 별다른 주의를 받지 못한 채 배경으로 남아 있는 '백그라운드 미디어,' 다른 미디어 형식과 유연하게 링크된 '연결된 TV,' 소셜 미디어로 시청 소감을 나누며 보는 '소셜 TV,' 다양한 텍스트의 형태와 미디어 경로로 프로그램을 시청할 수 있는 '융합적 TV' 등을 포괄하며 진화해 왔다(이동후, 2012). 넷플릭스는 디지털 네트워크 기술 발달에 따른 텔레비전 시청 조건의 변화 동향을 반영하는 동시에 새로운 시청 조건을 구성해 간다. 구독형 온라인 동영상 스트리밍 서비스의 대표적 사례로서 넷플릭스가 구성하는 시청 조건의 특성을 세 가지 측면에서 살펴볼 수 있다.

첫째, 넷플릭스는 자기 결정적 시청 조건을 강화한다. 넷플릭스의 스트리밍 플랫폼은 이용자들이 어디에 있든지 원할 때마다 콘텐츠를 시청할 수 있도록 전달하며 케이블의 발달과 함께 시작된 수용자의 파편화를 개인적 수준으로 가져간다. 기존 텔레비전 편성은 '흐름'을 통해 광고주에게 팔리는 시청자를 최대한 끌어들이려고 했고, 시청자가 이러한 편성 과정에 개입할 수 없었다. 그 반면에 넷플릭스의 구독 기반 모델은 광고에 따른 중단없이 콘텐츠에 접근할 수 있게 해 주며 일원화된 편성 '흐름'에서 벗어나 시청자들은 자기가 보고 싶은 콘텐츠를 개별적으로 선택해서 보는 개인화된 시청을 지원한다. 시간의 흐름에 따라 본방송을 보는 선형적 시청 방식이나 방송된 프로그램을 재방송 또는 다시 보기 기능을 사용해서 보는 시청 방식에서 벗어나 자신의 시청 시간을 통제하며 기존 방송과 다른 '흐름'을 경험할 수 있다.

이전에도 시청자들은 VCR, DVD, 인터넷 다운로드 등의 기술을 통해 선형적 텔레비전 편성을 넘어 스스로 자신이 볼 것을 편성하고 원하는 시간에 보며 시청 시간, 시청 리듬, 속도 등을 조절하는 능력을 갖출 수 있었다. 넷플릭스는 이러한 시청자의 시청 시간 통제 능력을 더욱 강화한다. 다시 말해, 원하는 시간에 보고 싶은 프로그램을 보고, 시청을 멈추었다가 재개하거나, 보고 싶은 부분을 찾아 반복해서 보고, 하나 이상의 에피소드를 연이어 볼 수 있게 해 준다. 그뿐만 아니라, 다양한 화면 및 개인용 모바일 장치를 통해 시청이 이루어지며 인터넷 연결 없이도 기기에 콘텐츠를 저장해 시청할 수 있고, 장소에 구애받지 않고 끊임없이 시청할 수 있게 해 준다. 넷플릭스는 기존 텔레비전의 편성 시스템 및 시간과 공간의 제약에서 벗어나 시청자 스스로 시청 기기, 콘텐츠, 시공간을 선택할 수 있게 해 준다.

둘째, 넷플릭스는 알고리즘의 연산 능력을 통해 콘텐츠를 목록화하고 개별 이용자의 선호도에 따라 콘텐츠를 제안하는 시스템을 도입하면서 기존과 다른 시청 조건을 제시한다. 넷플릭스는 "개인화된 추천 콘텐츠를 제공하여 관심 있는 TV 프로그램 및 영화를 쉽게 찾도록 도와주는 멤버십 서비스"로서, 개인이 서비스를 이용할 때마다 "넷플릭스 추천 콘텐츠 시스템이 작동하여 최소한의 노력으로 좋아하는 TV 프로그램 또는 영화를 찾도록 돕는다"라고 자신의 서비스를 설명한다. 기존에 텔레비전 편성 PD가 익명의 대중을 대상으로 최대한 많은 이들에게 소비될 수 있는 프로그램의 흐름을 만들고자 했다면, 넷플릭스는 편성의 알고리즘화를 통해 다양하게 선별된 선택지를 제공하고 이용자가 자신의 선호에 최적화된 개별적 소비를 할 수 있도록 지원한다고 약속한다. 우리가 원하는 시간에 원하는 횟수만큼 중단 없이 지속해서 시청할 수 있고 알고리즘이 양질의 시청을 보장한다는 것이다.

넷플릭스 추천 시스템Netflix Recommender System은 개인의 취향 선호도에 따라 프로그램과 영화를 제안하는 알고리즘 시스템으로서, 개인이 보는 넷플릭스 홈페이지의 줄에 어떤 콘텐츠를 포함할지, 어떤 순서로 표시할지를 결정한다. 가장 적극적으로 추천하는 줄이 상단에 위치하고 가장 적극적으로 추천하는 콘텐츠가 각 줄의 왼쪽부터 배열되는가 하면, 장르 범주가 수만 개의 세분화된 미시적인 '대체 장르alt-genres'로 제공된다. 넷플릭스는 모든 자체 보유 콘텐츠에 태그를 최대한 많이 지정하여 데이터베이스를 구축하는데, 이러한 태그에는 배경, 배우뿐만 아니라 콘텐츠의 로맨스 수준, 폭력성, 톤, 줄거리의 결론, 심지어 등장인물의 도덕적 상태와 같은 항목까지 포함된다. 알렉시스 마드리갈Alexis Madrigal(2014)은 넷플릭스가 "지역+수식어+장르+○○에 기반을 둔based on+○○을 배경으로 한set in+○○시대의+○○에 관한+X~Y 연령대용" 등으로 콘텐츠에 대한 복잡한 범주를 생성하고, 개별 콘텐츠의 노출 수준, 내용의 폭력성 정도, 로맨스의 정도, 주인공의 도덕성 입장 등의 척도에 따라 감상 레벨을 지수화한다고 말한다. 이에 따라 "1980년대의 폭력적이고 긴장감이 넘치는 액션과 어드벤처" 또는 "평단에서 찬사받은 도서를 각색한 범죄 영화"와 같이 기존 장르 구분보다 정밀하게 범주화된 대체 장르가 제공된다. 넷플릭스 추천 시스템은 기존 텔레비전이 가족 시청을 상정하며 구축해 온 정형화된 장르 관습의 공식에서 벗어난 무정형의 개인화된 장르로 시청자를 소구한다(임종수, 2017).

넷플릭스의 인터페이스는 이용자 계정마다 추천 알고리즘에 의해 예측된 개인화된 장르 범주와 콘텐츠 목록을 39개의 행과 각 행에 속한 40개의 콘텐츠로 제시하고 검색 기능도 별도로 제공한다. 넷플릭스가 이용 데이터와 알고리즘에 기반을 두고 개인에게 특화된 콘텐츠를 추천하고, 플랫폼에서의 모든 경험을 나를 위한 것으로 인식하게 만드는 인터페이스를 제공하면서, 이용자들은 개인마다 다른 개인화된 편성 흐름을 경험할 수 있다.

셋째, 넷플릭스는 특유의 콘텐츠 배포 방식과 인터페이스 디자인으로 이용자들이 넷플릭스의 시청 공간에 머물도록 유도하고 기존 방송과 다른 시청 시간 감각을 형성할 수 있게 해 준다. 기존 텔레비전 프로그램은 매일 혹은 특정 요일의 특정 시간대에 편성되면서, 연속성의 감각을 만들었고, 같은 시간대에 집단적으로 프로그램을 시청하며 시청 공동체의 감각을 경험하는 "사회적 시간"을 만들었다(Cavell, 1986). 일정 시간 일정 주기로 새로운 에피소드가 방영되면서, 친숙한 내용과 새로운 내용이 공존하며 플롯이 전개된다. 사람들은 방송 편성에 따라 본방송을 기다렸고, 본방송을 놓쳤을 때는 재방이나 다시 보기 서비스를 이용했다. 넷플릭스는 시즌의 모든 에피소드를 일시적으로 공개하고 개인적으로 시청할 수 있게 해 준다는 점에서 콘텐츠 편성의 흐름과 리듬에 따라 프로그램을 제공하는 기존 텔레비전 방송과 다른 시청 조건을 제공한다. 플랫폼은 콘텐츠 제공에서 주기성이나 실시간성과 같은 시간 요소를 분리함으로써, 이용자들이 자신이 보고 싶은 콘텐츠를 시간과 상관없이 이어서 볼 수 있게 해 준다. 물론 넷플릭스가 시즌제를 통해 새로운 에피소드들을 선보이지만, 이 역시 일괄적으로 배포되고 실제 시청 경험이 개별적으로 이루어지면서 기존 방송의 사회적 시간을 경험하기 어렵다.

또한, 넷플릭스의 인터페이스 디자인은 이용자 행위를 특정 방식으로 이루어지도록 권장한다. 자체 알고리즘에 따라 사용자가 선호할 만한 콘텐츠를 추려 추천하고 스크롤 방식으로 추천하는 콘텐츠를 둘러볼 수 있게 해 주는 인터페이스뿐만 아니라, '다음에 볼 만한 콘텐츠'를 무작위로 섞어 추천하는 셔플플레이, 콘텐츠 도입 부분을 생략하는 인트로 건너뛰기, 에피소드가 끝나면 자동으로 다음 에피소드가 시작해 연속으로 시청할 수 있게 해 주는 '포스트플레이post-play' 기능, 사용자가 다 보지 못한 콘텐츠를 다시 추천하는 기능, 넷플릭스가 추천한 콘텐츠가 마음에 들지 않으면 화면에 뜨는 '다른 콘텐츠 재생' 버튼을 눌러 다른 콘텐츠를 추천하는 기능 등을 버튼 하나로 이용할 수 있게 한다. 시청할 때 속도를 조절하거나 원하는 구간으로의 이동도 허용한다. 이와 같은 넷플릭스의 인터페이스는 한편으로는 시청 시간을 통제하며 효과적 시청이 이루어질 수 있도록 도우면서, 다른 한편으로는 넷플릭스의 시청 공간에 더 오래 머물게 만든다. 이용자는 볼거리를 찾는 데 시간을 보내고 자동으로 에피소드를 이어서 시청하게 해 주는 기능을 통해 이른바 '몰아보기'가 쉽게 이루어질 수 있다. '몰아보기'와 관련된 논의는 뒤에서 다시 다루기로 한다.

알고리즘, 수용자, 취향

전통적인 텔레비전 방송은 전문가들이 프로그램을 기획하고 편성표를 짜면서 시청자의 관심을 최대한 끌어들이려 했다면, 넷플릭스는 데이터화와 알고리즘을 기반으로 한 콘텐츠의 생산, 유통, 전시 등의 전략을 통해 구독자를 끌어들인다. 데이터화란 이전에 정량화되지 않았던 세계의 측면을 포함해 모든 것을 데이터로 만드는 과정이다. 알고리즘은 이렇게 추상화, 정량화로 계산 가능해진 데이터를 가지고 세계를 이해하는 새로운 범주로 만들고 추적 및 예측 분석을 위해 활용하는 계산 절차라고 할 수 있다(Mayer-Schonberger & Cukier, 2013; Finn, 2017). 넷플릭스는 구독 서비스를 기반으로 개인의 선호도 및 행동에 대한 자세한 정보를 데이터로 축적하고 이것에 대한 알고리즘을 통해 구독자를 더 효과적으로 관리할 수 있는 시스템을 구축한다. 이러한 데이터화와 알고리즘이 기존의 프로그램 생산, 기획, 편성에 관여했던 전문가의 통제 역할을 대신하게 되고, 전통적인 편성 방식에 내재하였던 전문가-시청자 간의 권력 위계나 시청자의 행위성이 바뀌게 된다. 특히 추천 알고리즘은 구독자가 가질 수 있는 선택을 미리 정의하고 시청 행위의 가능성과 경계를 정하면서 기존과 다른 방식으로 콘텐츠를 전달하고 시청 경험을 구조화해 간다.

넷플릭스의 추천 알고리즘은 콘텐츠 기반 시스템contents-based systems과 협업 필터링 시스템collaborative filtering systems을 기반으로 이루어진다(최선영 · 고은지, 2018; Mello, 2020). 콘텐츠 기반 시스템은 콘텐츠 관련 데이터와 이용자가 플랫폼과 상호 작용할 때 수집된 데이터를 연결해 개인에게 맞는 콘텐츠를 추천한다. 콘텐츠 관련 데이터는 넷플릭스가 콘텐츠에 태깅한 상세 정보이고, 이용자 관련 데이터는 시청 기록, 시청 시간, 스크롤 동작 등 이용 중에 발생한 모든 데이터를 가리킨다. 콘텐츠 기반 시스템은 이러한 데이터들을 결합해 이용자의 취향 선호도를 추론하고 유사한 콘텐츠를 추천한다. 반면, 협업 필터링 시스템은 같은 데이터 추출 과정을 거치지만 유사한 취향과 시청 패턴을 가진 다른 사용자의 선호도에 가중치를 두어 조합한 데이터를 기반으로 콘텐츠를 추천하거나 서비스를 제공한다. 과거의 협업 필터링 추천은 주로 특정 지역 또는 국가의 사용자로부터 추출된 제한적인 데이터로 이루어졌다면, 이제는 전 세계 사용자의 시청 선호도 데이터를 가져와 이용자를 2,000개가 넘는 글로벌 취향 공동체로 나누고 이들의 선호도를 추천에 반영한다(Wasko & Meehan, 2020). 넷플릭스의 추천 알고리즘은 방대한 이용자 데이터, 보유 콘텐츠, 관련 데이터(태그 등)를 결합시키며 개인 이용자의 시청 패턴과 선호도에 최적화된 방식으로 콘텐츠를 제공하고자 한다. 이러한 제공 방식에는 '이용자가 자신의 시청 습관과 콘텐츠 평가에 따라 향후 가장 관련성 높은 콘텐츠를 선택할 것이다,' '같은 콘텐츠를 좋아했던 사람들은 비슷한 선호도를 보일 것이다,' '문화적 선호도는 어떻게든 범주화될 수 있고 이용자의 선호와 취향은 수식화될 수 있다'라는 가정이 깔려 있다(Alexander, 2016). 알고리즘은 개인의 프로필 및 시청 선호도와 가장 관련성이 높다고 추정한 콘텐츠 목록을 제공하며 뭘 봐야 할지 모르는 이용자들의 선택을 돕고자 하는데, 이러한 개인 맞춤화된 선택 개념은 서비스로서의 넷플릭스 경험의 핵심이 된다.

넷플릭스가 시청자 혹은 시청 행위를 인식하는 방식은 기존 텔레비전 산업의 그것과 다르다. 기존 텔레비전 산업에서는 시청자와 이들의 시청 행위를 시청률이라는 수치로 파악했다. 시청률 조사 회사는 통계적으로 대표되는 표본 가구에 '피플 미터'와 같은 모니터링 장치를 설치하고 이를 통해 누가 언제 어떤 채널을 얼마나 시청했는지에 관한 정보를 수집했다. 시청률은 시청자가 특정 채널을 트는 자체를 수신reception 행위라고 간주하며 표본 집단으로부터 실제 시청자에 관한 집합적 수치를 얻어 낸다. 광고에 기반을 둔 텔레비전 체계에서 시청률은 광고주에게 판매될 수 있는 교환 가치를 가진 상품으로서, 시청률 조사의 통계치로 제시된 "측정된 시청자measured audience"는 광고주가 방송사로부터 구매하고자 하는 "기대 수용자predicted audience"가 된다(Napoli, 2003). 광고주는 시청률을 통해 자신의 상품이 해당 시간대 시청자의 시선에 얼마나 많이 노출될 수 있는지를 가늠해 본다. 넷플릭스는 기존 텔레비전 산업과 다른 방식으로 시청자를 인지하고 시청자의 행위에 관한 정보를 활용한다. 기존 텔레비전 산업에서는 집합적으로 측정된 표본 가구의 시청률로 시청자를 가시화하고 이를 측정해 광고주와 방송사 간 경제적 거래를 위한 일종의 지표로 활용했다면, 넷플릭스는 시청자 측정 회사를 거치지 않고 모든 개인 구독자의 시청 패턴 및 행태에 관한 데이터를 실시간으로 수집하며 이를 자신의 구독 기반 플랫폼 체제 운영을 위해 활용한다.

기존 텔레비전 산업은 시청자를 인구학적 범주(연령, 성별, 지역별 등)로 정의되는 몰개인화된 동질적 집단으로 접근하고 작은 규모의 표본을 통해 전체 시청자의 특성을 파악했다. 반면 넷플릭스는 전체 시청자와의 상호 작용에서 데이터를 수집하고 이를 시청자 행동을 예측하거나 통제하기 위해 사용한다. 세부적 내용을 담은 대규모 시청자 데이터는 알고리즘 분석 과정을 통해 이용자의 취향에 최적화된 콘텐츠나 이들의 콘텐츠 이용 범위를 제시하는 데 쓰인다. 그런데 넷플릭스는 시청자로부터 수집된 데이터를 공개하지는 않는다. 오리지널 콘텐츠의 인기를 강조하거나 인기 방송의 성과를 홍보하고자 할 때만 시청자 데이터의 일부를 보여 주는 반투명 정책을 펼친다(Wayne, 2021). 시청자로부터 수집한 빅 데이터 자체가 다양한 방식으로 활용될 수 있는 플랫폼의 자산이 되고, 넷플릭스는 이를 기반으로 시청자의 '알고리즘 정체성algorithmic identity'을 구성해 간다.

알고리즘 정체성은 나의 자아가 플랫폼과의 상호 작용 및 행위를 기반으로 끊임없이 생산 및 재생산된다는 것을 의미한다(Markham, et al., 2020). 알고리즘 정체성은 내가 처음 개인 계정을 만들 때부터 시작되고, 시청 행위가 이어지면서 그것의 특정 버전이 만들어진다. 알고리즘은 내가 처음 설정한 언어와 관람 등급 혹은 선호하는 콘텐츠 유형을 기반으로 내가 관심 가질 만한 콘텐츠 목록을 제공하기 시작하고, 점차 쌓여 가는 나의 시청 데이터를 반영해 나의 관심사나 선호도에 맞을 만한 콘텐츠 목록을 제시한다. 알고리즘이 홈페이지에 생성한 콘텐츠 목록이나 범주 혹은 미시적 대체 장르는 내가 무엇을 좋아하고 어떤 취향이 있는지를 확인시켜 준다. 우리가 콘텐츠를 선택하고 시청할 때마다 알고리즘은 계속해서 새로운 상호 작용 내용에 적응하며 점점 더 정밀하게 여과된 콘텐츠 목록을 제시하게 되고, 시간이 지남에 따라 결국 우리는 이전과 경험한 것과 유사한 것, 친숙한 것을 경험할 가능성이 커진다. 우리는 "자발적이고 의도적인 관여가 아니라, PRS(개인화 및 추천 시스템)가 행위를 형성하는 방식에 의해 조정"되고, "자신의 행위를 지배하는 자율적인 주체보다는 알고리즘을 통해 생성된 추천 시스템에 의해 노출된 디지털 정체성"을 갖게 된다(Arnold, 2016: 93~94). 넷플릭스에서 내가 접하는 화면은 알고리즘으로 통제된 자기 정체성을 시사하는 동시에, 이러한 정체성이 현재 계속해서 구축되는 중이라는 점을 암시한다.

파티마 거Fatima Gaw(2022)에 따르면, 넷플릭스의 알고리즘은 (1) 사용자의 취향 선호도와 관련된 신호 및 행동을 식별하고 수집하는 '데이터화,' (2) 이를 통해 취향, 개인, 대상을 식별하고 분류해 새로운 모델을 만드는 '재구성reconfiguration,' (3) 개인을 알고리즘적으로 구성된 화면의 수용 주체로 만드는 '호명intepellation,' (4) 콘텐츠를 개인의 취향에 따라 새로운 범주나 문화적 형태로 변형시키는 '재생산reproduction' 등 네 가지 논리로 취향을 구성해 간다. 이러한 논리가 개인을 기술 의존적 혹은 알고리즘과 결합된 취향의 주체로 구성해 가는 조건이 된다고 볼 수 있다. 넷플릭스는 개인의 취향을 식별하는 과정에서 프로필 설문 조사, 자신의 재생 목록, 콘텐츠 평가 등을 통해 이용자가 직접 알려주는 '명시적' 취향 선호도와 콘텐츠 재생, 시청 시간, 검색 및 탐색 등 사용자의 소비 활동을 통해 드러나는 '암시적' 취향 선호도를 수집해 이용자가 어떤 취향을 가졌는지를 파악한다. 그런데 넷플릭스의 추천 알고리즘은 명시적 취향 선호도보다는 암시적 취향 선호도를 이용자의 소비 활동을 예측하는 중요한 변수로 반영한다. 이에 따라 개인은 자신의 취향을 표현하고 탐색하는 자율적 주체라기보다는 '데이터화될 수 있는 대상'으로 간주된다. 또, 개인의 시청 활동은 주체적 수행 행위가 아닌 유사한 이용 패턴을 보이는 이용자들의 집단적 기준을 따라 이루어지는 소비 행위로 만들고 있다. 넷플릭스는 표면적으로 개인의 취향을 더 깊고 넓게 탐닉할 수 있는 혜택을 약속하지만, 실제로는 알고리즘을 통해 이용자 경험의 조건을 제어하며 취향의 흐름을 특정 방식으로 이끌어간다.

넷플릭스의 이용자 인터페이스는 개인화되어 있다. 이용자의 취향 선호도와 시청 성향에 따라 콘텐츠들의 행을 배열하고 개인의 시선을 끄는 섬네일이나 콘텐츠 범주를 제시한다. 그런데 실제 이러한 인터페이스의 개인화 방식을 자세히 살펴보면, 개인의 취향과 관심사를 최우선으로 반영하는 것은 아니다. 일례로 인터페이스에 제시된 콘텐츠에는 새로 출시된 오리지널 콘텐츠, 일반 구독자들이 가장 많이 본 콘텐츠와 같은 최신 인기 콘텐츠가 내가 관심이 없더라도 포함되어 있다. 또한, 플랫폼은 보유한 콘텐츠를 개인의 취향과 관련 있는 것처럼 보이게 재포장시켜 제시하기도 한다. 예를 들어, 드라마 〈기묘한 이야기*Stranger Things*〉는 시청자의 취향에 따라 SF 스릴러, 시대극 또는 10대 로맨스로 분류되고, 콘텐츠의 섬네일(페이지를 작게 줄여 화면에 띄운 것)도 이용자의 취향에 따라 다른 모습으로 나타난다. 니코 파즈코빅Niko Pajkovic(2022)은 넷플릭스의 알고리즘이 어떻게 취향 만들기 과정에 영향을 미치는지를 조사하면서, 같은 콘텐츠라도 사람들의 시청 취향에 따라 다른 방식으로 제시된다는 점을 확인했다. 넷플릭스 인터페이스에서 동일한 콘텐츠의 장르, 이미지, 예고편, 시놉시스, 메타데이터 등이 개인의 입맛에 맞게 표시된다. 예를 들어, 아우터 뱅크스에 사는 10대들이 주인공 아버지의 실종과 관련된 보물을 찾아 나서는 넷플릭스 오리지널 시리즈 〈아우터 뱅크스*Outer Banks*〉의 경우, 스포츠 콘텐츠를 좋아하는 이용자 유형에게는 서프보드를 들고 물속으로 걸어 들어가는 두 남성 캐릭터를, 로맨스를 좋아하는 이용자 유형에게는 키스를 앞둔 남자 주인공과 여성 캐릭터의 클로즈업을, 지적인 문화 감수성을 추구하는 이용자 유형에게는 지도와 드라마의 스틸컷을 배경으로 한 주인공의 이미지를 보여 준다. 또한 〈라라랜드*La La Land*〉의 경우에도, 스포츠팬에게는 군무, 로맨스형에게는 주인공 남녀의 키스 장면을, 문화 추구형은 무대 위에서 남자 주인공을 쳐다보는 여자 주인공의 뒷모습을 보여 준다. 넷플릭스는 동일한 콘텐츠의 다른 장면을 인용해 이용자의 취향과 선호도에 알맞다는 '증거'로 제시하면서, 해당 콘텐츠가 취향을 가로질러 폭넓게 수용될 수 있게 만든다. 이러한 '증거 선택'의 알고리즘은 이용자가 자신의 취향을 충족시킬 콘텐츠를 접한다는 착시 효과를 일으킨다.

알고리즘이 제공하는 추천 기능이 반드시 이용자들의 선택을 손쉽게 만들지는 않는다. 이용자들은 자신에게 맞춤화된 콘텐츠의 목록을 받으면서도, 뭘 봐야 할지를 결정하는 데 많은 시간을 보내기 일쑤다. 이용자가 경험하는 결정 장애는 넷플릭스의 인터페이스 디자인에 내포된 "고안된 잘못된 지시designed misdirection"와 연관되어 있다(Matthew, 2020). 넷플릭스는 인터페이스를 통해 이용자의 취향과 개별 경험을 위한 콘텐츠를 선별해 제공하면서 이용자가 무한한 콘텐츠 자원 위에 구축된 정교한 시스템에 접속하고 있다는 느낌을 들게 만든다. 하지만 실제 이용자들이 경험하는 것은 무작위로 정렬된 것처럼 보이는 일련의 행들을 위아래로 스크롤하며 시간을 보낸다는 것이다. 이용자는 플랫폼을 통해 자신의 느낌이나 욕망을 충족시킬 수많은 콘텐츠를 시청하고 끝없이 스트리밍되는 영상 콘텐츠의 흐름에 몰입하기를 기대하지만, 오히려 방향 감각을 잃은 채 우유부단하게 플랫폼을 돌아다니며 스크롤의 흐름에 갇히기 쉽다. 스크롤의 가시적 종착점이 제공되지 않기 때문이다. 플랫폼의 알고리즘과 인터페이스 디자인은 개인화된 방식을 표방하지만, 실제 이를 매개하는 과정은 이용자의 관여를 대체하거나 제한한다. 넷플릭스는 자신이 보유하고 있는 제한적 콘텐츠의 풀로 구독자를 유지하거나 늘리려고 하다 보니 그만큼 플랫폼으로 유도하거나 머물게 만드는 알고리즘과 인터페이스 디자인의 행위성에 더 의존하게 된다.

몰아보기

몰아보기binge-watching는 넷플릭스와 같은 영상 스트리밍 플랫폼의 시청이 기존의 텔레비전 시청과 다르다는 점을 두드러지게 보여 주는 현상으로 이야기된다(Jenner, 2018). 일반적으로 몰아보기는 시청자가 한 번에 시리즈물의 두 개 이상의 에피소드를 연속적으로 시청하는 콘텐츠 소비 양식을 지칭하는데(Brunsdon, 2010: 65), 스트리밍 플랫폼의 인터페이스는 이러한 몰아보기를 손쉽게 할 수 있는 인터페이스를 제공한다. 그런데 몰아보기가 과거에는 없었으나 OTT에 의해 가능해진 새로운 현상일까. 그렇게 보기는 어렵다. 몰아보기는 시청자에게 깊은 정서적, 인지적 관여를 요구하는 "미디어 마라톤"(Perks, 2015)의 한 형태로, 이미 VCR, DVD 재생기 등을 통해서도 이루어졌다. 사람들은 기꺼이 돈을 내고 자기가 보고 싶은 VHS 테이프나 DVD를 대여하거나 구매해 방송 편성에 구애받지 않고 자신이 보고 싶을 때 원하는 만큼 볼 수 있었다. 리모컨으로 광고나 도입부를 건너뛰고 시청할 수 있고 시리즈물을 쌓아 놓고 한꺼번에 시청할 수도 있었다. 원하는 콘텐츠를 '선택적이고 비선형적인' 시청을 하면서 몰아보기를 경험할 수 있었다. OTT 기반의 미디어 플랫폼은 이와 같은 자기 결정적 시청을 더욱 확장시킨다. 우선 이들 플랫폼은 구독료를 내는 이용자에 한해 자신이 원하는 시간에 콘텐츠를 광고 없이 시청할 수 있게 해 주면서 편성 시간표에서 벗어난 비선형적 시청을 할 수 있게 해 주었다. 더 나아가 DVD를 변경할 때 거쳐야 하는 DVD 메뉴 및 예고편, 타이틀 영상, 엔딩 크레딧 등의 텍스트를 제거하고 '순수한 텍스트pure text'만으로 콘텐츠의 시청 흐름이 만들어질 수 있게 해 주면서 몰아보기 시청을 보다 수월하게 만들다.

마레이케 제너Mareike Jenner(2018, 2020)는 넷플릭스가 몰아보기를 플랫폼의 대표 시청 행위로 내세우며 '사람들이 원하는 것을 제공한다'라는 점을 강조하는 일종의 홍보 전략으로 활용하고 있지만, 몰아보기는 기존 텔레비전 정경 및 관련 스트리밍 플랫폼의 역학 관계 속에서 살펴볼 필요가 있다고 말한다. OTT에서의 몰아보기는 기존에 별도의 부가 기기나 서비스로 충족했던 텍스트에 대한 자기 결정적 시청이나 시청 중단이 없는 순수 텍스트 이용 욕구를 플랫폼의 기술 및 콘텐츠 배포 모델로 해소하고 강화하려 한다. 우선 기존 텔레비전이 프로그램과 광고를 부드럽게 연결하는 편성 행위를 통해 텔레비전 프로그램의 흐름을 경험하게 해 주었다면, 넷플릭스의 인터페이스는 자동화 기술을 통해 프로그램을 연속해서 볼 수 있는 흐름을 만든다. 넷플릭스의 플랫폼은 기기가 바뀌더라도 자기가 시청을 멈춘 지점을 이어 시청할 수 있고, 이용자가 끝없이 스크롤하며 지속적인 시청 활동의 흐름을 생성할 수 있게 해 준다. 또한, 홈페이지로 돌아가지 않고도 다음 에피소드를 바로 이어 시청할 수 있게 해 주는 '자동 재생'이나 '도입부 건너뛰기' 등의 인터페이스 기능을 통해 시리즈물의 서사 흐름을 더 원활하게 느끼게 해 준다. 자동으로 텍스트의 흐름을 유지하게 해 주는 스트리밍 기술은 수용자에게 '자신의 시청 경험에 대한 소유권'을 가졌다는 느낌이 들 수 있게 해주는 동시에, 이렇게 자동으로 생성된 흐름에서 벗어나기 어렵게 만들기도 한다. 이와 함께 넷플릭스는 몰아보기를 실행할 수 있게 하는 배포 모델을 보여 준다. 시즌별 시리즈의 모든 에피소드를 전 지구적으로 동시에 공개하면서, 그동안 있었던 방영 시간의 격차 문제나 공식적인 유통망 밖에서 이루어졌던 불법 다운로드의 문제를 해소할 수 있게 해 주었다(Turner, 2018, 2021). 이러한 배포 모델은 시청자 스스로 무엇을 언제 시청하는지 결정하는 자기 결정적 시청 방식, 시청 흐름을 끊을 수 있는 편성 주기나 광고에서 벗어날 수 있게 해 준다는 점, 그리고 시청하는 프로그램을 다양한 플랫폼을 통해 지속해서 시청할 수 있는 점 등에서 몰아보기의 조건을 구축할 수 있다.

OTT에서의 몰아보기는 콘텐츠의 서사적 특성과 연관 지어 논의되기도 한다. 기존 텔레비전 드라마의 서사가 편성에 따라 매주 일정한 시간에 일정 분량만큼 방송되는 이야기 구조를 가졌다면, 넷플릭스 드라마의 서사는 시즌의 시리즈 전체를 한꺼번에 올리는 넷플릭스의 프로그램 게시 방식 및 연속 시청을 가능하게 하는 인터페이스 디자인에 최적화되는 방식으로 설계되었다는 것이다. 이러한 논의는 넷플릭스 드라마가 편성의 시간적 맥락 및 지속 시간에 구애받지 않고 이야기 세계를 구성하며 여러 캐릭터를 깊이 있게 발전시킬 수 있다는 점을 기존 드라마와의 차이로 이야기한다(Baker, 2017). 넷플릭스 오리지널 콘텐츠로 제작된 드라마의 경우, 시즌제로 제작되기 때문에 에피소드 한 편의 구성보다는 시즌 전체의 플롯이 중요시되고, 개별 에피소드보다는 하나의 긴 서사로 소비될 수 있도록 제작된 장편 서사의 성격을 가질 수 있다. 이러한 콘텐츠는 서사 구조, 캐릭터의 행동 방식, 사건 전개 양상 등에서 몰아보기의 실천을 유도한다는 점에서 기존의 일반 TV 시리즈, 영화와 차별화될 수 있다. 예를 들어, 넷플릭스 오리지널 드라마로 해나 베이커라는 여자 고등학생이 자살한 후 그녀의 죽음과 관련 친구들에게 그가 직접 녹음했던 오디오테이프가 전달되면서 생기는 이야기를 다룬 〈루머의 루머의 루머*13 Reasons Why*〉(2017)는 마치 비디오 게임처럼 그녀를 자살로 몰아갔던 폭력적 상황의 강도를 높여 가며 한 시즌의 전체 에피소드를 정주행하게 만든다(Horeck, 2019). 드라마 에피소드들이 그녀의 죽음을 둘러싼 미스터리를 풀어갈 단서를 제공하면서 진실을 알기 위해 전체 에피소드를 계속해서 시청하도록 유도한다.

앞서 언급했듯이 과거에도 특정 텔레비전 시리즈를 몰아보거나 다시 보는 실천이 이루어졌다. 이러한 실천은 비디오테이프나 DVD 박스 세트를 자발적으로 구매하여 시청할 만큼 흡인력을 가진 콘텐츠가 있었다는 것을 시사한다. 특정 텔레비전 시리즈의 서사적, 미학적, 장르적 즐거움을 적극적으로 즐기는 시청자는 DVD와 같은 미디어를 통해 텍스트에 대한 강력한 몰입형 경험을 하고 수준의 정서적, 인지적 관여를 하려고 한다. 강렬한 감정과 높은 만족도를 경험하게 해 주는 서사적 짜임새, 미학적 스타일, 새로운 장르적 시도를 하는 양질의 텔레비전quality television에 매료되어 자발적 팬덤을 형성하고 문화적 실천 행위의 일환으로 몰입적 시청을 수행할 수 있다. 그런데 과연 넷플릭스가 유도하는 몰아보기가 이러한 시청 형태와 동질적이라고 볼 수 있을까. 넷플릭스의 몰아보기는 인터페이스에 의해 자동으로 이루어지기에(그래서 선택할 여지를 주지 않기에) 능동적 시청 행위라고 말하기가 모호하다. 다시 말해, 팬덤에 의해 수행된 집중적 시청이나 다시 보기의 실천과 같은 결을 갖는다고 보기 어렵다. 몰아보기는 시청 경험의 시간성을 재구성하며 이야기 세계에 대한 정서적 강도와 몰입의 정도를 높이는 텍스트 관여 방식이다. 넷플릭스 콘텐츠의 몰아보기는 같은 시리즈의 여러 에피소드를 연속적으로 볼 수 있게 해 주는 콘텐츠 플롯의 의도적 구성 방식이나 플랫폼의 인터페이스에 의해 유도된다는 점에서 전통적인 방송 TV 시청이나 DVD나 VOD 소비와 연관된 팬덤 실천과 다른 성격을 띤다.

넷플릭스와 같은 OTT 이용이 일상생활에 들어오면서 몰아보기가 하나의 시청 관행으로 경험되고 있다. 몰아보기가 특별한 이벤트나 좋아하는 작품을 의도적으로 즐기는 문화적 실천이 아니라 스트리밍 플랫폼을 이용하면서 자연스럽게 체화되는 관행이 되고 있다. 이러한 경험은 개별 OTT 플랫폼에서만 그치는 것이 아니라 보다 광범위한 미디어 이용 문화와 연관된다. 개인의 몰아보기 경험이 온라인에서 빠르게 공유되는 콘텐츠 관련 정보에 의해 추동되기도 하고, 다른 이들의 몰아보기를 부추기기도 한다. 온라인 네트워크 공간에서 회자하는 종영 프로그램이나 방송 중인 프로그램이 몰아보기의 대상이 되기도 하고, 몰아보기 경험이 콘텐츠의 화제성이나 서사적 재미의 증거로 이야기되기도 한다. 몰아보기가 일상적 미디어 시청 관행의 하나가 되고 있다는 점에서 이것이 다양한 맥락에서 수용자의 시청 경험을 어떻게 구성해 가고 어떠한 문화적 함의를 갖는지를 구체적으로 살펴봐야 한다. 몰아보기의 실천은 변화하는 텔레비전 수용자 문화를 탐색할 수 있는 중요한 지점이라 할 수 있다. 특히 콘텐츠에 주의를 집중하며 정서적, 인지적 관여를 하는 수용자의 행위성이 이러한 수용자의 주의를 상품화하려는 스트리밍 플랫폼의 구조적 조건과 맞물린다는 점을 주목해야 한다.

4. 텔레비전 수용자론에 대한 도전

1970년대와 1980년대 영국 버밍엄대학교 현대문화연구소를 중심으로 한 문화연구는 미디어 수용자를 문화산업의 수동적 소비자가 아닌 능동적으로 관여하는 수용자로 접근하는 관점을 제시했다. 이러한 문화연구는 텔레비전 텍스트의 생산과 수용의 관계를 위에서부터 아래로의 일방적이 아닌 쌍방향적 과정으로 바라보면서, 수용자가 텍스트를 읽고 해석하며 저항하는 능력을 주목한다. 스튜어트 홀(1980)은 텔레비전이 사건이나 현실을 가공하지 않은 상태로 순수하게 보여 주는 것이 아니라 텍스트로 부호화하여 재현하고, 시청자는 이것이 제시하는 메시지를 능동적으로 수용하는 해독 과정에 관여한다고 본다. 그의 부호화/해독 모델에 따르면, 텔레비전 텍스트는 사회문화적 맥락, 미디어 산업 인프라, 제작자, 수용자 간 관계의 메커니즘 속에 만들어지는 것이고 텔레비전 텍스트가 수용자의 의미 해독 과정을 전적으로 통제하지 못한다. 텍스트의 의미는 생산자와 수용자 간에 이루어지는 능동적 협상 과정에서 형성된다. 여기서 생산자와 수용자 간 불평등한 권력관계는 구조적으로 고정된 게 아니고 텍스트의 의미 또한 지배 이데올로기에 의해 결정된 것이 아니기에 텍스트는 수용자의 다양한 해독에 열려 있는 다의성을 갖는다. 수용자는 동질적이지 않고 해석 과정에 관여하며 제작자의 의도와 타협하거나 반대하는 행위적 능력을 가졌다.

자신의 사회적 경험에 비추어 미디어 텍스트를 해독하고 그것의 이데올로기 구조에 의식적으로 타협하거나 전복하는 능동적 수용자 개념이 주목받으면서, 민속지학적 방법론을 통해 미디어 수용 경험과 해독 과정을 구체적으로 살펴보는 연구나 팬 공동체와 같이 가시적으로 능동적이거나 '생산적인' 집단의 문화적 실천을 살펴보는 연구가 이루어졌다. 예를 들어, 데이비드 몰리(1980)는 〈네이션와이드*Nationwide*〉라는 뉴스 매거진 프로그램을 시청한 영국 수용자들이 자신이 속한 사회 집단의 상황에 따라 메시지를 서로 다르게 해석해 나가는 과정을 살펴보았고, 이앤 앵Ian Ang(1989)은 덴마크 여성들이 미국 텍사스 재벌가의 부와 권력을 둘러싼 음모와 치정을 다룬 연속극 〈댈러스*Dallas*〉에 공감하고 자기 삶을 투사해 보는 시청 경험을 조사했다. 또한, 존 피스크John Fiske(1992)는 수용자의 능동성에 주목하면서, 이러한 수용자가 보여 주는 생산성을 세 가지 범주로, 즉 (1) 기호학적

semiotic 생산성, (2) 언명의enunciative 생산성, (3) 텍스트의textual 생산성으로 나누어 살펴볼 수 있다고 주장한다. 다시 말해, 수용자는 대중문화 텍스트의 의미를 해석하는 데 적극적으로 참여하는 생산성, 자신이 해독한 의미를 말하고 공유하는 언명의 생산성, 새로운 의미와 텍스트를 생산하는 텍스트의 생산성을 통해 즐거움을 얻고 수용자로서의 정체성과 공동체를 형성해 간다고 말한다. 헨리 젱킨스Henry Jenkins(1992)도 텔레비전 수용자가 수동적인 소비자가 아닌 '텍스트의 밀렵꾼'으로서 텍스트로부터 요소를 가져와 창의적인 방식으로 전유하며 텍스트의 해석과 재해석에 참여하는 주체가 된다고 말한다.

디지털 미디어의 등장 이후 수용자의 능동성과 생산적 실천 활동을 주목하는 수용자 개념이 더욱 주목받았다. 젱킨스는 1992년에 출간된 《텍스트 밀렵꾼: 텔레비전 팬과 참여 문화*Textual Poachers: Television Fans & Participatory Culture*》라는 자신의 책에서 게시판이나 초기 형태의 온라인 공동체를 통한 참여적 팬 문화를 언급한다. 2006년에 나온 《컨버전스 문화: 올드 미디어와 뉴 미디어의 충돌*Convergence Culture: Where Old and New Media Collide*》에서 그는 새로운 미디어 기술과 플랫폼이 미디어 콘텐츠의 생산, 배포, 소비 방식에 영향을 미치는 방식을 살펴보면서 논의를 확장했다. 그는 새로운 미디어와 기존 미디어가 새롭게 예기치 못한 방식으로 충돌하고 교차하면서 수용자는 미디어 콘텐츠의 생성, 유통 및 소비에 더 적극적으로 참여할 기회를 얻게 된다고 본다. 또한, 미디어 기업도 이러한 수용자들의 활동에 주목하면서 이를 활용해 새로운 산업적 가치를 창출하려고 한다. 디지털 네트워크 시대에 수용자 혹은 팬은 미디어 기술을 활용해 생산과 이용 혹은 소비를 함께 할 수 있는 '프로듀저produser' 혹은 생비자prosumer로 인식된다(Bruns, 2008). 소셜 미디어의 상용화는 미디어 텍스트의 의미와 가치를 만드는 수용자의 역할을 더욱 주목하게 했다. 젱킨스는 샘 포드Sam Ford, 조슈아 그린Joshua Green과 함께 쓴《확산 가능한 미디어*Spreadable Media*》(Jenkins, Ford & Green, 2013)에서 디지털 미디어 플랫폼이 손쉽고 빠르게 정보와 콘텐츠를 공유할 수 있게 해 주는 '확산 가능성spreadability'을 가짐으로써, 수용자가 "단순히 이미 만들어진 메시지의 소비자가 아니라 과거에 상상할 수 없는 방식으로 미디어 콘텐츠를 만들고, 공유하고, 재구성하고, 리믹스하는" 주체로서 미디어 콘텐츠가 유통되는 흐름을 만드는 데 적극적으로 참여한다고 말한다. 이 책에서 젱킨스는 소셜 미디어와 인터넷이 미디어의 확산 및 소비 방식에 미치는 영향과 콘텐츠의 소비자, 유통자, 가치 생산자로서의 수용자의 역할을 논의하면서, 수용자의 능동성에 관한 자신의 주장을 더욱 발전시켰다. 그는 미디어 기술의 발달과 함께 과거 적극적인 팬들의 하위문화적인 참여 경험이 더 보편화되고 텍스트의 의미와 가치를 만드는 수용자의 역할이 더욱 중요해졌다고 본다.

디지털 미디어 환경에서는 피스크가 이야기했던 수용자의 세 가지 생산성, 즉 텍스트에 관해 해석하고 대화하고 표현물을 만드는 활동이 별도의 범주가 아니라 함께 공존하며 일상적으로 유연하게 이루어질 수 있게 된다(Hill, 2013). 수용자는 자신이 보는 TV 프로그램의 내용을 해독해 가면서 네트워크에 연결된 다른 이들과 의견을 나눌 수 있고 자신의 해석이나 관심사를 텍스트로 만들어 공유할 수도 있다. 수용자들이 참여하는 다양한 방식의 문화적 실천이 온라인에 축적되고 유통되면서 텍스트와 관련된 정보원으로서 혹은 정서적 교감과 사회적 상호 작용을 나눌 수 있는 매질로서 역할을 할 수 있다. 텔레비전 시청은 '온전히 보기'에서 매개된 사회적 상호 작용을 '하면서 보는' 행위가 될 수 있고, 물리적으로 함께하는 주변에서부터 온라인 네트워크로 연결된 이들에 이르기까지 다양한 범주의 사람과 공유하는 프로그램 관련 관심과 정보는 콘텐츠를 이해하고 경험하는 방식의 맥락을 구성하게 된다. 이와 함께 수용자의 미디어 소비는 다중 미디어 플랫폼을 오가며 콘텐츠를 공유하는 흐름을 만들고 다양한 방식으로 그것의 의미를 만드는 협력 과정이 될 수 있다.

디지털 시대의 텔레비전 텍스트는 미디어를 가로질러cross-media 혹은 넘어trans-media 확산할 수spreadable 있다. 하나의 이야기 세계가 텔레비전뿐만 아니라 스트리밍 서비스나 소셜 미디어 플랫폼, 책, 영화, 비디오 게임 및 만화책과 같은 다양한 미디어를 가로지르는 '크로스 미디어'의 다른 버전으로 만들어질 수 있고, 텔레비전 텍스트의 이야기가 다양한 미디어와 형식에 걸쳐 펼쳐지는 이야기들과 결합해 '트랜스미디어'의 이야기 세계를 확대해 갈 수도 있다.[4] 텔레비전 텍스트가 크로스 미디어와 트랜스미디어를 통해 확산할 수 있는 것은 미디어 기업이 텍스트와 관련

4 예를 들어, 특정 텔레비전 드라마 텍스트가 영화로 각색되면서 크로스 미디어를 할 수 있고, 텔레비전 텍스트가 미처 다루지 못한 관련 콘텐츠가 다른 미디어에서 다뤄지면서 트랜스미디어 스토리텔링이 확장될 수 있다.

된 다양한 옵션을 제공하며 더 많은 수용자를 끌어들이고자 하는 상업적 계산에서 비롯된 것일 수 있다. 하지만 수용자 또한 다양한 방식으로 확산 과정에 참여하며 능동적인 수용자의 생산성을 보여 줄 수 있다. 이렇게 생산된 것에는 (1) 텔레비전 텍스트가 확산하는 방식에는 핵심 내용을 '재포장한 콘텐츠repackaged content'(예: 줄거리 요약, 에피소드 소개 등), (2) 내용에 대한 이해를 돕거나 보완 혹은 확장하는 '보조 콘텐츠ancillary content'(예: 콘텐츠 기반 웹드라마나 책, 뒷이야기, 출연진 인터뷰, 콘텐츠 관련 추가 세부 정보), (3) 프로그램과 관련된 '브랜드 상품branded products'(예: 공식 영상 상품, OST, 게임, 기타 상품), (4) 콘텐츠 관련 활동(예: 프로그램 주제를 다루거나 체험하는 프로그램, 관련 콘텐츠 제작), (5) 각종 상호 작용(텔레비전 기기와의 기계적 상호 작용에서 사회적 상호 작용에 이르기까지) 등이 포함될 수 있다(Askwith, 2007). 디지털 미디어 환경에서 모든 플랫폼은 다양한 형태의 텔레비전 콘텐츠를 제공하는 접점이 될 수 있고, 수용자는 플랫폼을 오가는 크로스 미디어 혹은 트랜스미디어 이용자로서 자신이 원하는 콘텐츠를 선택하고 자발적으로 프로그램을 재포장한 콘텐츠나 보조 콘텐츠를 만들거나 그것에 관한 사회적 상호 작용을 해나갈 수 있다.

넷플릭스 이용자는 넷플릭스와 같은 OTT 플랫폼을 통해 기존 텔레비전 프로그램을 보거나 플랫폼에서 제작한 오리지널 콘텐츠나 다른 영상물을 시청하면서 다양한 방식으로 콘텐츠의 의미와 가치를 만들어 가는 확산 과정에 참여할 수 있다. 특정 콘텐츠가 넷플릭스 플랫폼에 공개될 때, 블로그나 온라인 커뮤니티부터 유튜브, 인스타그램, 틱톡에 이르는 다양한 형식의 소셜 미디어에는 시청자가 제작한 소개 영상이나 요약본, 명장면 모음 등의 재포장 콘텐츠, 제작 배경이나 출연 배우 관련 정보 제공, 이야기 세계의 복선과 디테일에 관한 해석, 다음 편에 관한 예측, 다양한 미디어를 넘어 유통되는 콘텐츠의 트랜스미디어 적 요소 찾기 등을 다룬 보조 콘텐츠, OST나 원작 혹은 굿즈와 같은 콘텐츠 관련 브랜드 상품, 패러디물, 시청 반응을 다룬 리액션 영상, 배경 음악 연주, 이야기 세계 속 현장이나 행위 체험해 보기 등 콘텐츠 관련 활동을 다룬 콘텐츠가 올라온다. 어떤 수용자는 이와 같은 콘텐츠를 만들며 원본 콘텐츠에 대한 새로운 의미와 해석을 추가해 가고, 또 어떤 수용자는 이러한 콘텐츠에 댓글과 '좋아요'를 달며 반응하면서, 서로의 감상을 공유하고 시청 경험에 사회적 상호 작용의 차원을 추가해 간다. 이들이 참여하여 만든 콘텐츠나 피드백은 콘텐츠에 가치를 부여하고 관심을 불러일으키면서 다른 시청자를 위한 일종의 '콘텐츠 큐레이션' 역할을 하게 된다. 수용자가 만든 제작물, 댓글, 공유 과정은 텍스트가 미디어를 넘나들며 확장되고 수용되는 과정에 중요한 역할을 하게 되는 것이다. 이러한 소비의 흐름은 넷플릭스의 콘텐츠 라이브러리가 보유한 최근작뿐만 아니라 오래된 콘텐츠를 대상으로 전개될 수 있다. 온라인 네트워크를 통해 누군가가 관련 정보나 콘텐츠(예를 들어, 최신 인기작에 등장한 배우의 과거 출연한 작품 소개나 과거에 큰 인기를 끌었던 드라마의 요약 영상)를 올리고 관련 입소문이 공유되거나 인터넷 밈이 돌아다니면서, '역주행'이라는 콘텐츠 소비의 흐름이 만들어질 수 있다. 이러한 과정에서 수용자는 각종 미디어 기기 혹은 플랫폼과의 상호 작용(예를 들어, 스마트폰, 태블릿 PC와 같은 기기나 유튜브와 틱톡과 같은 플랫폼)과 다양한 사회적 상호 작용(예를 들어, 수용자 간, 수용자와 유명인 간, 혹은 수용자와 텍스트 내의 캐릭터 간 상호 작용)이 일어날 수 있다. 수용자가 인터넷에 연결된 다양한 미디어 장치를 통해 개인에게 맞춤화된 시청 방식을 선택하면서도 다양한 대상과 콘텐츠에 관한 대화에 참여할 수 있다. 시청 경험이 관련 정보 검색과 공유, 의견 교류와 표현, 콘텐츠 제작 등 보다 다양한 미디어 경험과 연계될 수 있고, 수용자는 콘텐츠 소비자를 넘어 콘텐츠 큐레이터, 해설가, 홍보인, 제작자, 편집자, 번역자, 지지자 등의 역할을 할 수 있다. 그렇다면 넷플릭스의 수용 경험은 기존의 능동적 수용자론으로 충분히 이해할 수 있을까?

디지털 미디어 수용자의 능동적 생산성을 주목하는 이론은 몇 가지 점에서 한계를 갖는다. 우선 모든 수용자가 미디어 콘텐츠의 확산을 허용하는 기술과 플랫폼에 동등하게 접근하고 제어할 수 있지는 않다. 모든 이들이 미디어 융합 및 다중 플랫폼 환경의 진화를 받아들일 수 있는 문화적, 경제적 조건을 가지고 있지 않고, 미디어에 대한 접근이나 활용 능력의 차이에 따라 미디어를 선택하고 활용하고 전유하는 과정이 다를 수 있다. 플랫폼 환경에 접근할 수 있다 하더라도 모든 이들이 미디어를 넘나들며 크로스 미디어 및 트랜스미디어 요소를 소비하고 콘텐츠를 확장하는 실천에 적극적으로 참여하는 사람들이 아닐 수 있다. 시청자들이 인터넷을 '서핑'하다가 확장된 콘텐츠를 접하는 경우가 있지만, 이것의 이야기 세계를 적극적으로 감상하며 의견을 공유하고자 하지 않을 수 있다. 더 나아가 시청자 대부분이 콘텐츠와 관련된 텍스트를 직접 생산하는 데 관심을 두지는 않는다(Simons,

2014). 넷플릭스 수용자 또한 광고에 따른 콘텐츠 중단이 싫어 몰아보기를 하면서도 다른 시청자들과 생각을 공유하는 활동에 참여하지 않을 수 있다. 이들 넷플릭스 수용자가 소셜 미디어 계정을 가지고 있더라도 이를 통해 자신이 열심히 시청한 콘텐츠에 관해 알리고 시청 소감을 공유하며 생산적 활동을 해나가는 팬이라고 단정할 수는 없다(Bury, 2017). 디지털 미디어가 더 민주적이고 참여적인 미디어 환경을 만들 것이라는 낙관적 시각은 기술의 특정 기능을 부각시키고 이것의 결정론적 효과를 강조하면서 이것이 실제로 경험되는 과정이나 그것의 복합적 결을 간과하는 경향을 보인다. 더 나아가 이러한 미디어 기술이 가질 수 있는 양가적 측면, 즉 기술이 기존의 미디어 권력 불균형을 강화하고 미디어 콘텐츠의 수용 및 유통 과정을 구속할 가능성을 보지 못하는 한계도 보인다. 디지털 플랫폼, 특히 그것의 알고리즘이나 그것에 내포된 자본주의 체제의 메커니즘은 미디어가 확산하고 소비되는 과정을 특정한 방식으로 구조화하면서 수용자가 미디어 콘텐츠를 발견하고 소비하는 방식에 직간접인 영향을 미칠 수 있다는 점에서 이러한 낙관론을 경계해야 한다.

넷플릭스의 수용 경험은 디지털 미디어의 양가적 잠재력과 결합하면서 수동적 혹은 능동적 수용자론이라는 이분법으로 파악하기 어려운 측면을 갖게 된다. 넷플릭스는 추천 알고리즘을 통해 시청자의 취향에 맞는 개인화된 콘텐츠를 제공한다고 약속한다. 개인 이용자는 다른 방법으로는 찾지 못했을 새로운 콘텐츠를 쉽게 발견할 수 있고 추천 콘텐츠에 대한 개인적 피드백을 제공하며 향후 추천에 영향을 미칠 수도 있다. 하지만 알고리즘 시스템은 시청자들의 활동이나 욕구를 추적하고 감시 대상으로 만들면서 능동적인 이용자 실천을 데이터로 만들어 활용한다. 이때 시청자들은 '자신이 무엇을 시청하는지'에 기초해 콘텐츠를 소비하도록 호명되는 주체가 된다(Wight & Cooper, 2022).

추천 알고리즘은 이용자의 시청 기록 및 선호도를 기반으로 큐레이팅한 콘텐츠 선택 항목을 시청자에게 제공하는데, 이렇게 개별 시청자를 위해 선별된 목록은 다양한 관점과 아이디어에 대한 노출을 제한할 수 있다. 시청자는 콘텐츠 선택의 자유를 가지며 자신에게 맞춤화된 콘텐츠를 즐길 수 있지만, 이러한 자율성과 권한은 수용자를 끌어들이고 통제하며 이익을 추구하려는 플랫폼의 전략이 구축한 가능성의 범위 내에서 조건적으로 이루어지는 것이다. 이렇게 수동적이지도 자율적이지도 않은 수용 경험의 모호성은 몰아보기 경험에서도 나타날 수 있다. 앞서 살펴보았듯이 몰아보기 경험은 플랫폼이 기본값으로 설정한 인터페이스 기능(예를 들어, 모든 기기에서 시리즈의 다음 에피소드 자동 재생, 탐색 중 콘텐츠의 미리보기 자동 재생 등)에 의해 유도된다는 점에서 순수한 자율 경험이라고 보기 어렵다. 넷플릭스 이용자는 몰아보기를 통해 콘텐츠에 집중하는 주의력과 에피소드 간 서사의 일관성이나 짜임새에 대한 감각을 가지면서 콘텐츠에 고도로 관여하는 행위성을 경험할 수 있지만, 이러한 행위성은 넷플릭스의 알고리즘과 인터페이스에 의해 조건 지어진 것이다.

넷플릭스의 수용 경험에 미디어 플랫폼의 산업적, 기술적 논리에 의해 통제되는 수용자 측면과 미디어를 활용해 고도의 행위성을 갖게 되는 수용자 측면이 결합한다. 넷플릭스 시청자는 자신이 접하는 다양한 미디어 플랫폼 중 하나로 넷플릭스를 선택하고 이를 통해 개인이 시청할 콘텐츠를 전달받는다는 점에서, 그리고 클릭이나 '좋아요'와 같은 '작은 관여 행위'만으로도 콘텐츠의 흐름에 영향을 개입하는 결과를 가질 수 있다는 점에서, 이들이 플랫폼과 맺는 권력관계는 완전히 일방적이지도 완전히 수평적이지도 않다. 예레나 클루트Jelena Kleut 등(2018)은 이용자들이 일상적으로 갖는 '작은 관여 행위'와 상호 작용이 축적되어 콘텐츠의 흐름에 영향을 미칠 수 있다고 보면서 수용자의 생산성 개념에 공유, 댓글, 토론, 관련 콘텐츠 만들기 등의 의도적 행위뿐만 아니라 클릭과 같은 미시적 수준의 일상 행위를 포함할 것을 제안한다. 기존의 수용자 '능동성' 또는 '수동성'이라는 개념은 주로 미디어 텍스트의 해석 활동과 연관되어 논의되면서, 수용자가 별다른 노력을 하지 않고 주어진 메시지를 받아들이는 수동적 수용과 텍스트의 의미와 가치를 만들며 전유하는 능동적 수용을 대비시켰다. 그런데 넷플릭스와 같은 OTT 플랫폼에서는 콘텐츠의 시청 과정 및 해독 과정에 기술적 조건과 결합된 다양한 수준의 관여 행위(예를 들어 피드백 보내기에서부터 검색하기, 빨리 보기, 건너뛰기에 이르기까지)가 가능해졌다. 수용자의 이용 활동이 기술의 통제 논리와 긴밀히 결합되면서, 개인의 욕구와 필요를 중심으로 더 많은 콘텐츠를 더 효율적으로 다루려는 '통제하기'의 과정과 더 많은 구독자를 더 오래 머물게 하기 위한 기술 체계에 의존하는 '통제되기'의 과정이 양가적으로 전개된다. 수용자는 플랫폼의 기술사회적 조건에 구조적으로 영향을 받으며 통제하기와 통제되기를 동시에 수행하는 '매개화된 행위성'을 갖게 된다.

5. 전 지구적 시청 공간과 지역의 수용자

초국적 텔레비전과 넷플릭스

전통적으로 텔레비전은 주로 자국 내 시청자를 대상으로 프로그램을 제작하거나 방송하는 국가의 미디어였다. 그 나라의 공식 언어로 자국민의 관심이나 문화를 반영하는 프로그램을 방영하면서, 텔레비전은 그 사회에서 공유되는 일상 문화의 중요한 요소가 되었다. 물론 텔레비전 프로그램 제작 기반 체계가 미비했던 곳에서는 해외에서 프로그램을 수입해 방송되긴 했지만, 이렇게 수입된 프로그램은 국내 시청자의 눈높이에 맞게 선별된 것으로서 자국의 언어로 더빙되었고 해당 문화에 맞게 표현의 수위가 조절되어 방송되었다. 지역의 방송사들이 자국의 문화에 맞게 해외 프로그램의 흐름을 여과하는 일종의 게이트키퍼 역할을 한 것이다. 그런데 1970년대와 1980년대 위성 방송 기술을 출현으로 지역의 텔레비전 방송사를 거치지 않고도 여러 국가의 시청자에게 프로그램을 송출할 수 있게 되었다. 위성 TV 또는 케이블 네트워크를 통해 국경을 넘어 미디어 콘텐츠가 생산, 유통, 소비되는 전 지구적 텔레비전이 등장했고, 이러한 등장은 그 사회의 구성원이 공통적으로 즐기는 대중의 미디어이자 국가의 미디어라는 텔레비전의 기본 가정에 도전하기 시작했다. CNN, BBC, CNBC와 같은 뉴스 전문 채널, MTV와 같은 음악 채널, 디스커버리와 내셔널 지오그래픽과 같은 교양 채널, ESPN과 같은 스포츠 채널, 디즈니와 니켈로데온Nickelodeon과 같은 어린이 텔레비전 채널 등의 TV 네트워크가 일종의 전 지구적 TV 브랜드로서 텔레비전의 전 지구화를 주도해 나갔다.

한편 TV 프로그램을 전 지구적으로 전송하는 위성과 케이블 네트워크 채널의 발달과 함께, 콘텐츠의 교역 방식도 텔레비전의 전 지구화에 일조했다. 전통적으로 텔레비전의 수출입은 미국과 같은 미디어 산업 선진국에서 만든 완성된 프로그램을 가지고 이루어졌지만, 1990년대 전 세계 미디어 산업의 자유화와 규제 완화로 인해 TV 채널이 기하급수적으로 증가하고 지역의 프로그램 수요가 늘어나면서 이에 대응하는 텔레비전 포맷 수출입이 늘어났다(Chalaby, 2012; 심두보, 2017). 텔레비전 포맷은 프로그램을 구성하는 기본 개념 및 제작 방식으로서 지역의 제작 조건이나 문화에 맞게 내용을 채워갈 수 있게 해 준다. 1990년대 말부터 〈백만장자가 되고 싶은 사람*Who Wants to be a Millionaire?*〉, 〈서바이버*Survivor*〉, 〈아이돌*Idols*〉, 〈빅 브라더*Big Brother*〉 등과 같은 포맷이 전 지구적으로 돌아다니며 현지에 맞게 각색된 프로그램으로 만들어졌다. 이처럼 프로그램 개념, 제작 원리 및 기법을 가져다 지역의 시리즈물로 각색하는 제작 관행이 확산하면서 전 지구적 텔레비전 문화를 구성하게 된다.

'초국적 텔레비전transnational television'은 말 그대로 국경을 넘어 생산 및 배포되고 수용되는 텔레비전을 의미한다. 20세기 후반에는 전 지구적 TV 네트워크의 발달 및 콘텐츠 포맷 교역의 확대로 초국적 텔레비전이 부상했다면, 21세기에는 전 지구적 디지털 미디어 네트워크의 성장과 인터넷 기반 스트리밍 플랫폼을 기반으로 초국적 텔레비전이 확장된다. 비디오 공유 플랫폼과 스트리밍 서비스는 초국적 미디어 생산 및 소비가 쉽게 이루어질 수 있는 조건을 만들면서, 일상에서 즐길 수 있는 영상 콘텐츠의 성격이나 소비의 방식을 바꾸고 있다. 시청자들은 온라인 네트워크를 통해 지역의 방송 채널을 거치지 않고 해외 영상 콘텐츠를 접하거나 국경을 넘어 좋아하는 동영상을 찾아보고 공유하며 대화를 만들어 내는 데 참여할 수 있게 되었다. 특히 넷플릭스와 같은 온라인 동영상 스트리밍 플랫폼이 190개가 넘는 국가의 구독자를 대상으로 텔레비전 프로그램이나 영화를 제공하면서, 초국가적 콘텐츠에 대한 접근 기회를 확장하고 있다. 20세기 후반의 초국적 텔레비전이 미디어 기업이나 방송사가 주도하는 전문적 관행에 의해 전개되었다면, 21세기의 초국적 텔레비전의 경우에는 인터넷 스트리밍 플랫폼의 전 지구적 콘텐츠 유포나 디지털 네트워크에 연결된 시청자들의 일상적 미디어 소비 활용 및 상호 작용 방식이 중요한 역할을 한다(Chalaby, 2022).

전 지구적 동영상 스트리밍 플랫폼이 등장하면서, 텔레비전 문화 형성에 초국적 요소가 중요해졌고 전 지구적 수준에서 수용자를 이해하는 작업 또한 중요해졌다. 초국적이라는 것은 "국경을 넘나드는 동시에 그것과의 지속적인 연관성을 인정한다는" 의미를 함축하고 있다(Chalaby, 2022: 3). 다시 말해, 미디어 상품이나 관련 현상이 국경을 벗어나 전개되고 있다는 의미뿐만 아니라 지역적 요소에 영향을 받고 그것과 결합하면서 "여러 공간적 차원이 겹치게" 된다는 의미를 가진다(Chalaby, 2022: 4). 넷플릭스와 같은 OTT 플랫폼은 전 세계에 콘텐츠를 서비스하는 전 지구적 미디어이자 국경을 넘어 지역의 콘텐츠 문화와 교류하고 그곳의 문화 요소를 흡수하고 통합시키는 것을 촉진하는 초국적 미디어

이기도 하다. 넷플릭스가 처음에는 미국 내에서만 온라인 스트리밍 서비스를 시작했지만, 서비스 개시된 지 3년이 지난 2010년 캐나다에 출시되면서 해외 시장에 공식적으로 진출했다. 2011년에는 라틴아메리카 및 카리브해 지역, 2012년에는 영국, 아일랜드, 북유럽 국가 등 유럽 지역에, 그리고 2015년에는 호주, 뉴질랜드, 일본 및 기타 지역에서 서비스를 시작했다. 한국에는 2016년에 서비스가 시작되었다. 넷플릭스는 지역의 광고 시장에 구애받지 않는 구독 기반 서비스로서 전 지구적으로 확보된 가입자를 대상으로 초국적 텔레비전을 제공하고 있다.

넷플릭스는 이전의 전 지구적 텔레비전 네트워크나 포맷 교역과는 다른 초국적 성격을 갖는다. 첫째, 콘텐츠를 수급하는 방식이 미국과 같은 특정 지역의 미디어 기업의 국제 프랜차이즈 또는 계열사 네트워크를 통해 이루어지는 것이 아니라 전 지구적으로 접근할 수 있는 온라인 플랫폼의 스트리밍 서비스를 통해 이루어진다. 운영 범위가 말 그대로 전 지구적이고 구독료만 지급하면 콘텐츠에 대한 직접적인 접근성을 갖게 된다. 둘째, 프로그램 콘텐츠를 전 세계적으로 동시에 출시하면서 시차 없이 시청할 수 있게 해 준다는 점에서 기존의 전 지구적 텔레비전 네트워크 서비스와 차이를 갖는다. 이전 서비스에서는 몇 가지 경우(예를 들어, 해외 스포츠 중계나 생방송 뉴스 등)를 제외하고 지역의 시청자가 원래의 콘텐츠를 이용하는 데 시간이 지체되고 전 지구적 수준의 즉각적 시청이 어려웠다면, 넷플릭스는 전 세계에 동시 출시를 통해 초국적 텔레비전을 경험할 수 있게 해 준다. 물론 국내에서는 방송 채널에 일차적으로 방영된 후 넷플릭스에 올라가는 경우가 있지만, 적어도 오리지널 제작물의 경우에는 콘텐츠에 대한 초국가적 접근성이 즉각적으로 이루어진다. 또한 소셜 미디어를 통해 이러한 콘텐츠에 관한 시청평이나 정보가 초국적으로 공유될 수 있다.

셋째, 기존의 전 지구적 텔레비전 채널과 달리 넷플릭스는 시청자가 보고 싶은 콘텐츠의 목록을 구성해 원하는 속도와 리듬으로 시청할 수 있게 해 준다. 알고리즘이 이용자의 시청 기록과 선호도를 기반으로 콘텐츠를 추천하면서 전 세계 콘텐츠를 개인에게 맞춤화된 방식으로 시청할 수 있도록 돕는다. 전 지구적 네트워크가 제공하는 프로그램 편성을 건너뛰어 개인화된 시청 목록을 갖게 되고 이러한 시청 목록에는 다양한 지역의 콘텐츠에 포함되어 있다. 라몬 로바토Ramon Lobato(2019/2020)는 넷플릭스의 특수성이 비단 국경을 초월한 콘텐츠를 제공하는 데만 있는 것이 아니라, 하나의 플랫폼에서 추천 알고리즘을 통해 자기 지역 및 다른 지역의 다양한 콘텐츠를 개인의 입맛에 맞게 시청 대상으로 구성한다는 것이다. 넷플릭스 이용자는 알고리즘으로 여과된 개인화된 화면 인터페이스를 통해 초국적 시청을 할 수 있게 된다.

넷째, 넷플릭스는 기존과 다른 현지화 전략을 통해 다양한 지역의 이질적 콘텐츠가 전 지구적으로 유통되고 소비될 수 있도록 돕는다. 우선 살펴볼 수 있는 현지화 전략은 번역 자막이나 더빙이다. 넷플릭스의 콘텐츠나 고객 지원 서비스가 영어, 한국어, 스페인어, 프랑스어, 독일어 등 다양한 언어 버전으로 제공됨으로써, 수용자가 느낄 수 있는 문화적 장벽을 낮추고 이들이 문화적 저항감을 덜 느끼며 자신이 시청하는 콘텐츠 목록에 해외 콘텐츠를 포함할 수 있도록 해 준다. 예를 들어, 한국에서 제작된 〈오징어 게임〉이 전 세계적으로 인기를 끌 수 있었던 것은 34개국 언어의 자막이나 더빙 버전으로 이를 감상할 수 있게 한 넷플릭스의 현지화 전략이 일조했다고 볼 수 있다. 또한 넷플릭스는 지역의 콘텐츠를 다수 확보하고, 더 나아가 지역에 오리지널 콘텐츠 제작을 의뢰하면서 콘텐츠 라이브러리 목록의 현지화를 꾀한다. 넷플릭스의 현지화 전략은 지역 방송사의 시리즈를 선택적으로 재유통시키고, 기존 텔레비전 주요 시청 대상이나 내용에서 밀려났던 특정 취향의 시청자군이나 장르물(예를 들어, 공포, SF, 범죄, 애니메이션, 10대 드라마 등)을 전략의 중심에 놓는다(Cunningham & Scarlata, 2021). 지역의 방송 시장에서는 숫자가 너무 작아 주변화되거나 투자받지 못했던 특정 취향의 프로그램이 전 지구적 시청자를 겨냥해 제작되고 배포될 수 있게 되면서 전 지구적 영향력을 갖게 된다.

넷플릭스는 처음 한국에 진출할 때 구독자를 늘리는 데 애를 먹었으나, 2017년 봉준호 감독의 〈옥자〉를 필두로 오리지널 시리즈 〈킹덤〉 등 국내 감독들의 영화나 드라마에 투자를 늘려 가며 구독자 시장을 확대해 왔다. 〈오징어 게임〉을 만든 황동혁 감독도 2008년에 처음 이 작품을 구상했으나 제작 투자자를 만나지 못하다가 넷플릭스의 투자를 받게 되었다. 그는 "넷플릭스가 없었으면 어디서 이런 예산으로 이렇게 수위 높은 작품을 만들었겠나. 최선의 선택이었다고 생각한다"라고 말한다(이지영, 2021. 10. 1). 넷플릭스의 현지화 전략은 다양한 비영어권 제작자들이 만든 콘텐츠가 다원적으로 교류되고 소비될 기회를 제공했고, 이는 전 세계 넷플릭스 구독자의 증가와 비영어권 콘텐츠의 전 지구적 인기로 이어졌다. 넷플릭스에서 제작된 오리지널 콘텐츠의 총시간이 2017년에는 1,200시간 미만이었으나 2022년에는 3,500시간을 조금 넘는 수준으로 증가했고, 같은 기간 동안 미국 외 지역에서 제작된 콘텐츠의 비중이 25%에서 62%로 늘어났다(Westcott & Evenson, 2023). 해당 기간에 넷플릭스의 총 오리지널 제작비 지출은 19억 달러에서 58억 달러로 늘었는데, 미국 외 지역의 제작비 지출 비중은 늘었으나 시간당 평균 비용은 50% 미만이었다고 한다. 예를 들어, 〈기묘한 이야기〉 시즌 4의 경우 에피소드당 3,000만 달러가 소요된 반면, 〈오징어 게임〉은 전체 비용이 2,140만 달러로 알려졌다. 넷플릭스 오리지널 콘텐츠를 제작하는 미국 외 국가 가운데 인도, 한국, 스페인 등이 가장 많은 의뢰를 받고 있는데, 특히 한국은 2022년에 25편, 2023년에 34편으로 제작 편수가 확대되고 있다. 넷플릭스 라이브러리에 비영어권 시리즈와 영화가 늘어난다는 것은 이들 콘텐츠가 상대적으로 적은 제작 비용으로 전 세계 사람들을 끌어들인다는 것을 시사한다. 스페인 미디어인 〈엘 디아리오*El diario*〉는 "넷플릭스의 경계: 비영어권 시리즈와 영화가 전 세계적으로 어떻게 확장하는지 알 수 있는 지도"라는 제목의 기사에서 2021년에 전 세계 가장 많이 시청된 시리즈(원작 및 라이선스 작품)의 43.7%가 비영어권으로 제작되었다고 말하면서, 이러한 인기가 미국의 콘텐츠 독점을 희석하는 비영어권 콘텐츠 제작의 확장과 연관되어 있다고 보았다(정누리, 2022. 9. 15). 넷플릭스는 드라마, 코미디, 리얼리티 쇼, 다큐멘터리 등 전 세계의 오리지널 콘텐츠를 제작하는 데 투자를 늘려 가면서 국경을 초월해 다양한 시청자를 끌어들이고자 한다.

넷플릭스의 현지화 전략은 초국적 미디어로서의 복합적 성격을 보여 준다. 지역에 제작 스튜디오를 두면서 전 지구적 시청자를 소구하는 콘텐츠를 만들어 가는 전략은 미국 현지 생산에 비해 낮은 비용으로 콘텐츠 라이브러리를 확보하는 동시에 현지 문화를 반영한 제작물을 통해 지역 시청자에게 어필할 수 있다. 현지의 문화 코드를 흡수한 콘텐츠는 역설적으로 초국적 시청을 돕는 촉매제가 될 수 있다. 지역에서 제작된 넷플릭스 콘텐츠는 국경을 넘어 공유될 수 있는 장르 코드를 가져와 지역 시청자를 공략할 수 있는 현지의 문화 코드를 결합하는 현지화라는 '취향 중심 현지화'와 '지역 중심 현지화'라는 이중의 현지화 전략을 취해 왔다(임종수, 2022; 강혜원·이성민, 2022). 특정 장르를 좋아하는 초국적 취향 집단을 겨냥하는 동시에 현지 시청자에게도 통할 수 있는 콘텐츠의 현지화 전략을 취하면서, 넷플릭스는 전 지구적 영향력을 확장하고 있다. 이와 같은 이중의 현지화 전략은 지역에서 제작된 오리지널 콘텐츠의 '초국주의 문법grammers of transnationalism'으로 구체화된다.

초국주의 문법이란 "국경을 넘어 호혜적 관계에서 텍스트가 성공할 수 있게 만드는 특별한 텍스트적 특성"(Jenner, 2018: 258)으로서, 지역에서 제작된 오리지널 콘텐츠는 기획할 때부터 초국적 소구력을 염두에 두고 추진된다. 예를 들어, 2017년 7월에 공개된 한국 최초의 넷플릭스 오리지널 영화 〈옥자〉는 한국적 배경이라는 특수성에다, 유전자적으로 조작된 슈퍼 돼지와 소녀의 가족과 같은 사랑이라는 보편적 주제를 결합했고 어드벤처 장르의 할리우드 스타일과 봉준호 감독의 작가주의적 감수성을 교차시켰다(Lee, 2019). 당시 한국에 진출한 넷플릭스는 구독료를 내고 콘텐츠를 시청하는 방식에 익숙하지 않았던 국내 소비자를 끌어들이기 위한 전략으로 지역에 잘 알려진 스타 감독이자 해외에서 통하는 영화를 만들 수 있는 봉준호 감독이라는 카드를 선택한 것이다. 그가 만든 〈옥자〉는 공장형 축산과 유전자 변형의 비윤리성이나 이윤을 목적으로 수단을 가리지 않는 다국적 기업의 탐욕이라는 세계가 공감할 만한 문제를 한국 소녀의 어드벤처라는 장르와 감독 특유의 스타일로 풀어가면서 국내뿐만 아니라 전 세계 시청자를 소구했다. 이러한 현지화 전략은 국내 시청자의 관심을 끄는 데 성공했다. 〈옥자〉가 공개된 직후 일주일 동안 넷플릭스 접속자는 안드로이드 앱 기준 20만 명가량으로 전주에 2배가량 급증했다(금준경, 2017. 7. 18).

한편 전 지구적 보편성과 지역적 특수성이 결합하면서 형성되어 가는 초국주의 문법은 국내 방송에서 보기 어려웠던 새로운 유형의 콘텐츠를 만들어 내기도 한다. 예를 들어, 2020년 9월에 넷플릭스를 통해 공개된 〈보건교사 안은영〉의 경우에는 '판타지, 코미디, 미스터리, 액션'이라는 복합장르를 표방하면서 '괴이한 한국 여성 슈퍼 히어로'라는 상당히 낯설고 새로운 캐릭터를 제시했다(이다운, 2021). 국내 방송 드라마는 불특정 다수를 대상으로 한 방송의 공적 책무를 고려하며 방송에서 보여 줄 수 있는 내용에 대해 스스로 한계를 가정해 왔다면, 넷플릭스 오리지널은 소재의 선택이나 표현 수위에 있어 자유로워졌고 상대적으로 짧아진 러닝타임의 시리즈물과 시즌제로 기존 텔레비전 드라마와 다른 서사 구조를 선보일 수 있다.

넷플릭스는 전 지구적인 수용자를 소구하는 프로그램 개념을 발전시켜 나가는 동시에 현지화된 이야기와 캐릭터로 구독자 기반을 확장해 왔다.[5] 넷플릭스는 지역의 문화적 특수성을 장르 관습 안에 흡수한 오리지널 콘텐츠를 지원하면서 현지화를 추구했고, 그 결과 전 지구적이면서도 지역적인 '글로컬한glocal' 콘텐츠가 넷플릭스 라이브러리의 주요 콘텐츠로 자리 잡게 되었다. 넷플릭스는 자사 사이트를 통해 전 세계에서 인기를 끌고 있는 영화와 드라마를 영어권과 비영어권으로 나누어 발표하고 있는데, 비영어권 콘텐츠의 시청 시간이 영어권 콘텐츠에 비해 절대 적지 않음을 확인할 수 있다. 예를 들어, 2023년 3월 비영어권 드라마 가운데 1위를 기록한 한국의 〈더 글로리〉의 시청 시간은

5 넷플릭스는 자체 오리지널 콘텐츠를 제작하면서, 기존의 디즈니나 니켈로디온과 같은 국제 텔레비전 서비스와 차별화된 전략을 채택해 왔다. 넷플릭스는 이용자 데이터를 기반으로 전 지구적 차원으로 특정 취향과 관심사를 가진 수용자를 겨냥하는가 하면, 지리적 경계를 넘어 소구력을 확장해 갈 수 있는 텍스트의 질이나 내용을 고려해 제작해 왔다. 예를 들어, 전 세계적으로 인기를 얻은 〈기묘한 이야기〉는 특정 시기의 미국을 배경으로 하지만 초현실적이고 공포스러운 요소와 그 미학적 재현에 초점을 맞췄다. 〈오렌지 이즈 더 뉴 블랙*Orange Is the New Black*〉의 경우, 여성 교도소나 동성애와 같은 자극적 주제를 다루면서도 보다 보편적 인간애나 자유와 같은 가치를 보여 줬다. 〈더 크라운*The Crown*〉은 영국의 현대 역사를 다루지만, 엘리자베스 여왕이라는 실제 인물의 개인사를 중심으로 다룸으로써 시대극을 좋아하는 수용자를 끌어들인다. 넷플릭스의 초국주의 문법은 국경을 넘어 소비될 수 있는 방식으로 문화적, 역사적 특수성을 전유해 왔다.

영어 드라마 부분에서 1위와 2위를 한 〈나이트 에이전트*The Night Agent: Season 1*〉와 〈섀도우 앤 본*Shadow and Bone: Season 2*〉의 뒤를 잇는 높은 수치로 전 세계 68개국에서 톱 10 안에 들었다. 넷플릭스의 라이브러리가 미국에서 제작된 콘텐츠에 의해 독점되지 않고 다국어 및 다국적 오리지널 콘텐츠가 같이 어우러져 구성되고 있다는 점은 초국주의 전략에 따른 현지화의 성과라고 볼 수 있다. 넷플릭스의 전 세계 유료 구독자 수는 2022년 4분기 기준 약 2억 3,100만 명에 달하고 이 중 65%가 미국 및 캐나다 이외 국가의 소비자라는 점을 고려할 때, 다양한 해외 콘텐츠와 현지에서 제작한 오리지널 콘텐츠를 시청할 수 있게 해 주는 서비스는 필연적이라고 볼 수 있다. 넷플릭스는 전 세계 가입자의 다양한 문화적 감수성, 경제적 수준 및 미디어 규제 방식에 반응하면서 이들을 소구하는 초국적 혹은 글로컬한 콘텐츠를 통합해 단일 플랫폼으로 제공하려 한다.

넷플릭스의 초국적 수용

넷플릭스 수용자는 플랫폼의 검색 엔진이나 추천 알고리즘을 통해 자신의 취향과 관심사에 맞는 콘텐츠를 소비할 수 있다. 이러한 소비는 개인의 선호도에 따라 콘텐츠를 선택하는 개인화된 차원의 시청 행위일 수 있지만, 동시에 플랫폼을 통해 지리적으로 한정되지 않은 콘텐츠를 수용하면서 초국적 취향 공동체의 일원이 되어 가는 과정일 수 있다. 넷플릭스라는 단일 플랫폼을 통해 초국적 미디어 소비의 조건과 수용 과정이 구성되면서, 수용자는 더이상 국경 내에서 미디어를 소비하는 데 국한되지 않고 전 세계의 방대한 미디어에 액세스할 수 있게 되었다. 이와 함께 영상 콘텐츠의 초국적 수용 문화에 변화를 가져오고 있다.

국경을 넘는 미디어 콘텐츠 흐름과 수용의 특성을 이해하는 전통적 이론 중 하나는 문화제국주의 혹은 미디어 제국주의였다. 이들 이론은 정치·경제적으로 힘을 가진 나라가 정치, 경제, 사회뿐만 아니라 문화와 미디어 분야에도 지배적 영향력을 갖는다고 본다. 특히 2차 세계 대전 이후 전 세계에 미국의 상업 미디어 시스템의 영향력이 커지는 현상을 새로운 종류의 '제국주의'로 바라본다. 예를 들어, 허버트 실러Herbert Schiller(1969)는 미국의 상업적 매스 미디어가 다른 나라를 일방적으로 미국화시키는 도구가 되고 있다고 보았고, 올리버 보이드배럿Oliver Boyd-Barrett(1977)은 미국과 같이 세계 자본주의 경제의 패권을 가진 나라가 미디어 산업 및 제작 형식의 모델이자 기준이 되면서 다른 나라의 미디어 소유권, 구조, 유통, 내용 등에 영향력을 갖는다고 보았다. 이들은 국가 간 정치 경제 및 미디어 시스템의 불평등하고 비대칭적 권력관계를 주목하면서, 중심에서 주변으로 흘러가는 일방적 미디어 흐름이 갖는 경제적, 지정학적, 문화적 식민지화를 비판적으로 바라본다.

하지만 세계 시장에서 영화와 텔레비전과 같은 미디어 콘텐츠가 일방적인 유통 과정과 문화적 종속이라는 미디어 제국주의 개념은 여러 연구를 통해 도전받았다. 인도, 브라질, 멕시코, 중동 등 브라질 등 비영어권 주변 국가가 자국의 미디어 시장을 구축하는 데 성공했고(Sinclair, Jacka & Cunningham, 1996), 전 세계 콘텐츠 교류가 중심에서 주변이라는 일방적 흐름이라기보다는 복잡하고 다방향적 흐름으로 나타났다(Thussu, 2006). 무엇보다 지역의 수용자와 문화가 해외 문화 산물을 자기 맥락과 필요에 맞게 수동적이지 않은 방식으로 이용한다는 사실들이 밝혀졌다. 타마르 리브스Tamar Liebes와 엘리후 카츠Elihu Katz(1986)에 따르면, 다양한 인종 배경을 가진 이스라엘과 미국의 수용자는 전 세계에서 인기를 끌었던 〈댈러스〉를 시청하면서 다양한 방식의 관여하기와 거리 두기를 보여 주었고, 특히 해외 시청자는 미국인보다 프로그램에 더 많이 관여하는 것으로 나타났다. 이앤 앵의 〈댈러스〉 시청자 연구도 네덜란드 시청자들이 방송국이 틀어 주는 미국 드라마를 수동적으로 소비하는 문화제국주의의 희생자가 아니라고 말한다. 이들은 자신의 인생사, 사회 상황, 미적·문화적 선호도에 따라 각자의 방식으로 프로그램과 관계를 맺고 감정적 에너지를 쏟으며 즐거움을 찾는다고 말한다. 그의 연구는 집단 혹은 개인의 사회문화적 맥락에 따라 수용과 해석이 달라질 수 있음을 보여 준다.

국경 너머 프로그램을 수용하는 과정에서 수용자의 혼성적 문화 정체성이 형성되기도 한다. 마리 길레스피Marie Gillespie(1995)에 따르면, 런던 교외에 거주하는 인도 펀자브 지역 출신 이민자 가족의 10대들은 텔레비전을 보면서 자신을 영국이나 서양 상업 문화 속에 위치시키기도 하고, 부모가 가져온 인도 TV의 녹화 테이프를 보면서 자신의 민족 정체성과 타협하기도 한다. 케빈 로빈스Kevin Robins와 아수 악소이Asu Aksoy(2005)도 런던에 이주한 터키 이민자들이 위성 TV를 통해 터키 뉴스나 문화를 일상적으로 접하면서 새로운 문화적 맥락에서 살고 있음에도 모국과의 관계를 유지한다는 것에 주목했다. 이러한 "초국적 수용자는 친숙한 국가적 계류moorings와 새로운 초국적 연결 사이에 입장을 타협하는 복잡한 과정에 관여하게 된다"(Robin & Aksoy, 2005: 15). 국경을 넘어 거주지를 옮긴 이주민과 이들의 자식들에게 텔레비전 스크린은 현재 거주하는 곳과 이주 이전의 본국의 문화적 경험을 매개하고 타협시키는 장을 마련하면서, 유동적이고 이산적인 정체성의 결이 구성되는 맥락을 형성한다.

인터넷과 같은 디지털 통신 기술의 확산으로 미디어를 소비하고, 배포하고, 참여하는 방식이 재편되고 해외 프로그램에 대한 접근 또한 보다 수월해졌다. 이전까지 해외 프로그램 시청은 국가의 공식적 미디어 체계 안에서 다른 나라의 대중문화 상품을 접하는 과정이었고, 따라서 국가 정체성은 미디어를 소비하고 해석하는 중요한 맥락으로 고려되었다. 그러나 전 지구적 연결성을 제공하는 디지털 네트워크 기술의 상용화로 개인의 장소감각이나 관여의 방식이 재구성되면서, 수용자는 좀 더 개인화된 커뮤니케이션 맥락에서 초국적 미디어 수용을 할 수 있게 되었다. 과거에는 수용자가 국내에 수입한 콘텐츠를 반대로 해독하거나 거부할 수는 있어도 어떤 콘텐츠를 방영할지를 결정할 수 없었지만, 디지털 미디어 환경에서는 자신이 좋아하는 해외 콘텐츠를 찾아보거나 선택해서 볼 수 있게 된다. 다양한 시청 위치와 맥락에서 초국적 수용이 일어나게 된 것이다. 더 나아가 소셜 미디어 및 기타 온라인 플랫폼을 통해 국경을 넘어 자신이 관심 있는 TV 프로그램의 팬에게서 정보를 얻거나 서로의 느낌과 생각을 공유할 수 있게 된다. 서로 다른 국가의 개인들이 문화적, 지리적 배경의 차이에도 불구하고 동일한 미디어 콘텐츠에 대한 경험과 정서적 유대감을 공유하며 초국적 인식을 가질 수 있게 되었다. 예를 들어, 미국에 거주하는 한국 드라마 팬은 언어와 문화적 배경이 다른 지역의 드라마 팬과 같은 드라마를 좋아하며 정서적 교감을 발견할 수 있다. 이들은 자신의 미디어 경험 및 문화적 취향의 맥락에서 해당 텍스트를 접하고 자신이 익숙한 문화 코드나 텍스트 해석 방식에 따라 이를 수용하고 재미를 느낄 수 있다. 또한, 온라인 네트워크를 통해 자신의 수용 경험과 시청 취향이 국경을 넘어 공유될 수 있다는 것을 의식하면서 초국적 팬 활동에 참여할 수 있다. 버사 친Bertha Chin과 로리 모리모토Lori Morimoto(2013)는 다국적 팬들이 각자의 자국 내 대중문화 소비의 맥락에서 특정 대상(텍스트나 캐릭터)에 대한 "정동적 친화성affective affinity"을 경험하게 되고 이를 통해 초문화적 팬덤이 형성된다고 보았다. 정동적 친화성이란 팬들이 자신이 경험해 온 미디어 문화나 팬으로서의 관심과 실천을 바탕으로 국경 너머 문화 산물에 공감대를 갖게 되고 정서적 관여를 하게 된다는 것이다. 초국적 팬덤은 서로 다른 지역의 다양한 맥락, 즉 미디어 환경적, 사회적, 대중문화적 맥락에 놓인 사람들이 텍스트에 대한 정동적 친화성과 공유 경험을 가지면서 형성될 수 있다.

넷플릭스 수용자는 콘텐츠의 광범위한 가용성, 접근성, 참여 가능성을 허용하는 디지털 플랫폼을 통해 전 세계의 다양한 콘텐츠를 시청하고 즐길 수 있다는 점에서 '초국적 수용자'라고 할 수 있다(Jenner, 2018: 241~259). 이들은 자신의 물리적 위치와 상관없이 넷플릭스가 제공하는 방대한 콘텐츠 라이브러리에 접근하여 자신이 원하는 콘텐츠로 개인화된 시청 흐름을 능동적으로 만들어 갈 수 있다. 하지만 이들이 반드시 초국적 팬들이라고 가정하기는 어렵다. 이들은 넷플릭스라는 플랫폼이 구성하는 초국적 시청 집단의 일원이 될 수 있지만, 특정 콘텐츠를 중심으로 적극적인 관심을 표명하고 정서적 교류에 참여하며 콘텐츠와 관련된 문화적 실천을 해나가는, 그래서 공동체 의식과 정체성을 형성해 가는 팬덤의 성격과 같다고 말하기 어렵다.

넷플릭스 시청자는 지리적으로 혹은 문화적으로 지역에 위치한 수용자이면서도 온라인에 연결된 초국적 수용자다. 개인화된 수용자로 파편화되어 있으면서도 전 세계 시청자와 상호 연결되어 초국적 시청 집단을 구성할 수 있다(Athique, 2016). 넷플릭스의 콘텐츠는 국가의 문화적 지리적 조건 안에서 접근되지만, 전통적 텔레비전의 방식대로 시청자를 국가적 정체성을 가진 이들로 호명하지는 않는다. 넷플릭스 구독자는 지역 국가에서 선택 가능한 텔레비전 선택지 중 하나로 넷플릭스를 접근하고 이들 콘텐츠를 지역의 언어로 시청할 수 있다. 이들은 지역에서 볼 수 있는 콘텐츠의 하나로 넷플릭스를 활용하지만, 동시에 전 세계 다른 시청자들과 전 지구적으로 일제히 유포된 인기 콘텐츠를 함께 시청한다는 초국적 상상을 해 볼 수도 있다. 예를 들어, 국내 시청자가 넷플릭스 오리지널 시리즈인 〈기묘한 이야기〉가 자신의 시청 취향에 맞는다고 생각해 선택하고, 한국어 자막으로 보며, 시청 소감이나 관련 정보를 소셜 미디어나 다른 온라인 사이트에서 공유할 수 있다. 자신이 보는 콘텐츠가 국내에서뿐만 아니라 전 세계에서 인기 있는 넷플릭스 시리즈임을 확인하며,

전 세계 시청자들과 함께 다음 시리즈를 기다릴 수 있다. 넷플릭스를 통해 지역의 시청자는 초국적 시청 공동체를 상상할 수 있게 되고, 더 나아가 지역 콘텐츠가 전 세계 수용자와 공유될 수 있는 초국적 콘텐츠가 될 수 있음을 인식하게 된다. 넷플릭스는 지역의 콘텐츠를 전 지구적으로 유통시키는 플랫폼으로서 지역 콘텐츠의 생산, 유통, 소비 과정에 영향을 미치면서 국내 콘텐츠가 전 지구적으로 주목받고 인기를 얻는 기회를 제공한다. 국내 시청자는 넷플릭스를 한류가 형성되는 새로운 경로로 여기고 초국적 콘텐츠로서의 지역 콘텐츠를 소비하는 경험을 하게 된다. 넷플릭스 플랫폼을 통한 국내 콘텐츠의 소비가 전 지구적으로 이루어지는 소비의 차원과 중첩될 수 있음을 인식하면서, 지역의 수용자이자 전 지구적 수용자라는 이중적 주체성을 체화해 가게 되는 것이다.

넷플릭스는 지역의 수용자에게는 자국의 콘텐츠를 지역의 콘텐츠이자 전 지구적 콘텐츠로 경험하는 기회를, 해외 수용자에게는 다른 지역의 콘텐츠를 자국 내 콘텐츠의 일부로 즐길 기회를 제공한다. 미국과 영국 등 영어권에서 제작된 콘텐츠가 넷플릭스의 주류 콘텐츠를 이루고 있지만, 이외 지역에서 제작된 콘텐츠 또한 국가 또는 문화적 경계를 넘어 다국적으로 수용될 수 있다. 넷플릭스의 추천 알고리즘은 사용자의 시청 기록, 평점 및 기타 데이터를 고려해 사용자가 이전에 시청한 콘텐츠와 유사한 타이틀을 추천하면서, 사용자가 과거에 해외 콘텐츠를 시청했거나 관심을 보인 적이 있는 경우 이러한 콘텐츠에 대한 노출을 증가시킨다. 넷플릭스 이용자는 이러한 추천 알고리즘과 검색 서비스를 통해 자기 취향의 해외 콘텐츠를 더 쉽게 발견하고 시청을 이어 갈 수 있다. 넷플릭스의 종주국인 미국의 수용자도 넷플릭스를 통해 문화 및 언어적으로 '기타'에 속했던 해외 콘텐츠를 접하는 기회를 가질 수 있고, 이들 콘텐츠에 더 적극적으로 관여하며 문화적 친밀도를 느낄 수 있다(Limov, 2020). 전 지구적 넷플릭스 플랫폼은 타국의 콘텐츠를 보다 보편적으로 접근할 수 있는 조건을 마련한다.

넷플릭스는 시청자에게 전 지구적 콘텐츠와 지역적 콘텐츠를 오가며 초문화적으로 관여하고 상상할 수 있는 공간을 제공하면서, 시청자는 초국적 감수성을 키우며 보다 혼성적 문화 정체성을 형성해 갈 수 있게 되었다. 초국적 감수성이란 수용자들이 가질 수 있는 "새로운 정신적이고 상상적 공간, 그리고 문화적 영역을 넘어 활동하고 사고하는 능력"이라고 할 수 있다(Robins & Aksoy, 2005: 14~15). 넷플릭스는 시청자가 개별적으로 맞춤화된 시청 경험을 해 나가는 동시에, 전 지구적으로 분산해 있는 특정 취향의 시청자처럼 국가의 경계에 국한되지 않은 문화적 취향을 추구하며 이러한 초국적 감수성을 가질 수 있게 해 준다(Jenner, 2018). 나의 시청 취향을 기반으로 구성된 넷플릭스 인터페이스가 문화적, 언어적 장벽을 낮추고 다양한 국가의 콘텐츠에 공유 경험을 가질 수 있게 해 주면서, 시청자는 일상의 물리적, 직접적 시공간에서 타지역의 콘텐츠를 가까이할 수 있고 이들의 문화적 관점이나 관습에 노출될 수 있다. 이들은 초국적 문화 공간 안에 자신을 위치시키고 이를 수용해 가면서 문화 정체성을 형성해 갈 수 있다. 이민자나 그들의 자녀가 떠나온 고국의 미디어 콘텐츠를 원격으로 소비하며 혼성적 문화 정체성을 갖게 되었다면, 넷플릭스 시청자는 일상에서 즐기는 다국적 콘텐츠의 수용을 통해 새로운 문화 정체성을 만들어 갈 수 있다. 지역적인 것과 다국적인 것이 병치되는 넷플릭스의 초국적 상상의 공간에서 시청자는 자신과 시청 취향과 관심사에 따라 주변 사람들과 다른 파편적 시청 경험을 축적해 갈 수 있고 자신의 소비 패턴에 따르는 유동적인 문화 정체성을 만들어 갈 수 있다.

넷플릭스의 출현과 함께 다양한 문화 배경의 시청자들이 어떤 콘텐츠를 어떻게 수용하고 무엇을 경험하는지의 양상은 더욱 복잡해졌다. 전 세계 수용자가 같은 콘텐츠를 시청하더라도 이러한 텍스트를 접하고 즐기며 해석하는 과정의 결이 다를 수 있고 이를 통해 형성해 가는 문화적 정체성 또한 다양할 수 있다. 주혜정(Ju, 2020)에 따르면, 한국 드라마를 소비하는 미국 넷플릭스 시청자들이 로맨스 서사를 담은 한국 콘텐츠의 낭만적 사랑에 재미, 위로, 정서적 공감을 느끼지만, 자신의 인종, 계급, 젠더 등에 따라 드라마가 재현하는 계층 구분이나 위계에 대해 해석을 텍스트에 대한 해석을 달리하는 모습을 보였다. 넷플릭스로 한국 드라마를 시청한 일본 시청자의 경우에는 한국 드라마를 통해 성 평등의 시대가 요구하는 구체적인 남녀 이미지를 찾았다(박소정 외, 2021). 비서구권 콘텐츠인 한국 드라마의 로맨스 서사가 국경을 넘어 수용되고 정서적 관여를 갖게 해 주는 보편적 소구력을 갖는데, 이러한 콘텐츠에 의미를 부여하고 애착을 느끼며 관련 문화적 실천을 해 나가는 과정은 수용자의 사회문화적 조건과 개인적 경험에 따라 달라질 수 있다. 마찬가지로 국내 수용자도 자신이 처한 사회문화적 조건에 따라 넷플릭스 콘텐츠를 수용하는 과정이 달라질 수 있다. 예를 들어, 한국 사회의 뿌리 깊은 성차별이나 반여성적 사회 환경을 인지하던 여성 시청자에게 젠더와 인종을 비롯한 다양성의 가치 추구를 명분으로 내세우는 넷플릭스 플랫폼은 기존 미디어 환경에서 비가시적이거나 배제되었던 여성주의적 콘텐츠를 접하게 해 줄 수 있는 대안이 될 수 있다(정사강 · 백지연, 2022). 넷플릭스의 초국적 미디어 공간에서 글로벌 미디어의 수용과 지역 미디어의 수용이 이분법적으로 구분할 수 없을 정도로 섞이게 되고 취향과 관심사를 기반으로 문화적 친숙함이 형성된다. 이와 함께 시청자는 자신의 사회문화적 맥락에 따라 서로 다른 수용 경험, 해석의 실천, 문화 정체성을 가질 수 있다.

넷플릭스 시대의 수용자를 이해하기 위해서는 이들의 초국적 미디어 경험을 살펴봐야 한다. 전 지구적인 미디어와 국가의 미디어 체계가 결합하며 초문화적 흐름의 공간이 만들어지면서, 시청자는 자신의 계급, 젠더, 인종, 세대, 지정학적 위치, 성적 취향 등에 따른 다양한 주체의 위치에서 지역의 시청자이자 초국적 시청자로서의 정체성을 구축하고 불균질한 미디어 경험과 해석의 결을 만들어 갈 수 있다. 우리는 이들의 콘텐츠 수용과 문화적 실천 과정을 구체적으로 세밀하게 들여다보면서, 초국적 미디어 플랫폼이 어떻게 국가의 미디어 체계를 넘어 개인 시청자를 둘러싼 문화적 환경을 구성하고 영향력을 확장해 가는지, 더 나아가 이러한 초국가적 미디어 소비를 통해 형성된 미디어 경험이 갖는 문화적 함의가 무엇인지를 논의해야 한다.

6. OTT 시대의 시청 문화를 어떻게 탐구할 것인가

우리는 수많은 미디어 콘텐츠에 둘러싸여 살고 있다. 텔레비전을 틀면 수백 개의 텔레비전 채널뿐만 아니라 영화, 드라마, 예능 같은 콘텐츠를 대여하거나 구매해서 볼 수 있고, 넷플릭스, 디즈니, 유튜브 등 다양한 OTT 서비스도 이용할 수 있다. 과거 거실에서 온 가족이 텔레비전 앞에 모여 앉아 소수의 채널에서 나오는 프로그램을 시청할 때와는 다른 미디어 환경에 살고 있다. 우리는 집에 있으나 집 밖에 있으나 늘 각자의 모바일 기기를 소지한 채 자신이 보고 싶은 콘텐츠를 언제든 볼 수 있다. 온라인 영상 스트리밍 서비스의 상용화는 우리가 볼 수 있는 콘텐츠의 양과 질을 획기적으로 확장하고 있고, 시청자들의 주의를 끌기 위한 채널이나 플랫폼 간의 경쟁 또한 심화되고 있다. 특히 2020년 초 코로나19의 대유행을 거치면서 온라인 콘텐츠에 대한 소비가 크게 늘어났고 영상 스트리밍 시장을 둘러싼 국내외 OTT 플랫폼들의 각축전이 벌어지고 있다. 미디어 환경의 변화와 함께 텔레비전 시청이라는 단어를 쓰는 게 모호해졌다. 시청자들은 텔레비전 화면을 통해 기존의 텔레비전 채널뿐만 아니라 각종 온라인 플랫폼의 다양한 형식과 장르의 영상물을 접할 수 있게 되고, 이러한 텔레비전 화면은 대형 프로젝트에서부터 개인의 스마트폰 화면에 이르기까지 우리를 둘러싼 모든 곳에 포진되어 있다. 인터넷을 통해 각종 영상물이 한데 어우러져 있고 이들에 대한 시청이 매끄럽게 이루어지면서, 과거처럼 텔레비전 시청을 특정해서 말하기 어려워졌다. 넷플릭스와 같은 OTT 플랫폼이 기존의 텔레비전 시청 경험을 재매개하고 확장하면서, 텔레비전을 넘어선 시청 문화가 형성되고 있다.

문화연구 전통에서의 텔레비전 수용자 연구는 수용자가 텍스트와 상호 작용하거나 의미를 만들어 내는 방식에 주목하고 생산자, 텍스트, 수용자 간의 관계에 사회적 권력이 어떻게 작동하는지를 탐구하는 데서 출발했다(Gray & Lotz, 2015/2017). 1970년대 홀의 부호화와 해독 모델은 텍스트의 의미가 생산자에 의해 결정되기보다는 수용자가 해독하는 과정을 통해 형성된다는 점을 주목하면서 수용자 연구에 큰 영향을 미쳤고, 이러한 수용자의 의미 생산과 문화적 실천에 관한 관심은 하위문화나 팬덤에 관한 연구로 이어졌다. 그리고 이와 같은 수용자 연구 전통은 텔레비전 관련 기술과 산업의 진화와 함께 텔레비전 텍스트의 해독이나 관련 문화적 실천을 넘어 보다 다양한 주제를 다루게 된다. 실제 일상 공간에서 이루어지는 가족들의 시청 경험에 관한 민속지학적 연구(Lull, 1988)에서부터 케이블 텔레비전과 같은 당대 새로운 기술이 가정에 들어와 친숙한 미디어로 자리를 잡게 되는 '가내화'에 관한 연구(Silversone & Haddon, 1996), 그리고 모든 장소에서 시간을 보낼 수 있도록 도와주는 '주변의 텔레비전ambient television'(McCarthy, 2001)으로 경험되는 현상에 이르기까지, 일상생활에서의 텔레비전 이용에 관한 보다 광범위한 연구가 이루어졌다. 또한 인터넷 및 각종 디지털 기기의 출현과 함께 일상적 삶과 텔레비전 소비가 온라인 환경과 결합하면서, 텔레비전 수용자 연구는 TV와 관련한 기술적, 산업적, 사회문화적 상황과 시청 경험의 변화를 추적했다(이동후, 2012; 이소은, 2017). 넷플릭스와 같은 OTT 플랫폼 이용의 확산은 수용자 연구의 새로운 변곡점이 되어 다양한 연구 과제를 던지고 있다. 그레임 터너Graeme Turner(2021)는 OTT 시대에 콘텐츠 생산과 유통 산업이 변화하고 텔레비전 경험이 다변화하는데, 대부분 연구가 새로운 콘텐츠, 기술, 산업 구조 및 유통 시스템의 특성을 중요하게 다루지만, 정작 수용자 부분은 간과한다고 지적한다. 그는 플랫폼 환경에서의 수용자 연구를 되살려야 한다고 주장한다. 그동안 텔레비전 미디어의 사회기술적 형식의 진화가 수용자 연구 흐름에 새로운 탐구 과제를 던져 왔듯이, 넷플릭스와 같은 온라인 동영상 미디어 플랫폼은 영상 콘텐츠 소비의 미디어 생태계를 변화시키며 새로운 도전 과제를 던지고 있다. 이 장에서는 세 가지 도전 과제를 주목해 본다.

첫 번째는 텔레비전 수용자 개념에 대한 이론적 도전이다. 앞서 언급했듯이 텔레비전이나 수용자 모두 고정된 의미를 갖지 않고 변화하는 미디어 환경과의 관계 속에서 그 개념이 재구성되고 있다. 넷플릭스와 같이 인터넷을 매개로 콘텐츠를 유포하는 플랫폼이 일상의 미디어로 자리를 잡기 시작하면서 콘텐츠의 생산, 유포, 소비 체계 전반에 변화가 일어나고 있고, 기존 형태의 텔레비전 개념이나 수용자를 이해하는 개념에 대한 재검토가 필요해졌다. 넷플릭스는 텔레비전 리모컨의 버튼으로 접근할 수 있는 텔레비전 생태계의 일부로 합류되는 동시에 기존의 텔레비전과 다른 인터페이스를 선보이면서 텔레비전이 경험되는 방식에 변화를 가져오고 있다. 인터넷을 매개로 콘텐츠가 유포되면서, 텔레비전 스크린은 인터넷으로 연결된 모든 시청각 콘텐츠를 접할 수 있는 통로가 되고, 텔레비전 콘텐츠는 온라인 콘텐츠로 소비될 수 있게 된다. 마찬가지로 그동안 텔레비전 수용자가 대중, 의미 해독자, 팬, 생산적 소비자, 사회적 시청자 등으로 규명되었다면, OTT 시대의 수용자는 또 다른 개념이 필요하다. 디지털 플랫폼이 수용자의 시청 행위를 매개하고 디지털 데이터로 처리 및 분석하는 '데이터화 시대'에 수용자의 행위성을 어떻게 이해할 것인가가 중요한 과제가 된다(Livingstone. 2019). 개인의 데이터를 수집하고 알고리즘적으로 미디어 경험을 형성해 가는 플랫폼 환경이 수용자의 주의, 커뮤니케이션, 정서적 관여, 생산적 실천, 비물질적 노동이 이루어지는 과정에 깊숙이 개입하면서, 수용자의 행위는 플랫폼의 기술적, 정치·경제적 조건과의 관계 속에서 살펴볼 수 있다.

비르타 이트르아르네Brita Ytre-Arne와 라자나 다스Ranjana Das(2021)는 데이터화 시대의 수용자 행위성을 해석적이고 관계적인 것으로 이해해야 한다고 주장한다. 홀의 부호화–해독 모델이 텍스트의 이데올로기적, 구조적 권력 동학에 대응하는 수용자의 다양한 해독 과정을 주목했다면, 데이터화 시대의 수용자 이론은 수용자가 데이터화된 커뮤니케이션과 알고리즘을 일상에서 어떻게 인식하고 반응하는지를 통해 해석적 행위성을 살펴볼 수 있다고 본다. 또한 수용자와 플랫폼 구조의 관계 속에서 수용자가 어떠한 상호 작용 능력과 생산적 관여를 할 수 있는지, 수용자 활동이 이용자 데이터를 활용하려는 플랫폼의 이해관계가 어떻게 연관되는지를 주목하며 관계적 행위성을 살필 수 있다. 디지털 미디어가 수용자에게 미칠 수 있는 영향력을 네 가지 측면, 즉 (1) 착취(미디어 기업의 상업적 이익을 위해 수용자의 비물질적 노동을 이용), (2) 형성성(소프트웨어 인터페이스와 알고리즘에 의한 수용자 행위의 구성), (3) 편재성(일상에 널리 퍼져 있고 의존도가 높아짐), (4) 배제(디지털 미디어 플랫폼의 생산자와 이용자 간의 권력 비대칭으로 인한 수용자의 소외) 등으로 살필 수 있다. 이러한 잠재력이 실제 수용자에 의해 어떻게 해석되고 구현되는지를 들여다볼 때, 수용자의 행위성에 대해 알아갈 수 있다.

그동안 문화연구가 대중에 대한 이론화, 소비의 즐거움과 수용자 경험에 관한 관심, 일상생활의 실천적 의미 주목, 재현에 대한 맥락적 분석 등에 관심을 가지며 텔레비전 수용자의 의미 생산이나 문화적 실천을 주목해 왔다면, 이제는 현재의 디지털 플랫폼의 기술사회적 체계가 이러한 즐거움과 소비의 성격을 바꾸고 있다는 점을 주목해야 한다. 영상 소비와 감시 자본주의가 근본적으로 연결되어 있는 플랫폼의 조건에서는 수용자에 대한 통제와 착취 문제와 대중문화의 즐거움을 분리할 수 없다(Wight & Cooper, 2022). 수용자는 플랫폼을 통해 시청 경험에 대한 자율성과 통제 감각을 가질 수 있고, 기존 텔레비전에서 들을 수 없었던 다양한 목소리나 자신의 관심사에 맞는 서사를 접하면서 즐거움을 느끼거나 정서적 관여를 할 수 있다. 하지만 이러한 과정이 데이터화되어 수용자의 상품화에 기여할 수 있고 플랫폼의 알고리즘 추천은 오히려 선택의 폭을 좁히고 소비주의적 성향을 강화할 수 있다. 플랫폼의 기술사회적 조건에 의해 매개되고 구성되어 가는 수용자의 행위성은 양가적이고 다면적인 측면을 갖는다. 넷플릭스 시대 수용자의 복합적 성격을 규명하기 위해서는 플랫폼 환경의 통제성과 수용자의 행위성이 어떻게 상호 연결되는지를 질문하면서 실제 일상에서 이루어지는 수용자 경험의 결을 구체적으로 들여다봐야 한다.

두 번째 도전 과제는 일상에서의 텔레비전 역할과 소비에 관한 지속적 연구다. 기술 변화, 플랫폼 시장의 등장, 개인화된 편성, 수용자의 파편화 등 변화의 과정과 그 특징을 논의하는 연구가 많이 이루어져 왔지만, 실제 일상생활에서 어떠한 일이 벌어지고 있는지에 대한 구체적 조사는 상대적으로 적었다. 넷플릭스의 구독자가 늘어나고 온라인 시청이 많이 늘어났다고 통계가 말하지만, 실제 수용자가 가정에서 어떻게 텔레비전 시청을 경험하는지, 이러한 시청 관행이 일상생활에 어떻게 영향을 미치는지에 대해 알려주는 경험적 조사는 별로 없다. 가정 공간에 OTT 플랫폼이 이용되기 시작하고 가정 미디어 생태계가 재구성되면서, 기존의 미디어 이용 관행에 변화가 일어나고 새로운 미디어 이용이 가정 내 일상생활의 맥락과 필요와 결합해 갈 수 있다. 이러한 가정 공간 내 미디어 이용과 융합과 분산의 동학이나 가정 내 진화하는 이용 문화는 실제 소비 현장에서 일어나는 이용 경험의 결을 관찰함으로써 알 수 있다(Turner, 2021). 경험적 관찰을 통해 미디어 소비 방식의 특성과 의미에 대해 보다 깊게 이해할 수 있다. 예를 들어, 몰아보기와 같이 개념적으로 명확하지 않은 시청 방식이 실제 시청자들에게 어떻게 인식되고 실천되는지를 구체적으로 살펴봄으로써, 해당 시청 경험이 독립된 실천이라기보다는 더 광범위한 미디어 이용의 맥락과 연결되어 있고 개인에 따라 그것의 문화적 의미가 다를 수 있다.

이와 같은 텔레비전 이용 문화에 대한 경험 연구는 방법론적 제고를 요구한다. 기존의 텔레비전 수용자 연구는 수용자의 경험을 문화로 바라보기에 민속지학적 방법으로 연구할 수 있었다. 수용자와 인터뷰하고 함께 토론하거나 이들의 이용 문화에 대해 참여 관찰하면서, 다양한 맥락에서 미디어 이용이 어떻게 이루어지는지, 계급, 인종, 젠더 등 삶의 조건이 미디어 이용과 어떻게 교차하는지, 어떠한 문화적 실천이 수행되었는지, 혹은 어떠한 권력관계가 작동하는지 등이 연구되었다. 플랫폼 환경에서 수용자가 어떻게 구성되는지, 이들의 삶이 미디어와 어떻게 교차하는지, 어떠한 이용 문화가 형성되는지 등을 구체적으로 이해할 수 있는 방법론적 재고가 필요하다. OTT 시대의 수용자 연구는 수용자 경험이 플랫폼이라는 기술적, 산업적 체계의 조건과 긴밀하게 결합하고 있다는 사실을 주목하면서 소비 과정이 어떻게 매개화되고 데이터화되는지를 분석에 포함해야 한다.

세 번째는 텔레비전을 본다는 것의 사회문화적 의미가 무엇인지를 다시 질문해 보는 것이다. 전통적 텔레비전은 대중문화의 축으로 많은 사람이 일상적으로 공유하는 공동의 문화를 구성해 왔다. 그동안 텔레비전 수용자 연구는 텔레비전 시청의 대중성이 갖는 사회문화적 의미를 주목하면서 그것의 대중적 영향력이나 공론장으로서의 역할에 대해 논의해 왔다. 그런데 넷플릭스 시대의 미디어 환경은 미디어 콘텐츠의 유포 및 소비 방식을 재구성하면서 대중을 구성하는 방식이나 대중성의 성격을 바꾸고 있다. 요즘 주변 사람들에게 어떤 텔레비전 프로그램을 시청하는가를 물어본다면, 저마다 다른 대답을 하거나 아예 안 본다고 하는 사람들이 많다. "어제 뭐 봤어"라는 질문으로 일상적 대화를 하기가 어려워졌다. 영상 미디어 사용 시간이 늘고 있지만, 전통적 텔레비전의 대중성과 공동 문화를 기대하기는 어렵다.

과거에는 대중성의 척도로 시청률이 언급되었다면, 넷플릭스와 같은 스트리밍 플랫폼은 '요즘 뜨는 콘텐츠,' '가장 인기 있는 콘텐츠 순위' 등 자체적으로 명명한 범주로 '대중적' 콘텐츠가 무엇인지를 알려준다. 시청률이 주어진 시간에 얼마나 많은 사람이 어떤 TV 방송을 시청하는가를 백분율로 나타나며 시청자의 규모로 텔레비전 프로그램의 인기를 인지하게 해 주었다면, 넷플릭스는 이러한 '인기 있는 텔레비전popular television' 개념에 도전한다. 넷플릭스는 시청자들의 시청 행위에 관한 각종 데이터를 수집하면서도 자신들이 수집한 데이터는 TV 시청률과 관계없다고 말한다. 기존 방송사가 집단적 시청 경험과 산업적 성공의 지표로 시청 데이터를 제공했다면, 넷플릭스는 스트리밍 서비스의 인기에 대한 대중의 인식을 높이기 위해 선별한 데이터만 공개하고 있다(Wayne, 2021). 예를 들어, 넷플릭스는 '실시간 뜨는 콘텐츠' 혹은 특정 날짜에 가장 많이 본 콘텐츠의 순위 목록을 제공하고 있지만, 전체 시청 대비 비율이나 각 콘텐츠 간 시청률 차이에 관한 정보를 제공하진 않는다. 넷플릭스는 프로그램 스트리밍 횟수, 평균 시청 시간 및 완료율 등으로 프로그램의 인기를 측정한다고 이야기하지만, 가입자와 그들의 시청 행위에 대한 실질적 정보를 제공하지 않은 채 시청자 데이터를 선택적으로 제시하는 '반투명적' 정책을 취하고 있다. 넷플릭스가 시청 데이터나 시청 수치를 측정하는 방법을 공개하지 않기에, 콘텐츠의 인기에 대한 이해를 제한하고 있다. 국내에서는 2000년대 초만 해도 KBS의 〈태조 왕건〉(2000~2002)이 60.2%, MBC의 〈대장금〉(2003~2004)이 57.8%, SBS의 〈파리의 연인〉(2004)이 57.6%로 최고 시청률을 기록하는 등 많은 사람이 시청 경험을 공유할 수 있는 텔레비전 콘텐츠가 종종 있었으나, 최근에는 10%를 넘으면 인기가 있다고 이야기된다. 물론 시청률 자체가 텔레비전의 대중성이 무엇인지를 설명하지는 않지만, 적어도 텔레비전 프로그램이 얼마나 많은 사람에게 노출되어 공동의 경험을 만드는지에 관한 지표 역할은 할 수 있다. 전통적 텔레비전의 시청자는 늘 다수의 대중으로 상상되었다. 넷플릭스 시대의 미디어 환경에서는 국가적 규모의 집단적 활동으로 인식되었던 텔레비전 시청의 의미가 퇴색되고 있다.

전통적 텔레비전은 대중이 공감하고 즐길 수 있는 보편적 프로그램 서비스를 제공하며 텔레비전 시청자로서의 공통된 정체성을 상상할 수 있게 했다. 텔레비전 프로그램은 특정한 가치를 권유하고, 사회적 정체성의 형성이나 유지를 도우며, 현실을 이해하거나 사회를 해석하는 방식을 제공하고, 사회적으로 적절한 행동과 태도를 정의하며 공적 규범을 확인해 주는 방식을 제공함으로써, 사람들이 '문화적 시민성'을 갖게 하는 데 기여한다(Hartley, 1999: 150). 특히 전통적 텔레비전은 생생한 현실감을 제공하는 프로그램 포맷을 통해 다수의 대중을 하나의 집단으로 호명하며 집단적으로 공감하고 정서적으로 관여할 수 있게 했다. 뉴스, 스포츠의 생방송뿐만 아니라 게임 쇼, 리얼리티 쇼, 토크쇼 등 실재에 충실한 재현 방식은 현실을 즉각적으로 혹은 직접적으로 전달한다는 정서적이고 이데올로기적 효과를 낳았고 이

것은 텔레비전 시각성의 본질적 특성을 구성하며 텔레비전 시청을 공동의 사건으로 만들었다(Özgün & Treske, 2021).

각종 영상 콘텐츠에 대한 비선형적 접근을 허용하는 스트리밍 서비스는 콘텐츠를 유연하게 선택하는 편의성을 가져오면서, 수용자를 대중 혹은 문화적 시민보다는 맞춤화된 콘텐츠를 즐기는 소비자로 인식하게 만든다. 넷플릭스는 실시간 스트리밍 플랫폼이지만 생방송을 배제하는 전략으로 전통적 텔레비전의 생생한 시각성과 거리를 둔다. 전통적 텔레비전이 일과에 맞춰 프로그램을 편성하며 사회적 시간의 리듬에 동조했다면, 넷플릭스는 몰아보기와 같은 시청 행위를 자연스럽게 유도하며 시청 시간을 사회적 시간과 분리하거나 최소한의 영향을 받게 한다. 콘텐츠 시청이 생생한 공동의 사건으로 경험되기보다는 개인의 콘텐츠 선호도에 따라 선택된 경험으로 다가온다. 전 지구적 시청자를 대상으로 하는 플랫폼인 넷플릭스는 국가 내 공적 재원에 기반을 둔 텔레비전 체계의 시장 규모나 영향력을 상대적으로 왜소하게 만들고, 이들 체계 내 대중의 분화 혹은 파편화를 가속화시킨다. 방송 TV 채널이 대중을 보편적으로 소구하는 프로그램을 방영해야 했다면, 넷플릭스 플랫폼은 구독자가 보고 싶어 하는 콘텐츠만을 여과해서 보여 주려고 한다. 전 세계 다양한 서사를 모아 서비스를 구독하는 모든 이의 취향을 만족시키겠다고 약속하는 플랫폼은 집단적 공존 감각을 가진 사회적 대중보다는 파편화되고 원자화된 소비자를 수용자로 상정한다.

플랫폼을 매개로 개별화된 미디어 환경이 조성되면서 과거와 같이 주변의 많은 사람과 공유하는 문화적 서사나 경험이 줄어들

수 있다. 반면 초국적 텔레비전으로서의 넷플릭스는 전 지구적 도달 범위와 방대한 콘텐츠 라이브러리를 통해 다양한 지역과 문화의 콘텐츠를 모으고 시청자 각자의 취향에 맞는 틈새 프로그램이나 잘 알려지지 않은 프로그램을 쉽게 찾을 수 있게 해 줄 수 있다. 다양한 문화적 관점과 목소리를 반영한 서사나 다양한 장르와 주제를 담아낸 전 세계 콘텐츠를 제공하면서 국내 텔레비전에서 경험하지 못했던 문화적 다양성을 맛볼 수 있다. 전 지구적으로 유통될 수 있도록 제작된 콘텐츠는 초국적 감수성을 불러일으키며 새로운 문화적 시민성을 위한 잠재적 자원이 될 수 있다. 기후 위기, 환경 오염, 사회 부조리 등을 다룬 다큐멘터리나 사회적 약자나 소수자의 목소리를 담아낸 시리즈물은 전 세계 시청자가 정서적으로 관여할 수 있는 생태적, 사회적, 윤리적 문제를 다루기도 한다. 이와 관련해 초국적으로 공유되는 서사가 어떠한 공공문화를 형성해 갈 수 있을지, 취향의 차이에 기반을 둔 개인화된 소비 패턴이 어떻게 새로운 문화적 시민성을 형성하거나 저해할 수 있는지, 플랫폼의 콘텐츠 전략이나 알고리즘은 새로운 전 지구적 시민성의 경험에 어떻게 개입하는지, 넷플릭스 콘텐츠의 수용과 문화적 실천이 문화 간 이해와 초국적 대화를 얼마나 확장할 수 있는지 등등 다양한 질문을 던질 수 있다.

플랫폼이 시청자의 주의를 끌기 위해 경쟁하는 사이에 콘텐츠 산업의 규모가 커지고 수많은 콘텐츠가 쏟아져 나오고 있다. 선택권이 많아지는 가운데, 수용자의 시청 경험은 더욱더 유동적이고 다면적이고 불연속적이고 모순적일 수 있다. 알고리즘의 추천에 따라 목록을 훑어보다가 시청을 포기하기도 하고, 평소의 시청 취향과 다른 새로운 콘텐츠를 시청하기도 하며, 이용을 결정하는 순간의 상황에 따라 시청 목적이 달라질 수도 있다. 복수의 미디어 텍스트를 오가며 시청하기도 하고, 넷플릭스의 시리즈 대신 유튜브의 요약본을 시청하기도 한다. 콘텐츠를 해석하는 과정에 개인의 사회문화적 경제적 위치뿐만 아니라 온라인에 연결된 타인의 의견이 영향을 미칠 수 있다. 지금의 텔레비전 시청 경험을 이해하기 위해서는 이것에 개입하는 다양한 사회문화적, 기술적 조건과 그것과 타협해 가는 개인의 행위성을 구체적으로 살펴봐야 한다. 문화적 역동성이 시청자의 미디어-콘텐츠 수용 과정, 다양한 해석과 관여 방식에서 나오기에, 현재의 시청자가 어떠한 이용 문화를 만드는지에 관한 경험적 탐색이 지속적으로 이루어져야 한다.

3장

한국 사회에서 텔레비전 드라마의 변화상과 역할을 다면적으로 돌아보기

이기형

1. 플랫폼이 주도하는 변동 속 텔레비전 드라마의 위상

텔레비전의 눈부신 진화와 복합적인 함의

이 장은 '텔레비전 드라마'라는 우리에게 다분히 친근하면서, 큰 위상 변화와 함께, 이채로운 혁신과 분화를 보여 주는 주제를 다룬다.[6] 특히 멀티플랫폼 시대에 문화 소비의 주목할 트렌드와 사회문화적 함의를 발현하는 텔레비전 드라마의 역할에 관한 상세한 조명을 모색한다. 먼저 텔레비전을 둘러싼 사회·기술적 환

6 주지하다시피 '텔레비전 드라마'라는 명칭은 현재 관찰되는 OTT 중심의 거대 플랫폼의 확장과 수용의 다국적인 양상, 그리고 이에 연동하는 방송 산업의 변화를 고려할 때, 과거에 비해 매우 변화되고 새로운 정체성을 구현하고 있다. 예시하면, 넷플릭스의 경우, 기존의 드라마라는 호칭 대신에 '오리지널 시리즈'와 같은 용어를 사용하기도 한다. 특히 규모와 스타일, 스토리텔링, 그리고 인지도 측면에서 한층 세련되고 대형화된 드라마 콘텐츠는 이제 영화와 견주어도 뒤지지 않는 대중문화물로서의 공고한 위상과 중요성을 확보하고 있다.

경 변화를 상징하는 핵심 현상으로 온라인 동영상 서비스(OTT) 플랫폼이 주도하는 역할에 주목해야 한다. '넷플릭스 효과Netflix effect'로 상징되는 거대 플랫폼이 한국인의 일상에서도 익숙한 쓰임새를 발휘하게 되면서, 수용자의 취향과 선호도 그리고 여가 활용과 관련해, 플랫폼이 높아진 위상과 영향력을 발휘하기 때문이다. 이제 수용자는 지상파와 케이블을 벗어나서, 특히 넷플릭스와 아마존 프라임, 디즈니플러스, 웨이브, 왓챠 등의 거대 OTT 플랫폼이나 모바일을 통해 외국산 및 자국산 드라마를 자유롭게 접한다. 예를 들면, 다국적으로 인기를 끌며 숱한 화제를 낳았던 〈오징어 게임〉에서 〈이상한 변호사 우영우〉, 〈재벌집 막내아들〉, 〈더 글로리〉, 〈지금 우리 학교는〉, 〈D.P.〉, 〈사랑의 불시착〉, 〈이태원 클라쓰〉, 〈미스터 션샤인〉, 〈도깨비〉 등 흥미로운 주제에 높은 완성도를 보여 주는 드라마가 플랫폼을 통해 매우 큰 화제와 공명을 생성한 바 있다(강혜원 · 이성민, 2022; 김예란, 2022; 유건식, 2021; 이동후 2021).

이와 함께, 판타지와 스릴러에서, 액션과 로맨스, 팩션과 공포물 등 다양한 장르의 문법이 창의적으로 변주된 드라마가 수용자의 관심을 대거 형성한 바 있다. 또한 화려한 캐스팅과 단단한 만듦새를 보이는 드라마의 기획과 생산으로 이어지는 동력도 현재 거대 플랫폼이 발휘하는 역할과 위상을 빼놓고 이야기하기는 어렵다. 앞서 언급한 추세가 계속 유지되면서, 이른바 "K드라마"를 대상으로 장기적으로 발현되는 초국적인transnational 관심과 지리적 경계를 넘어서는 수용의 활발한 양상이 꾸준히 관찰되고 있다. 예컨대 현상황에서 매력적이며 발상과 호소력이 뛰어난 드라마가 다수 등장하고 있으며, 그런 과정에서 핵심적 기획과 수용의 매개체로 거대 플랫폼의 영향이 매우 가시적이다. 텔레비전 드라마가 보여 주는 주목할 변화상을 달리 예시하면, 매우 다양한 문화권에서 만들어진 드라마 콘텐츠의 선택과 수용이 상당히 일상화되고 있다. 특히 OTT와 소셜 미디어를 통해서 수용자는 각자의 취향과 선호에 맞는 다채로운 유형의 드라마에 관한 품평과 반응 및 관련 담화와 정보를 활발하게 접한다. 그런 수용의 심대한 확장에 주목해 보면, 기성의 영미와 유럽에서 제작되는 드라마의 소비와 함께, 이제는 한국에서 중국과 태국이나 튀르키예 드라마에서 남미에서 만들어진 — 일종의 '텔레비전 픽션'인 — '텔레노벨라'의 시청도 어렵지 않게 관찰된다.

지금 대중의 관심을 매개하는 드라마는 장르의 변주와 구성 및 스타일 측면에서 과거보다 상당히 감각적이며, 특히 '혼종성'과 '무국적성'이 반영된 요소를 적지 않게 배합하는 양상을 드러낸다.[7] 즉 양질high quality의 텔레비전 드라마는 '탈경계border-crossing'와 '탈지역화'로 함축되는 세련된 대중문화의 힘과 개방적

7 이는 구성과 서사의 측면에서 공유되는 드라마의 장르 문법genre grammar이 존재하지만, 종종 지역적으로 고유하거나 특화된 주제 외에, 텔레비전 드라마가 다국적으로 공유되는 소비의 양상이나 개인주의 등의 가치와 소재의 적용을 매우 원활하고 역동적으로 변주하는 측면을 중심으로 관찰된다. 즉 도시와 소비주의 중심의 삶 속에 현대인이 고민하는 성취나 경제적 안정과 젠더적·성적 이슈와 불안 등을 주제로 삼는 다국적 작품도 적지 않다. 이런 양상과 관련해, 심두보(2022)는 외국의 팬층이 한국산 드라마에서 앞서 언급한 주제와 소재를 다양하게 접하는 과정에서, 스토리텔링 속에 '유사한 특이성' 혹은 '기이한 동질성'을 발견한다는 관찰점을 제시한 바 있다.

인 '문화적 상상력'을 종종 발휘한다(진달용, 2021; 홍석경 외, 2016). 또한, 플랫폼의 막대한 투자를 기반으로, 드라마는 이제 대작 영화의 규모와 역량에 도전하는 면모도 확연하게 구현하고 있다. 이제 웬만해서는 전형성이 배인 드라마 장르의 운용이나 관습적 서사화로는 이미 드라마의 감각적인 변환에 단련된 수용자를 만족시키기 어려운 환경이 도래한 것이다. 나아가 그런 측면은, 아래에서 더 설명하겠지만, 거대한 담화와 소통 및 즐거움을 발현하는 재현의 공간으로서, 텔레비전이 매개하는 독특한 역량과 특히 문화적 '공론장'의 역할을 시사해 주기도 한다.[8]

이와 함께, 이 대목에서 텔레비전 드라마가 보여 주는 전반적 양식과 구성의 변화도 좀 더 살펴봐야 한다. 즉 속도감이 있으

8 문화적 공론장public spheres은 주요 사회경제적 주제를 논하는 기성의 공론장과 일정하게 차별화된 역할을 보여 준다. 예컨대 공적 정책이나 이슈에 관해 상대적으로 합리적 논리나 치열한 쟁점이 설파되는 기성 공론장의 작동 방식과 비교할 때, 허구와 상상이 주도하긴 하지만 드라마가 매개하는 공간은 수용자층이 공유하는 다양한 체험과 기억 그리고 주관적 의견과 체화된 관점을 활성화하면서, 수많은 대화와 공감의 공유를 접할 수 있기 때문이다. 문화적 공론장은 역사적으로 소설이나 독서 모임 등을 통해 등장했던 '문예 공론장'의 변화와 확장에 기초하기도 한다(이상길, 2018). 단적으로 논할 때, 드라마가 매개하는 확장된 담화와 토론은 때로는 여느 공적 주제나 사회 이슈를 둘러싼 열기가 깃든 논쟁이나 동적인 사회적 발화와 견주어도, 관심도와 활성화된 논의에서 뒤떨어지지 않는다. 이런 측면은 드라마의 수용 과정을 단순한 즐거움과 쾌락의 소비에 한정하는 관점의 변화를 가져온 바 있다. 요컨대 그런 담화들의 활성화와 열정적인 수용의 양상은 일련의 사회문화적 이슈와 '정서적 허기' 등의 감성을 공유하는 수용자의 폭넓은 참여가 나름의 공적 함의를 발휘하며, 변화하는 사회상을 다양하게 반영하는 측면을 함축해 준다(주창윤, 2013; 홍경수 · 정영희, 2021; 홍석경 외, 2016).

며 짧지만 재기발랄한 구성으로 흥미와 몰입을 주는 이른바 숏폼short form 드라마에서, 강렬한 서사와 뛰어난 시각적 구성을 조합해 내는 — 즉 대작 영화에 필적할 만한 스펙터클한 수준과 영리한 만듦새를 드러내는 — 대형 드라마에 이르기까지, 선택의 폭이 매우 넓은 상황이 구현되고 있다. 여기에 더해 〈나의 아저씨〉, 〈동백꽃 필 무렵〉, 〈작은 아씨들〉, 〈나의 해방일지〉 등 조율된 서사와 장르의 정제된 세공으로 큰 공감과 관심을 자아내는 양질의 드라마도 주기적으로 등장하고 있다(정영희, 2020).

정리하면, 텔레비전 드라마가 수용자층의 다변화된 취향과 욕구를 유연하게 고려하면서, 흡인력이 강한 장르의 변주와 감각적 스타일을 기조로 상당한 진화의 양상을 드러내고 있다. 이와 관련된 플랫폼 환경의 특징으로, 디지털 기술을 적극적으로 활용하며, 일종의 복합적 접속의 장치device로 온라인과 유튜브 등으로 매끄럽게 연결되는 텔레비전의 진전된 기술적 속성과 확장된 능력도 꽤 인상적이다. 즉 지상파 채널과 케이블 TV가 큰 지배력을 발휘하던 시대를 넘어서, 현시점에서 텔레비전은 상당히 '영리한smart' 커뮤니케이션 장치이자, 지리적 경계를 넘어 '외부' 세계로 연결되는 매우 동적인 문화적 '창구window'의 기능을 수행하고 있다. 그런 추세에 일군의 드라마들은 'OTT의 시대'를 맞아 상당한 적응력과 혁신을 발현하면서, 다양한 콘텐츠 속에서 일종의 문화적 '우세종'의 역할을 보여 주기도 한다.

다시 말해, 드라마라는 대상은 세련된 문화상품이자 자본과 대중이 주목하는 핵심 콘텐츠로서 상당히 확립된 위상과 대중적 이목을 발현하고 있다. 즉 텔레비전은 디지털 문화기술을 감각적으로 적용하는 대중문화물의 주요 산실production site이자, 지리와 문화적 경계를 넘어서 매우 다양한 의미와 가치 및 상상력을 생성하는 대표적 행위자actor라고 간주할 만하다. 영화와 웹툰이나 게임 등 문화산업 부문에서 매우 공고한 위상을 구가하는 대표 콘텐츠와 비교해도, 텔레비전은 나름의 차별적 역량과 정련된 기획으로 자신의 영역과 특성을 꽤 단단하게 유지한다.

지금까지 제시한 텔레비전 드라마의 공고한 위상을 고려할 때, 이 특정 주제에 대한 논의는 과거보다 새롭고 다층적 양상에 대한 포용적 진단을 필수적으로 포함하게 된다. 이 장에서는 특히 '문화연구cultural studies'의 렌즈와 특화된 문제의식을 적용하면서, 현재 텔레비전 드라마가 발휘하는 복합적인 역할과 관련 제도적·기술적·사회적 변화를 폭넓게 연계하는 방식으로 관련 특징과 쟁점을 풀어내고자 한다. 문화연구는 짧게 정의할 때, 주요 대중문화물이나 영상 텍스트가 발휘하는 의미 생산과 감정 및 가치가 결합이 되며 발산하는 복합적 효과와 '맥락적' 함의를 동태적이고 성찰적인 방식으로 탐구하는 접근법이다(김수정·야마나카 치에, 2018: 원용진, 2014; 2021; 이기형·이동후 외, 2019; 홍석경 외, 2022; 한국방송학회, 2020). 나아가서 문화연구는 인문학과 사회과학 분야에서 다양하게 활용되며, 특히 대중문화물의 특징과 역할에서 광의의 문화산업에 관한 밀도 있는 분석과 성찰적 진단 그리고 관련 이론 작업을 폭이 넓게 추구하는 '지적-비판적' 접근이기도 하다.

특히 이 접근법은 대중문화 콘텐츠의 세밀한 진단에서, 그런 콘텐츠 생산과 관련된 내부의 생산 문화의 특징에서 제도적 측면에 이르기까지 확장된 분석을 실행하며, 관련 쟁점과 명암을 세밀하게 탐구하는 특징을 드러내기도 한다. 부연하면, 문화연구는 대중문화물의 기획이나 상업적 이해관계에 관한 정제된 탐구와 비판을 모색하며, 동시에 그런 정련된 문제의식으로 텔레비전 드라마의 사회문화적인 역할을 둘러싼 공적인 동시에 맥락적 측면에도 상세하게 관심을 기울인다. 이런 문화연구의 독특한 문제의식은 기존에 문화산업의 동향이나 수익 구조와 관련 정책 등의 거시적 측면에 주로 주목하거나, 개별 콘텐츠 중심의 성공과 경쟁력에서 포맷 변화에 크게 주력하는 일군의 접근법과는 적지 않은 차별성을 드러낸다. 즉 텔레비전 드라마에 관한 문화연구자의 관심은, 상업적 측면이나 거시적인 정책이나 산업 관련 요인에 관한 관심만을 벗어나서, 이 대중적 문화 양식이 발휘하는 주목할 지적인 함의와 사회문화적인 효과에 관한 다원적인 탐구로 직결이 된다.

요컨대 문화연구는 텔레비전 드라마가 발산하는 다면적 기능과 수용의 양상을 유기적으로 연계하고, 그런 과정에서 관찰되는 일련의 사회적 쟁점을 깊이 있게 탐구하는 노력으로 대응한다. 정리하면, 이 장은 텔레비전 드라마 콘텐츠 측면 주요 변화상의 탐구에서, 거시적인 드라마 생산과 소비를 둘러싼 현실 속의 다면적인 '흐름flows'을 연계하는 방식으로, 관련 진단과 함축적 논의를 모색할 것이다.

텔레비전 드라마가 발휘하는 '재현'을 둘러싼 주요 함의

여기서는 텔레비전 드라마가 구축해 온 의미 생산의 특징과 함의에 — 즉 '재현'이라고 불리기도 하는 과정에 — 주목한다. 먼저 텔레비전 드라마는 일상에서 우리에게 매우 친숙하며, 오락의 용도에서 감정과 욕망의 표출과 관련된 상당히 다양한 사회문화적 '쓰임새uses'를 구현한다. 예시하면, 드라마 시청이라는 행위는 이질적 배경과 사회경제적 차이를 가진 수용자층이 손쉽게 활용하는 여가와 쾌락의 추구와 직결되며, 고단한 몸과 감각을 챙겨주는 휴식과 재충전의 기회를 제공하기도 한다. 아래에서 상술하겠지만, 드라마를 시청하고 '이용'하는 행위는 종종 집중력 있는 몰입과 감정 이입에서, 드라마가 엮어 내는 주제와 현실 속 쟁점에 관한 참여와 진한 사유 등의 꽤 자발적이고 능동적 대응을 포함한다.

단적으로 논할 때, 텔레비전 드라마는 상상과 허구 및 현실적인 이슈에 관한 매우 범주가 다채로운 이야기의 실타래threads와 정서적 대응의 기회를 제공한다. 예를 들면, 파급력이 큰 텔레비전 드라마의 경우, 작중에 등장하는 특정 주제와 인물이 다양한 의미 효과와 감정을 수용자에게 매개한다. 여기에 수용자가 그런 측면과 관련된 일련의 의견과 담화를 생동감 있게 이어가며, 일상에서 밀도 있게 시청의 경험을 공유하는 양상을 접할 수 있다. 예시하면, 텔레비전 드라마는 사회 내에서 주목도와 정서 효과가 큰 다채로운 주제를 — 이를테면, 로맨스와 판타지의 변주, 세속적 성공과 추락의 이면, 애증과 복수, 갈등과 화해, 폭력과 귀결, 공감과 치유 등을 — 대상으로 활기찬 담화와 관점의 공유를 '촉매catalyst'하는 기능을 발휘한다. 즉 큰 화제를 생성하면서 대중의 관심을 끄는 드라마는 다양한 사회적 관계성과 인간 주체에 관한 다채로운 탐구를 '대행'하는 역할을 꾸준히 도모해 왔다.

특히 이 지점에서 드라마가 담당하는 핵심적 사회문화적 기능으로 '재현representation'이라는 개념을 중심으로 관련 특징과 의미를 상세하게 파악할 필요가 있다. 우선 이 표현은 '의미하다'나 특정 주제와 문제의식을 '다시 풀어낸다'로 대치할 수 있다. 동시에 좀 더 신중하게 살펴보면, 이 표현은 주요 대중문화물 속에 선정된 주제와 핵심 의미를 생산의 주체들이 '특정한 선택과 상징성 및 가치 효과를 더해 내면서 제공하다'의 동의어로도 파악할 수 있다. 예컨대 텔레비전 드라마가 어떤 주제나 인물을 재현한다고 할 때, 이 표현과 개념은 그런 과정에 포함되는 특정한 주제의식과 작중에서 변주되는 이해관계와 사회 가치, 그리고 선택적으로 중용되는 상징성과 수사학 등을 두루 포괄한다. 다시 말하면, 드라마가 밀도 있게 의미화하는 주제는 사회 내 주요한 규범과 이데올로기의 선택적 반영에서, 개인과 가족 제도의 변동, 새로운 문화 기류와 감수성의 부상, 그리고 상품으로서의 해당 작품의 계산된 매력과 호소력 등의 요인을 '전략적'으로 반영한다(원용진, 2014). 또한 드라마는 종종 지배 가치나 대중이 친숙한 습속이나 관습을 형상화하지만, 사회 내에 '비주류적' 가치나 부상하는 새로운 감수성과 욕망을 반영하기도 한다. 여기에 더해 주목할 사회정치적 주제를 풀어내는 드라마의 경우, 현실의 모순과 갈등을 응축시켜 전달하면서, 공적인 문제의식과 대응을 매개하기도 한다. 예를 들면, 텔레비전 드라마 영역에서 접하는 '법과 정의'의 문제나, 정치적 음모와 부패, 학교 폭력이나 갑질 등의 예민한 쟁점, 재벌과 권력층이 연루된 특권의 문제, 그리고 평범한 이들이 감수해야 하는 부조리와 억울함 등은 현실의 관련 사건과 이면을 수용자에게 종종 연계하고 '환기'해 낸다.

한편 재현이라는 개념은 광의의 문화연구와 영상학 그리고 인문학 분야에서 매우 광범위하게 활용되며, 관련 교육과 연구 등에서 많은 주목을 받아온 개념인 측면도 기억할 필요가 있다. 즉 드라마가 생성하는 재현 혹은 의미 작용은 전개되는 서사 속에, 주요 사회문화적 가치와 이런 구성에 연동하는 상징성이 큰 이미지를 날렵하게 조합해 내는 집약적 과정이라 할 수 있다. 나아가 재현은 사회 내 논쟁적 주제와 화제를 선명하고 촘촘하게 풀어내는 과정이기도 하다. 요컨대 재현 작용은 종종 공적·상업적 함의와 더불어, 사회 내에서 무시 못 할 주목과 소통의 효과를 발휘한다. 이런 이유로 인해, 드라마를 포함한 대중문화 콘텐츠가 발휘하는 일련의 의미 작용과 감정의 효과는 상당한 사회적 의의를 발산하며, 정련된 분석의 대상으로도 활발하게 모색된다. 관련 예시를 들면, 우리는 특정 드라마가 다루는 일군의 윤리적 가치와 공적 쟁점의 구성에서, 정체성과 욕망 등의 주요 주제를 녹여 내는 드라마의 스토리텔링을 통해서, 다양한 이해와 교감 및 해석 등을 풍부하게 경험한다. 또한 그런 측면에 주목하면서, 대학의 강좌와 연구 및 출판 영역에서 인지도가 높은 드라마가 발산하는 재현의 특성을 주요 사례로 삼아, 사회·역사적 변동의 측면을 상세하게 탐구하는 사례들도 많다(곽영신·류웅재, 2022; 박정아·이지선, 2019; 정영희, 2019; 2020; 2022; 홍경수·정영희, 2021; 홍석경 외, 2021). 정리하면, 대중적 화제를 낳는 드라마에 관한 세밀한 해석과 특히 이 영향력이 큰 콘텐츠가 선이 굵게 매개하는 사회 내

다기한 변화상의 함의는 지적인 기획과 문화적 진단이 주목하는 주제이자, 지식의 추구 과정에서 '정당화'된 분석 방식이라 할 수 있다.

그런 텔레비전 드라마의 곱씹을 역할과 관련된 주요 사례를 돌아보면, SBS의 광복 50주년 기념작 〈모래시계〉(1995)는 '5·18 광주민주화운동'과 1980년대 독재 정권하에서 등장했던 굵직굵직한 정치·사회적 쟁점을 풀어낸 기념비적 대작landmark이다. 굴곡진 당시 시대상을 응축해 낸 대표적인 '대하 드라마epic drama'로, 1995년에 방영됐던 이 24부작은 독재 정권 시기 폭압적 분위기 속에 정치권력과 범죄 세계의 야합에서, 평범한 이들이 겪어야 했던 집합적 고통과 인권 침해 및 정의의 문제를 선이 굵게 재현한 바 있다. 1980년대를 배경으로 '5·18 광주항쟁'과 '삼청교육대' 등 국가 폭력과 인권이 유린이 된 주요 사안을 진중하게 다루면서, 〈모래시계〉는 수많은 수용자층에게 그런 역사적 진통이 선명했던 시대상과 상흔을 되새김질할 만한 긴요한 기회를 제공했다. 특히 이 작품은 드라마에 관한 통상적인 수용자의 기대나 관성을 크게 넘어서서 높은 완성도로, 과거사와 결부된 공적 이슈와 상처historical wounds를 힘 있게 형상화해 내는 역동적 기능을 함축해 준 바 있다.

이런 주목할 성취는 텔레비전 드라마가, 흥미진진한 서사와 인물군의 제시를 넘어서, 때로는 역사적 상흔과 쟁점에 관한 진지한 앎과 '기억하기'의 필요성, 그리고 강렬한 정서적 반응을 매개한 매우 생생한 성과로 자리매김이 된다. 〈모래시계〉는 당시 치열했던 시대상을 앞서 거론한 주제와 밀도 있는 스토리텔링으로 엮어 낸 작업으로 — 방영 당시 '귀가 시계'라는 수용자들의 열렬한 호응과 높은 평가도 받으면서 — 큰 사회적 반향과 공감을 생성하기도 했다. 이 드라마는 다큐멘터리나 시사적 포맷이 아님에도, 실제 역사적 상황과 허구적 요소를 창의적으로 결합한 수작이다. 즉 〈모래시계〉는 과거의 엄혹했던 폭력과 민주화를 위한 진통을 매우 강렬하게 구현해 낸 — 동시에 "예민한 현대사가 군더더기 없이 이어지며 빠르게 진행"된 — 기억할 작품으로 평가받는다(남지은, 2020. 9. 12). 그런 이유로 이 드라마가 매개한 활성화된 토론과 집합적 기억의 소환, 그리고 신산한 과거사에 관한 환기 작용에 주목하는 일련의 학술 연구와 문화 비평이 활발하게 부상한 바 있다.

이 같은 사례는 드라마라는 허구와 실재를 감각적으로 엮어 낸 텍스트가 긴요한 사회적 기록의 변형이자, 역사적 반성을 일깨워 준 매개체로서의 역량을 주기적으로 발휘한다는 점을 예증한다. 그런 사유로 〈모래시계〉의 사회적 함의를 논할 때, 과거사의 얼룩진 초상을 역량 있게 활성화하는 '기억의 정치'와 같은 핵심 주제어들이 자주 활용되기도 한다. 앞선 논의들이 시사하듯이 텔레비전 드라마는 명백히 즐거움과 쾌락의 추구에 활용되지만, 종종 그 이상의 심층적인 이해와 진지한 앎의 추구를 구성하기도 하면서, 상당히 유의미한 사회적 기능을 담당하기도 한다.

나아가 그러한 재현의 효과를 세밀하게 진단하는 일은 교육적으로도 큰 시사점과 의의를 제공한다. 지금까지의 논점을 압축하면, 역사적 주제와 의미심장한 대중적 기억을 대상으로 인상적인 드라마 콘텐츠가 발산하는 의미 작용의 특징에 주목하면서,

이 개념이 발휘하는 풍부한 문화적 함의와 상징성을 상세하게 조명하는 작업은 지식의 추구와 문화 콘텐츠를 대상으로 삼는 다원화된 분석을 활성화하는 데 긴요한 기능을 담당하는 것이다. 특히 '문화사적' 측면에서도, 영향력이 상당한 드라마가 선도한 의미 작용을 핵심 사례로 한 진단은, 대중이 겪어온 시대적 특징과 다양한 삶의 초상을 성찰하게 해 준다.

드라마의 소비가 생성하는 즐거움과 욕망의 관리 방식

이제 논점을 바꾸어, 텔레비전 드라마가 선사하는 즐거움과 쾌락 및 욕망에 관한 측면을 좀 더 다면적으로 진단할 필요성이 있다. 관련 예시를 들면, 텔레비전 드라마는 종종 낭만적인 로맨스와 코미디의 문법을 경쾌하게 형상화하면서, 보는 재미와 함께, 유쾌하고 공감을 주는 서사로 일상에 지친 수용자들을 '위안'한다. 한편 짜릿하게 복수와 폭력이 결부된 스토리텔링을 풀어내는 드라마는 현실의 그늘지고 부조리한 단면을 파고들며 환기하기도 하면서, 수용자의 욕망과 쾌감에 화답한다. 그런 오락성과 감정적 위안에서 사회상의 반추나 효과적 곱씹음을 초대하는 드라마는 일종의 수용자 대상 '대중 세러피적'인 기능therapeutic function[9]도 담당하는 것으로 파악된다.

9 여기서 대중 세러피의 의미는 텔레비전이 노동과 일상에 지친 다수 수용자를 위로하며, 이들이 체감하는 정서적 허기와 감정적 필요에 적극 화답하고, 이들 간 공유하는 화제와 담화를 풍성하게 제공하는 역량을 뜻한다. 그런 다변화된 능력으로 인해, 텔레비전은 여전히 대중문화와 문화 수용의 주요 매개체로서의 입지를 확보하고도 있다.

한편 소셜 미디어와 온라인 공동체에서 '인생 드라마'로 불리며, 상당한 몰입력과 큰 인기를 구가하는 드라마에 열광하는 이들의 활동과 담화도 어렵지 않게 접할 수 있다. 이들은 특정 드라마를 대상으로 자발적 팬덤과 이른바 '폐인' 활동을 활발히 구현하면서, 자신들의 소회와 감정 그리고 해석적 관점을 열정적으로 공유한다. 이는 종종 허구적 설정과 상상력이 상당히 반영된 드라마가 수용자들의 표출하는 '감정 구조structure of feeling'와 유의미한 공명을 이뤄 내면서, 현실과 접점을 구현하고, 고양된 정서적 반응을 생성하는 기능을 확연하게 예시해 준다.[10]

드라마가 재현하는 일련의 상황이 종종 수용자의 경험이나 기억과 유기적으로 연계되며, 나아가 사회문화적 현실과 밀도 있게 조응하면서 상당 수준의 감정 교류 및 해석을 활성화하는 것이다(김수정 · 김수아, 2018; 나미수, 2012; 2016). 이런 특성은 드라마가 당대를 대표하며 존재감과 쓰임새가 큰 서사적 구성물이라는 점을 재확인하게 하며, 오랜 시일을 두고 역량 있는 '이야기꾼'으로 텔

10 '감정 구조'는 특정 사회 내에서 공유되며, 종종 끈끈하게 구현되는 감정의 구현을 뜻하는 표현이다(주창윤, 2013). 이 개념에는 당대에 관찰되는 특정한 의미 작용과 감정 및 가치가 포함되기도 하며, 감정 구조는 특정 시대를 상징하는 질적 · 문화적 변화와 인식에서 대중이 표출하는 분위기 등이 녹아든다. 예컨대 대중 소설과 영화나 웹툰과 드라마 등은 당대 주목할 감정 구조의 변동이나 특정한 단면들을 다양하게 응축해 내면서, 시대상의 특징과 초상을 발현한다. 그런 이유로 이 개념이 문화연구가 주도하는 일련의 질적인 분석과 해석에서 종종 활용되기도 한다. 한편 특정 드라마의 사례를 중심으로, 수용자들의 반응과 논점에 큰 관심을 기울이는 수용자 연구도, 앞서 거론한 감정 구조를 적용한 분석을 모색하기도 한다.

레비전이 수용자와 역사적으로 상호 작용해 온 매우 긴요한 기능이라 말할 수 있다.

텔레비전 드라마의 소비 과정을 좀 더 돌아보면, 앞서 짚은 일련의 과정은 장르와 서사 측면의 스타일과 다양성을 차별화하면서, 당대 수용자들이 추구하는 취향과 소비 측면의 고도로 분화된 '잡식성omnivore'을 구현하고 있다. 범주를 좀 더 넓히면, 앞서 언급했듯이 국내에서 만든 작품을 넘어서, 흔히 '미드,' '영드,' '일드,' '중드' 등의 호칭을 받으며, 수용자가 선호하는 특정 장르와 발상을 진전시킨 외국산 드라마들의 소비도 매우 가시적이다. 이런 취향의 선명한 확장과 함께, 집중된 시청과 즐거움의 추구를 도모하면서, 특정 드라마 전편을 한번에 '몰아'보는binge watching 방식이나, 집이라는 장소를 벗어나서 이동 간에 이루어지는 드라마의 시청도 이제는 일상에서 꽤 친숙하다.

예를 들면, 스펙터클한 이미지와 촘촘한 서사를 드러내는 영미의 '블록버스터급' 드라마의 소비에서, 과거에는 한국에서 접하기 어려웠던 북유럽의 느와르 장르와 만듦새가 뛰어난 수사물이나, 화려한 복식과 시선을 끄는 정제된 미장센 등으로 과거 시대상을 엿보게 해 주는 외국산 '코스튬 드라마costume drama'에 관한 관심에 이르기까지, 이제 드라마의 소비를 둘러싼 분화된 취향의 모색은, 개방적인 수용의 양상과 함께, 지역적 제약을 명백히 벗어나고 있다. 그런 주제와 스타일 측면의 다양성이나 부단한 혁신의 추구는 텔레비전 드라마의 생산자들이 국적을 벗어나서, 매우 다채로운 장르의 변용과 실험을 능동적으로 시도하며, 수용자의 기대와 욕망을 충족하는 방향으로 밀도 있는 노동을 투사하는 측면을 일깨워 준다.

요컨대 국내 텔레비전 산업의 생산자도 어떤 드라마 콘텐츠가 다국적으로 관심과 반향을 불러일으키는지를 주의 깊게 파악하면서, 그런 측면을 적극적으로 반영하고 있다. 예시하면, 〈지금 우리 학교는〉이나 〈킹덤〉 같은 작품은 서구에서 발원한 좀비 장르의 문법을 효과적으로 '차용'하면서도, 한국의 역사·사회적 상황이나 문화적 특성을 반영하며 큰 반향을 불러일으켰다. 조금 다르게, 존재감이 부쩍 커진 웹툰을 중심으로 드라마는 선택이 가능한 서사적 자원과 도발적 상상을 인접 분야에서 활발하게 수렴하기도 한다. 웹툰이 당대를 대표하는 뛰어난 문화적 고안물이자 시대상을 다양한 각도로 아우르는 수많은 자원을 제공한다는 점을 고려할 때, 드라마가 대중적 호소력과 장르적 실험성이 큰 웹툰을 변형하는 현 추세는 충분히 이해가 간다. 부연하면, 드라마의 세계에도 새롭게 수용자의 관심과 흥미를 끄는 기획으로 기존의 생산 관행을 해체하는 탈지역화와 탈장르화의 움직임이 밀도 있게 모색되고 있으며, 서사와 장르 측면의 혁신적인 변용과 재구성도 꽤 활발하다. 이런 다원화되고 통념을 깨는 흐름은 드라마의 전반적 구상과 제작의 주요 단면에도 명백히 상당한 영향을 발휘하고 있다.

지금까지 논한 현실은 한국산 드라마의 구성에도 적지 않은 영향과 발상의 전환을 형성하면서, 장르적 문법의 분화와 창의적인 변용에서 세련된 구성과 변화무쌍한 스타일과 취향의 반영 등으로 드라마의 기획과 생산에 많은 영향을 준다. 최근 몇 년간 국내외적으로 지대한 관심을 받은 〈오징어 게임〉을 비롯해 〈킹덤〉이나 〈미생〉, 〈지옥〉, 〈도깨비〉, 〈미스터 션샤인〉, 〈이태원 클라쓰〉, 〈이상한 변호사 우영우〉, 〈더 글로리〉 등이 예시하듯이, 국내에서 이루어진 드라마의 재현에서도, 특화된 주제 의식을 밀도 있게 녹여 내면서, 인상적 서사의 구현과 미장센의 정련된 만듦새를 지향하는 기획이 활발하게 모색되고 있다.[11] 예컨대 앞에서 예시한 드라마들은 세련된 장르 문법의 구성에서 영화와 견주어도 뒤지지 않는 영상미나 수용자들이 선호하는 '날렵한' 서사적 요소와 사회상을 환기하는 메시지를 채용하고 있다. 또한 그런 구성을 구체화하는 과정에서, 수백 억대에 달하는 막대한 제작비의 투여와 함께, 대중의 관심을 효과적으로 매개하는 '스타 시스템'과 빼어난 영상 그리고 세련된 마케팅을 적극적으로 이용하기도 한다. 그런 특징은 드라마의 기획이 적지 않은 자본 및 이해관계가 투여된 고비용의 산물이면서, 동시에 까다로운 수용자의 취향을 면밀하게 '간파'해야 하는 만만치 않은 기획이자, 매우 집약적인 노동의 산물임을 확인하게 해 준다.

텔레비전이 집약적이면서도 고도로 정련된 기획으로, 수용자의 욕망과 관심 및 취향에 대응하는 양상을 정리하면 다음과 같다. 먼저 사회 내에서 확장된 관심을 유발하는 텔레비전 드라마와 같은 대중문화물은 대중이 즐거움의 추구와 감정 이입을 도모할 만한 서사의 날렵한 구성과 정교한 시각적 특성을 구현

11 뛰어난 서사 구조와 흥미로운 주제를 풀어낸 결과, 〈이태원 클라쓰〉, 〈태양의 후예〉, 〈미생〉, 〈시그널〉과 같은 한국산 드라마가 외국에서 새로 제작되는re-adaptation 사례도 관찰된다.

한다. 먼저 대중적 관심을 유발하는 영화나 텔레비전 드라마와 같은 대중문화물은 대중이 즐거움의 추구와 감정 이입을 도모할 만한 서사의 날렵한 구성과 정교한 시각적 특성을 구현한다. 나아가 문화산업은 이런 측면을 예리하게 파고들면서 텔레비전 드라마의 완성도와 매력 및 차별성을 보강하기 위한 다양한 전략과 혁신을 부단히 모색한다. 이는 수용자들이 적극적으로 반응할 만한 다종다기한 서사의 만듦새와 상업적 이해관계의 세련된 결합으로도 구현된다. 요컨대 그런 정제된 스토리텔링을 위한 뛰어난 작가 집단의 활용에 숙련된 제작과 홍보 전략의 뒷받침과 같은 생산 역량이 결합하면서, 텔레비전 드라마라는 복합적 기획은 대중의 욕망을 섬세하게 판별하고 '관리'하는 일종의 '사회적 장치'로서의 기능을 공고하게 발휘한다(김미숙, 2018). 부연하자면, 문화생산자들은 상업적 이익과 영향력을 극대화하며, 실패와 위험을 제어하는 방안으로 당대 수용자들의 기호와 정서에 능동적으로 연동하는 세련된 드라마의 기획과 생산에 주력한다. 나아가 그런 드라마들의 경제적 위상과 효과가 부쩍 커지면서, 드라마는 대중이 표출하는 욕망과 허기, 기대와 공감, 그리고 선호되는 취향 등 다변화된 감정적 요인을 세밀하게 수렴하면서 위상을 더 확고하게 구가하고 있다. 그런 측면에 힘입어서, 이제 텔레비전 드라마는 규모와 역량 및 장르의 세공술에서 영화에 필적하는 흥미로운 서사와 시각적 쾌락을 대거 제공한다. 동시에 전술한 확고한 위상이 사회경제적 파급 효과와 맞물리면서 드라마에 대한 대대적 투자와 기대 또한 계속해서 증폭되고도 있다.

지금까지의 논점을 정리하면, 텔레비전 드라마는 당대의 문화적 특질과 정서를 생산자들이 구성한 촘촘하고 담대한 제도적 실행으로 구체화한 영역이며, 그런 측면에서 수용자와 산업을 다층적으로 매개하는 소비와 생산의 핵심적 '고리node'라고 할 수 있다. 이런 측면은 과거에는 지식 영역에서 상대적으로 간과되던 주제라고 할 수 있으며, 이제 문화산업의 확장과 활발한 융복합 현상 속에, 드라마의 변화된 위상과 역량은 좀 더 확장된 진단의 대상이 되고 있다. 다음은 텔레비전 드라마가 사회적으로 친숙하면서 중요한 일련의 주제를 어떻게 창의적이면서 선별적으로 구성하고 '차별적'으로 반영하는지를, 관련 사례들을 중심으로 좀 더 자세하게 논하고자 한다.

2. 드라마가 재현하고 욕망하는 사안과 징후: 드라마는 사회상을 '어떻게' 반영하는가?

변화하는 사회 현실과 멜로드라마의 진화

앞선 사례들이 함축하듯이, 일련의 주제와 장르를 달리하는 텔레비전 드라마는 수용자가 열광하거나 몰입할 수 있는 관심과 정서적 감흥을 제공한다. 이와 함께, 이들은 판타지와 욕망으로 — 혹은 때로는 게임적이거나 '놀이적 요소'를 동반하면서 — 민첩하게 스토리텔링을 조형해 내기도 한다. 드라마가 보여 주는 세계는 종종 비현실적이며, 판타지와 인위적 설정을 투사하기도 하지만, 수용자들 다수가 접하는 일상의 단조로움이나 구질구질한 상황에서 벗어나서 감정의 투사와 사유를 도모하는 기회를 폭넓게 제공해 낸다.[12] 한편 드라마의 스토리텔링이 의도된 과장법과 자극적 요인을 중심으로 등장하는 사례를 보면, 꽤 오래 존재해 온 텔레비전 드라마의 모델로, 가족 제도 내부의 균열과 대립과 인간관계의 일그러진 측면을 재현해 내는 — 흔히 '막장' 드라마라 불리는 — 유형이 존재한다. 예컨대 이런 종류의 과도한 '멜로적' 상상력melodramatic imagination이 강렬하게 감지되는 드라마는 종종 원색적 설정과 대립 및 극단적 인물군의 등장으로 인해 적지 않은 비판과 공박을 받지만, 다른 한편으로는 강한 호소력과 몰입을 통한 대중적인 화제와 이야깃거리를 생생하게 제공해 내기도 한다. 흔히 일상에서 막장이란 표현은 단적으로 '인물과 상황이 나빠질 때로 나빠지고, 더이상 회피할 길이 없는 상황'을 뜻한다. 주지하듯이 특정 드라마와 이 단어가 결합이 되면, 상당히 노골적이고 충격적 내용과 주인공들 간에 생성되는 선명한 이전투구의 상태나 증폭된 갈등과 분노와 복수심 등의 감정적 반응을 종종 발현한다.

달리 표현하면, 막장 드라마의 구체적인 사례들로 전형성을 드러내는 '가족 멜로물'이나 거세게 욕망이 분출하는 애정물을 주축으로, 주인공들이 노골적으로 전개하는 갈등에서 개인과 공동체 간의 단선적 대립과 충돌, 그리고 극명한 복수와 권선징악

12 이런 드라마가 채용하는 소재와 서사 측면의 폭이 넓은 변화에 대해, 정영희(2021: 355)는 "2000년대 이후에는 [기성의] 리얼리티 구조만으로는 더이상 해결되지 않는 시청자의 욕망을 판타지적 요소를 도입함으로써 해소해 왔다"라는 관찰점을 제시한 바 있다.

등의 메시지를 적나라하게 풀어내는 스토리텔링이 꾸준히 등장해 왔다. 또한 통상적으로 막장 드라마의 세계는 특히 증폭된 인물 간에 형성되는 파괴적 효과에서 주인공들이 뿜어내는 걸러지지 않는 욕망과 이로 인한 과격한 대립과 심각한 파국 등을 필연적으로 포함하기도 한다. 동시에 막장 드라마는 단순히 자극적 설정과 내용에 수용자가 주목하는 측면을 넘어서, 허구와 과장된 재현을 매개로 수용자가 일정한 쾌감의 추구와 더불어 분노에서 냉소와 몰입 등의 다양한 감정적 대응을 표출하는 양상을 포함한다. 예컨대 가족 제도나 인간관계의 쟁점이나, 세속적 성공과 이면을 파고드는 대립과 모순 등이 과잉으로 부상하면서, 막장 드라마가 이런 단면을 가학적 유형의 '훔쳐보기'와 갈등을 매우 '맵게' 그려 내는 관행이 관찰되기도 한다. 즉 이른바 '막장 드라마'나 자극적 '멜로'로 분류되는 드라마는 가족 제도 내부에 선명하게 자리 잡은 갈등과 가학적 폭력의 전경에서 등장인물 간의 원색적 대립과 같은 과장되고, 종종 자극적 스토리텔링을 보여 준다. 예시하면, 이런 성격의 텍스트에서 불륜과 배신, 누명과 복수, 숨겨진 가족사의 비밀, 악의 징벌, 희생, 돌연한 화해, 갈등과 모순의 극적 해결, 제어되지 않는 욕망이 가져오는 파괴 효과 등의 서사적 '클리셰cliché'도 종종 등장한다.

한편 이런 유형의 드라마가 때론 공박과 비판의 대상이 되지만, 현실을 크게 벗어나며 무리수와 절제되지 않는 허구적 설정만을 반영한다고 간주하기는 어렵다. 요컨대 관련 드라마들은 현실에서 접할 수 있는 잔혹하고 일그러진 욕망과 갈등상을 — 즉 막장이라는 설정을 빼닮았지만, 그런 설정을 넘어서 서사적으로

'현실'의 적나라하고 비루한 사안을 — 들추어내고 환기하기 때문이다. 즉 그런 드라마는 수용자가 직면하는 (감정) 노동과 일상의 부조리함에서 벗어나, 드라마가 표상하는 대립과 모순을 '대리로' 체험하며 곱씹게 하는 기회를 제공한다. 막장 드라마가 구축하는 폭력적이면서 비현실적인 상황과 짜릿한 정서 효과는 현실의 고단함을 벗어나 관련 서사의 흐름 속으로 몰입을 가능하게 하면서, 수용자가 그런 일탈 자체를 즐기게도 해 준다.

현실에서도 체감하는 불의의 양상에서 가족 제도의 모순과 공동체에서 소외되는 개인의 삶 등의 '윤리적' 쟁점을 — 비록 과장하기도 하지만 — 응축된 대응과 설득력이 깃든 시선으로 제공함으로써, 해당 드라마는 가볍지 않은 관점의 투사에서 통렬한 감정적 소비를 매개한다. 그런 방식으로 대중의 이목을 견인하는 막장 멜로는 서사를 수용하는 이들에게 단순한 감정의 소비나 자극적인 효과를 넘어서, 상당한 여운과 대리 만족의 기회를 제공하기도 한다. 부연하면, 전술한 유형의 드라마 소비 과정이, 상상적 차원의 감정 이입과 공명이 깃든 카타르시스를 주는 기회이면서, 동시에 얕지 않은 감정이 반영된 동적인 수용의 기회로 작용하는 사례도 적지 않다. 이 같은 사례들은 드라마가 재현하는 이른바 막장이라 불리는 요소가 실재하는 인간관계와 사적인 현실을 과장된 방식으로 반영하고 서사화하는 함의를 함축해 낸다. 예컨대 일각에서 윤색되거나 과잉적 서사를 제공하기는 하지만, 관련 드라마들이 집약적으로 풀어내는 서사화의 영리한 효능과 캐릭터들로의 몰입은 — 단순한 감정의 소비 이상의 — 역할을 드러낸다. 즉 결혼과 가족 제도의 모순, 세속적 성공과 이면, 과도한 욕망의 충돌, 산재한 폭력과 음모 등을 화두로 삼는 스토리텔링이 이른바 막장이라는 인식을 넘어서, 상당히 가변적 반응을 사회 내에 유발하며, 수용자의 집중력 있는 관심을 끄는 현실을 접할 수 있다.

지난 몇 년간 막장 드라마 계열의 작품으로 큰 인기를 끌었던 〈아내의 유혹〉, 〈부부의 세계〉, 〈결혼작사 이혼작곡〉, 〈스카이캐슬〉, 〈펜트 하우스〉 등은 일견 비현실적이거나 자극적인 서사와 과도하게 증폭된 감정을 드러내지만, 다른 한편으로는 요동치는 현실과 일정한 접점을 마련한다. 예컨대, 이 드라마들은 한국 사회에서 재연되는 계급적 욕망이나 대물림을 둘러싼 갈등과 모순, 균열과 몰이해가 존재하는 가족 제도 내 등장인물 간의 치열한 대립과 경쟁, 그리고 일견 거칠지만, 개연성이 녹아든 주제로 수용자의 반응을 명백히 견인한다. 즉 비록 인위적 설정과 과장된 서사를 포함하기는 하지만, 일군의 텔레비전 멜로드라마는 사회적인 관계성과 접맥된 현실의 예민한 쟁점과 이면을 변주해 내면서, 수용자 집단을 그런 이야기의 세계 속으로 초대한다. 또한 이런 드라마 콘텐츠가 유발하는 효과는 이들에게 자극적인 체험이나 휘발성이 강한 감정의 분출만을 넘어서, 당대 변화하는 도덕과 윤리적·공적 쟁점에 관한 불편하지만 동시에 개방적인 해석과 곱씹기의 기회를 제공한다.

정리하면, 과도한 멜로적 문법과 전형화된 구성을 드러내는 드라마라고 해도, 이를 현실에서 크게 괴리된 허상이나 판타지의 과잉적 투사라고만 논하기는 어려운 것이다. 이런 독특한 특징과 관련해, 전술한 유형의 드라마 콘텐츠에 관한 반감이나 냉소를 제기하면서도 동시에 수용자들이 적지 않은 몰입과 교감을 투사하는 '이중적' 측면이 확연하게 관찰되기도 한다.[13]

한편 막장이라는 일견 친숙한 요소가 강하게 부각이 되는 드라마들의 서사적 구성이나 주제 의식의 반영이, 사회적 환경과 맥락의 심대한 변화 속에서 점차 수용자의 관심을 잃는 양상도 일각에서 관찰된다. 즉 다분히 관행화되고 진부한 막장의 제시나 과잉된 감정적 분출에 주력하는 멜로가 수용자의 흥미를 견인하지 못하는 측면도 구현된다. 이 측면에 주목하면서, 어떤 대안과 차별화된 기획을 표방하는 드라마의 생산이 모색되는지를 다음에서 상세하게 살펴본다.

전형성을 드러낸 멜로물의 퇴조와 분화된 장르 드라마의 부상

돌아보면 주제와 서사 측면에 주목할 때, 기존의 로맨스나 관습적으로 구현된 멜로적 설정을 상당히 벗어나서, 사회 현실과 좀 더 밀착된 일련의 주제들이 드라마의 공간에서 등장하고 있다. 조금 다르게, 기성의 강한 남성성이나 이에 대비되는 순종적 여성성의 틀이 이미 크게 깨어졌으며, 가족이라는 핵심 단위가 흔

13 이 책에서 이동후가 논한 수용자 연구를 주목하라. 상당한 화제와 역량을 발산하는 드라마 텍스트의 수용 특징으로, 수용자는 대리 만족과 감정의 투사에서, 소망의 투영과 열정적인 동조, 체험과 기억의 반추, 그리고 카타르시스에 이르기까지 범위가 꽤 다양한 감정적 대응과 성찰적 곱씹음을 시청 과정을 통해 표출하게 된다. 이 같은 대응은 특히 넓은 의미의 문화 영역에서 형성된 당대 사회를 돌아볼 만한 유용한 단서와 추론을 제공하기에, 많은 연구자와 비평가에게 고려할 가치가 있는 지적 자원을 제공한다.

들리며 구심점이 되지 못하는 징후도 이런 변화하는 드라마의 서사 속에 관찰된다. 앞서 언급한 〈스카이캐슬〉, 〈부부의 세계〉, 〈펜트하우스〉 등이 예시하듯이, 자신의 욕망과 이해관계를 적극적으로 모색하거나, 작중에서 과거보다 큰 비중과 영향력을 차지하는 여주인공들의 존재는 일련의 드라마들에서 이미 적지 않게 접하는 현상이다. 전통적인 멜로드라마의 정체나 위축 속에, 작중에서 과거에 접하기 어려웠던 개별적 욕망과 다양한 이해관계를 추구하는 인물형도 다수 등장하고 있다.

이와 함께, 다소 거칠게 표현해, 로맨스와 가족이라는 주제는, 다양한 장르의 차별성을 보이는 드라마들의 부상 속에서, 중심적인 위치성이나 과거에 누리던 구심력을 적지 않게 잃고도 있다. 이런 측면은 상당 부분 수용자들이 겪고 있는 사회문화적 변동을 반영한다. 예컨대 과거에 강세를 보이던 넓은 범주의 '가족'과 '모성성'이나 '가부장제'가 핵심 주제였던 멜로드라마들도 사회 구조의 변화를 반영하면서, 좀 더 감각적으로 현실 속에서 구현되는 개인주의와 핵가족제의 극심한 변동을 반영하는 서사 구조와 캐릭터를 보여 준다. 즉 로맨스와 결혼이나 가족 제도의 핵심적 위상이라는 주제가 더이상 주요 드라마 속에서 근본적 조건이거나 강박적 재현의 대상이 아닌 측면도 상당 부분 관찰된다.[14]

14 지금까지 짚은 양상은 주인공이 심도 있게 체험하는 사회 가치의 충돌이나, 직면하는 압박과 장애에서 그(녀)가 받게 되는 처벌이나 희생의 요구 등을 통해 선명하게 구현되기도 한다. 예컨대 표면적으로 멜로라는 양식이 인간관계나 세대 간의 애증과 갈등을 추동하지만, 그 너머에서 드라마 텍스트 속에 다양한 유형의 사회경제적 가

그러한 드라마가 재현하는 변화상은 이미 상당히 공고화된 전통적 가족주의의 해체에서 '성과 사회'의 부상과 각자도생 등 시장 자유주의의 논리가 강하게 투사하는 지배적 가치의 효과와 이면에 주목하면서, 새로운 시각으로 수용자에게 '말 걸기'를 도모하기도 한다. 예컨대 〈갯마을 차차차〉, 〈동백꽃 필 무렵〉, 〈우리들의 블루스〉, 〈눈이 부시게〉, 〈나의 해방일지〉 등의 온기와 감성을 잔잔하게 풀어내는 '힐링' 드라마들은 자극적이거나 치열하게 전개되는 '막장'과 결부되는 주제를 과감히 벗어나서, 무한 경쟁에 지치고 시달리는 수용자들에게 위로와 온기, 그리고 공감의 가치를 일상에서 곱씹을 만한 기회와 대안을 제공한다. 달리 말하면, 변화하는 당대 사회상이나 현실을 선택적으로 반영하면서, 전문직 직업 문화의 상세한 묘사에서, 세대와 젠더의 문제, 분화된 가치관의 부상과 대립, 그리고 성적 욕망이나 소수자의 체험 반영 등, 상대적으로 '포용적인' 시각이 일군의 드라마에서 구체화하는 양상을 접할 수 있다.

한편 전문화된 직종이나 직업 문화를 다루는 드라마 중에 '의학 드라마'의 분화 또한 상당히 가시적이다. 예를 들면, 의학 드라마의 분야에서 〈낭만닥터 김사부〉, 〈굿닥터〉, 〈골든 타임〉, 〈라이프〉 등의 작품은 현실의 의료와 병원 내부에서 벌어지는 사건과 관련 직업군의 특성 및 제도적 쟁점을 상당히 밀도 있게

치의 대립과 공존 양상이 부상하며 상호 작용하는 측면을 관련 드라마가 전개하는 상황 속에서 접할 수 있는 것이다. 이는 장르 문법이나 스타일이 변화했지만, 다수의 완성도와 호소력이 높은 드라마에서 여전히 관찰되는 측면이다.

구현한다. 이런 유형의 드라마는 병원을 무대로 등장하는 의료진과 환자와의 관계에서, 질병과 생과 사를 둘러싼 사안과 연동되는 긴장감이 배인 이야기나, 직업군 내부의 대립과 가치의 충돌 등을 종종 현실감 있게 풀어낸다. 그런 방식으로 관련 드라마들은 탄탄한 구성으로 현실 사례들을 재현하면서, 새로운 차원으로 수용과 공감의 기회를 제공한다. 앞서 거론한 작품들은 과거에 접하던 상대적으로 작위적인 재현 방식을 넘어서, 의료진의 전문적 역할과 관련된 서사 요소를 보강하면서, 실감 나는 스토리텔링으로 의학 드라마의 주제와 관련 환경을 구체적으로 보여 준다. 나아가서 의학 드라마 외에도, 판검사와 변호사 세계를 밀도 있게 재현하는 법정 드라마에서, 형사와 프로파일러가 등장하는 수사물과 범죄 스릴러 등의 예리하게 특정 직업군의 활동을 엮어 내는 방식도 접할 수 있다. 이와 함께, 기업 문화의 특징에서, 전문화된 조직 내부 구성원의 활동과 대립 및 애환에 집중력 있게 재현에 초점을 맞춘 드라마 기획도 일부 등장하고 있다.

역사와 과거사나 관련 인물과 쟁점에 주목하는 텔레비전 드라마의 사례도 주기적으로 대면할 수 있다. 이런 측면과 관련된 주목할 사안으로, 특히 '역사 재현'의 문제점이나 특정한 '역사적 상상력'의 투사 방식의 명암을 두고, 온라인과 SNS상에서 치열한 논쟁과 뜨거운 논란이 발생하는 사건은 많은 이들의 기억 속에 뚜렷한 각인 효과를 제공한다. 특히 역사 드라마에서 허구적 설정이나 상상력이 두드러지는 이른바 '팩션'이나 상대적으로 자유롭게 인물과 역사적 형상화를 시도하는 관행이 늘어나고 있다.

그런 동시에 주기적으로 특정 역사적 인물이나 사건을 극적으로 다룬 드라마가 허용이 가능한 과장이나 윤색을 넘어 '역사 왜곡'이라는 쟁점과 논쟁을 중심으로 맹렬하게 수용자의 관점과 의견을 양분하며, 치열한 갈등과 논쟁이 표출되는 담론을 사회적으로 형성하기도 한다. 예컨대 〈조선구마사〉나 〈설강화〉 등의 사례가 선명하게 예시하듯이, 드라마가 반영하는 허구성이나 가상적인 설정이 때로는 강한 폭발력이나 사회적 논란과 갈등을 생성하기도 한다.

나아가 이런 쟁점화와 논쟁이 증폭되면서, 생산자가 채용한 관점과 수용자의 시각이 온라인과 공공 영역에서 격하게 대립하고 수용자들이 가세하면서 상당한 파열음을 구현하며 충돌하기도 한다. 주창윤(2019)이 강조했듯이, '상상과 왜곡 사이'에서 특정 역사 드라마가, 관행적인 형상화의 기획과 소비를 넘어서 주제의 설정, 해석적 관점, 재현의 윤리성 등의 핵심 이슈를 중심으로 치열한 담화의 생산과 시각의 대립을 생성하는 '우발적인' 매개체가 되기도 한다. 이런 측면은 드라마의 수용 과정이 때로는 민족주의나 국가주의 등의 사회 내 주요 담론과 결합하며, 상당한 마찰과 더불어 분노와 혐오 등의 불협화음을 형성하는 현실을 환기해 주기도 한다.

한편 범위를 좀 더 넓혀서, 드라마가 매개하는 또 다른 주목할 측면을 짚어 보면, 현실에서 접하는 정의와 권력의 문제나 혹은 '갑질'과 계급적 특권이나 사회 부조리 등의 이면과 현실 속 문제점을 극적으로 환기·풍자하면서, 그런 이슈를 밀도 있게 소화해 내는 작품은 즐거움의 추구와는 상당히 차별되는 사회 메시지와 윤리 의식을 발휘한다. 부연하면, 범죄와 수사 과정의 상세하고 전문적인 조명이나 정의와 불의를 둘러싼 쟁점과 사회상을 적나라하게 보여 주는 사건이나 관련 인물을 극화하면서도, 전술한 주제를 선이 굵게 재현한 작품들이 제공하는 호소력과 소통의 힘은 종종 적지 않은 반향과 여운을 만들어 낸다. 예를 들면, 〈시그널〉과 〈비밀의 숲〉, 〈유령〉, 〈괴물〉, 〈악의 마음을 읽는 자들〉, 〈모범택시〉, 〈군검사 도베르만〉 등 최근 몇 년간 범죄와 정의의 구현에서 경찰과 형사, 프로파일러, 그리고 검사와 변호사의 활동상에서 관련 조직 내부의 공모와 부패 등에 이르기까지 상당히 집약적이면서 현실적으로 전술한 주제를 엮어 내는 드라마들이 가시적 흐름으로 등장하고 있다. 앞서 거론한 추세 속에 범죄와 부패나 불의와 처벌에서, 정의와 사적 구제 등을 둘러싼 세밀한 구성과 함의를 몰입도가 큰 추적의 서사와 팽팽한 심리적 재현으로 구현하는 드라마 기획도 다수 등장한 바 있다. 이런 작품들은 상당한 완성도와 정제된 호흡을 보여 주면서, 수용자의 시선을 꾸준히 끌고 있다.

동시에 앞서 언급한 방향성을 드러내는 드라마의 재현 공간에서 다양하게 변주되는 범죄와 정의를 둘러싼 밀도 있는 구성은, 당대 한국 사회 속에 대면할 수 있는 축적된 불안과 '비정상성'의 단면이나, 불의와 공정 관련 응어리진 문제점과 연계된 수용자의 관심이 명백하게 상호 작용하는 사회문화적인 '맥락context'을 확연하게 시사해 주기도 한다. 즉 수용자가 체감하는 현실의 폭력성이나 사회적 불의와 부조리함이 드라마의 재현 공간으로 스며드는 효과를 — 그리고 드라마가 응축해 내는 그런 대중의 좌절을 — 어렵지 않게 접할 수 있다. 부연하면, 앞에서 논한 사안에서 드라마 속 특정 인물에 관한 감정적 투사와 수용자의 체험이 연계하여 형성하는 정서적 효과는 시청의 과정에서 '정의'나 '불공정'과 '불평등'을 둘러싼 실재하는 사회 요구와 논쟁을 각인하게 해 준다. 즉 호소력과 파급력이 크며, 특히 법의 문제적 이면과 사회적 차별이나 약자가 대면하는 불의 등을 주제로 삼는 드라마 텍스트들은 당대 부조리한 사회상을 힘 있게 환기하며, 억눌린 수용자의 감정을 동적으로 매개하는 것이다.

돌아보면, 최근에 과거보다 많은 범죄와 정의의 문제나 양심과 기득권에 대한 저항 등을 긴요한 주제로 삼아, 현실의 관련 쟁점과 해결되지 못하는 이면을 자성하게 해 주는 작품들을 종종 접할 수 있다. 이런 상황에서, 수용자는 상상과 허구가 역량 있게 녹아든 서사화된 작업으로서 드라마의 내용과 현실 속 관련 주제를 긴밀하게 연계하여 숙고해 가며, 다양한 윤리적 성찰이 깃든 수용의 경험을 접하게도 된다. 이러한 측면은 당대 사회상의 진폭과 모순을 형상화하고 굴절해 내는 드라마의 스토리텔링과 역량을 시사해 준다. 아래에서 더 논하겠지만, 이런 드라마 콘텐츠의 공적이고 '표출적' 기능은 문화연구를 포함한 일련의 비판적 탐구가 각별하게 주목하는 역할이기도 하다.

한편 멜로물이나 복수극 등에서 여성 캐릭터의 재현은 기성의 젠더적 관행이나 스테레오타입을 보여 주기도 하며, 때로는 여성 주인공들이 작중에 능동적으로 자신의 의지와 욕망이 녹아든 행로를 관철하는 양상도 관찰된다. 김환희 등(2015)이 논하듯이, 텔레비전 드라마가 재현하는 여성성이나 관련 가치는 지배적 젠더 담론에 의한 '포섭'과 '균열'을 종종 발현하지만, 현실 속의 변화된 젠더 관계도 일정하게 반영해 낸다. 달리 말하면, 상당한 현실 환기 작용이나 구성의 사회적 개연성이 표출되는 특정 드라마에서 등장인물이 드러내는 일련의 대응과 갈등이 각인된 행동의 함의와 그런 스토리텔링이 풀어내는 '전복적' 혹은 '일탈적' 스토리텔링도 세밀하게 살펴볼 필요성이 존재하는 것이다. 앞서 거론한 측면을 중심으로, 일군의 드라마는 젠더와 성적 측면이나 계급과 세대를 둘러싼 사회적 이슈와 진통을 흡인력 있게 매개하는 긴요한 '재현의 기제'로 작용한다. 요컨대 대중의 관심을 견인하는 드라마들은 현실을 반영하는 치열한 경쟁과 성공을 둘러싼 치열한 서사에서 그런 과정이 생성하는 갈등과 타협 및 추락의 명암도 포함하면서, 수용자가 사회 현실에서 느끼는 압박과 고민을 매개한다. 첨언하면, 사회 내에서 전개되는 치열한 경쟁과 경제적 불안 요인이 득세하고 있는 환경에서, 사회적으로 심대한 영향력을 발휘하는 '생존의 논리'와 이른바 '각자도생'의 징후들이 다수의 드라마에서 변주되는 것이다.

사회문화적 변동과 관련 징후를 발산하는 드라마들은 종종 지배적 가치의 체계나 관련 통념이 변화에 직면하고, 균열을 겪으며, 대안적 가치와 감정의 부상이 기존의 가치와 마찰을 빚거나 공존하는 시대상의 반영을 표출해 낸다. 이 상황을 좀 더 풀어내면, 현 상황에서 수용자가 접하는 일군의 드라마는 기존의 핵가족 제도의 급속한 퇴조와 한국 사회 내 "네트워크화된 개인주의"의 강한 부상에서, 가부장제의 약화나 이런 과거에 강력했던 '규율 권력'이 퇴조하는 단면을 밀도 있게 반영해 내기도 한다

(강명구, 2014).[15]

좀 단순화할 때, 멜로드라마의 지형에서, 과거라면 '가족'에 집중되던 주제와 서사는 이제 젠더적 차이와 계급에서 성적 욕망의 다변화 등을 아우르며, 요동치는 사회 현실에 접맥된 다양한 체험과 사회 이슈를 포용하는 방향으로도 진화해 왔다. 이 같은 측면은 한국 사회의 가족 제도 및 젠더 역할과 일과 노동과 연계된 조직 문화의 변화가 드라마 속에도 적지 않게 투영된 결과로도 파악된다. 그런 이유로, 비평가와 학자는 드라마를 대중이 일상적으로 소비하는 친숙한 서사이자, 나아가서 다양한 사회문화적 쟁점이나 진통과 '징후symptom'를 유연하게 접하고 곱씹게 해 주는 역량을 발휘하는 '문화적 텍스트'로 다루기도 한다.

지금까지의 논점을 정리하면, 텔레비전 드라마는 보고 동감하는 즐거움과 쾌락의 능동적 모색에서, 성찰과 치유 그리고 현실 사회 내 삶의 다양한 단면과 문양을 되돌아보게 해 주는 역할을 발휘한다. 예컨대 텔레비전 드라마를 종종 일종의 입담이 능란한 화자storyteller에서, 일상과 현실 속의 다채로운 주제와 쟁

15 또한 〈미생〉이나 〈송곳〉 등의 드라마는 특정 직장을 무대로, 정규직이 되지 못한 청년의 분투기에서 노조를 만들기 위한 험난한 과정을 밀도 있게 형상화하기도 한다. 한편 〈나의 아저씨〉와 〈나의 해방일지〉 등의 작품은 좀 더 유려하고 진중한 방식으로 삶의 고유성이나 독자적인 자아를 추구하는 인물군을 보여 주기도 한다. 예컨대 전술한 작품들은 주류 드라마와는 꽤 차별적이고 조율된 스토리텔링과 독립적 캐릭터를 구현하는 것이다. 결을 달리하여, 〈사랑의 불시착〉과 같은 '판타지'적 속성이 강한 드라마의 큰 성공은 오히려 현실에서 그런 매력적이고, 애틋하며, 훈훈한 로맨스의 성취가 불투명한 현실을 일정하게 반영한다고 논할 수 있다.

점을 창의적으로 설파하며 연계해 주는 독특한 매개자mediator로 비유할 수 있는 것이다. 특히 양질의 텔레비전 드라마는 대중이 공유할 만한 주제와 관점을 풀어내며, 구성과 환기 효과 측면에서도 만만치 않은 '사회학적' 상상력을 드러내기도 한다. 이는 세월이 흘렀지만, 새로운 플랫폼 기술을 적극적으로 활용하면서, 텔레비전 드라마가 장구하게 담당해 온 섬세한 소통과 공감 및 상상의 역량을 돌아보게 해 준다.

3. 텔레비전 드라마라는 텍스트의 이해와 텍스트 분석의 명암

텍스트라는 개념으로 텔레비전 드라마의 역할에 주목하기

앞서 제기한 서술이 함축하듯이, 당대 드라마가 드러내는 복합적인 위상이나 간단치 않은 정체성으로 인해, 광의의 텔레비전 관련 연구에서, 드라마라는 존재는 전통적으로 큰 관심을 받아 왔다. 예컨대, 미디어와 유튜브 플랫폼 등에서 특정 드라마의 성공 요인이나 대중적 전파력의 명암을 진단하는 분석과 비평이나, 관련 해설과 진단을 반영한 교양 콘텐츠 등을 어렵지 않게 접할 수 있다. 또한, 일간지나 온라인 미디어의 지면에서 대중의 관심을 받은 특정 드라마에 관한 일련의 해석과 진단을 담은 비평문을 일상적으로 접할 수 있다. 이는 드라마에 대한 상당히 가변적이면서 활성화된 수용자의 관심을 반영하며, 사회적으로 꾸준히 유지되어 온 관심을 반영하기도 한다.

나아가서 학술적으로 당대 텔레비전을 연구할 때, 종종 텔레비전 영역에서 이루어진 주목할 만한 드라마를 사례로 삼으면서, 해당 작품이 생성한 인기와 호응을 넘어서, 드라마라는 다양한 의미와 가치를 녹여 내는 '텍스트'가 어떻게 사회 내 주요 쟁점과 주제를 발현하는지를 진단하는 사례들이 상당히 축적되고 있다. 이를테면, 비평과 학술 영역에서 드라마를 지식 생산의 한 유형으로 탐구하는 과정에서, 특정한 문제의식을 주제로 선정하면서, 관찰되는 문화적 함의와 연계된 맥락의 특징이나 사회적 호소력을 복합적으로 진단하는 다양한 분석이 추구되기도 한다.

이제 이 지점에서 텍스트라는 표현과 개념이 인문학과 문화연구를 포함한 사회과학 분야에서 '중용'되는 이유를 거론할 필요가 있다. 주지하듯이, 텍스트는 다양한 요인으로 엮이고 조밀하게 구성된 대상이다. 예컨대 드라마의 경우, 핵심 서사와 선명한 주제, 주요 등장인물의 구성과 배치에서, 이를 시각적으로 구현하는 장면 구성과 특정 영상 문법이 조합하고 유기적으로 엮인 특징을 관찰할 수 있다. 좀 더 긴요하게 주목할 드라마의 기능과 관련해, 그런 조합과 구성은 특정 사회적 가치와 의미 작용을 선택적으로 강조하거나 반대로 주변화하기도 한다. 이는 드라마 분석을 텍스트라는 핵심 단위와 이를 기반으로 분석을 도모할 때, 다양한 학자와 비평가들이 세대와 젠더, 인종과 섹슈얼리티나 가족 제도와 가부장제, 개인주의와 공동체주의 등의 주제와 쟁점이 드라마 속에서 선명하게 구현되며 충돌하는 측면에 주목하는 방안을 시사해 주기도 한다.

이런 텍스트의 재현 작용과 사회상의 반영에 주력하는 진단은 드라마와 같은 중요한 문화 콘텐츠를 지식과 사유의 자원으로 삼으면서, 사회문화적 변동과 새로운 감수성의 부상이나 정서적 울림 등을 분석하는 데 꽤 유용하다. 관련 논점을 정리하면, 전술한 구성과 주제를 효과적으로 드러내는 텔레비전 드라마는 가상적인 내용과 설정을 상당 부분 녹여 내지만, 그런 한편 다루는 현실을 밀도 있게 반영하고 '비틀어 내기도' 하면서, 응축된 감정적인 효과들이나 생생한 경험담의 공유와 성찰로 어우러지는 몰입을 매개하는 대표적인 문화적 자원resources으로 작용한다(박노현, 2009; 주창윤, 2019; 2021; 이영미, 2013; 강명구 외, 2010; 김용수, 2019; 홍석경 외, 2016). 즉 드라마를 '텍스트'로 설정하는 방식은 상당히 친숙하며, 이런 개념화는 인문학과 사회과학을 가로지르며 채용되는 일련의 정련된 분석을 위한 긴요하고 유용한 출발점이 되기도 한다. 문화연구라는 대중문화와 문화산업의 역할과 특성에 주목하는 지적 접근에서도 이러한 개념화와 문제의식은 꾸준하게 탐구되고 있다. 주지하다시피, 텍스트라는 용어는 문학 비평이나 미학 등의 인문학 영역과 영상학 분야에서 자주 채용되는 개념이다. 예컨대 텍스트는 종종 특정한 주제를 대상으로 일련의 의미와 상징을 서사화하거나 '엮어 내는' 구성물로 정의할 수 있다. 이 용어가 연계되는 '텍스처texture' 혹은 복합적인 결이라는 상징적인 용어가 시사하듯이, 텍스트는 상당히 다채로운 의미와 장르적 요소, 감정을 생성하는 기제와 이미지들을 복합적인 씨줄과 날줄로 촘촘하게 구현하는 — 동시에 그런 과정에서 흥미롭고 매력적인 이야기를 담아내는 — 기획의 고안물이라 할 수 있다.

앞서 거론한 논점을 약간 더 변주해 보자. 먼저 드라마는 선정된 특정한 주제와 소재를 중심으로, 선별적이고 집중된 방식으로, 관련 주제와 의미들을 구체적으로 서사화하며 시각적으로 형상화한다. 먼저 드라마는 선정된 특정한 주제와 소재를 중심으로, 선별적이고 집중된 방식으로, 관련 주제와 의미들을 구체적으로 서사화하고 시각적으로 형상화한다. 드라마가 제시하는 서사적인 측면은, 주제와 등장인물들을 어떻게 정련되고 설득력이 배어나게 구현하며, 특히 이런 측면을 플롯과 연출을 통해서 감각적이고 흡인력이 있는 이야기로 변환할 수 있는지의 과정과 직결된다.

한편 텔레비전 드라마가 보여 주는 세상은 감각적이고 다채로운 이미지를 구현하면서, 보는 즐거움과 전개되는 서사와 매끄럽게 어우러지는 화면 구성을 통해서 전달된다. 즉 이런 과정에서 수용자의 시선을 끌어내는 화려한 색감과 빼어난 미장센, 세련된 이미지와 CG 등 특수 효과의 구현, 그리고 수용자의 시선을 견인하는 정제된 영상의 구성이 종종 채용되기도 한다. 또한 대작 드라마가 속속 등장하면서, 상업 영화가 보여 주는 수준의 이목을 끄는 파격적인 영상 문법이나 고도로 정제된 시각적 스타일에 버금가는 텔레비전 드라마도 어렵지 않게 대면할 수 있다. 나아가서 전술한 드라마 텍스트의 구성에서, 멜로와 코미디, 사극과 시대물, 판타지와 같은 기성의 장르 문법을 변형하거나, 생산자의 관점이나 전략에 따라 이질적 요소를 조합하는 측면도 자주 관찰된다. 이와 관련해서, 드라마 텍스트는 어떤 주제와 이를 창의적으로 풀어내는 서사의 구조를 다면적으로 구성·변형했는지를 고려할 때, 상당히 복합적인 만듦새와 구조를 발현한다. 예컨대 수용자는 특정 드라마의 전개 과정에서, 회차를 이어가며 심화되는 주제 의식과 서사를 움직이는 주요 동력으로서 갈등과 대립, 반전, 결말 등의 구성에 친숙하며, 이런 서사화가 흥미진진하고 밀도 있게 이루어지기를 '기대'하기도 한다.

논점을 바꾸어서 앞서 거론한 텍스트의 구성에서, 사회적으로 큰 관심을 받는 일련의 가치나 이데올로기가 반영되고 다양하게 스며들면서, 의미 생산에 적극적으로 관여하는 측면도 주목해야 한다. 정영희(2022: 360)는 그런 텍스트 분석이 "드라마의 서사에서 드러난 특정 개념이나 은연중에 표현된 이데올로기와 사회 통념 등을 분석하는 데 널리 쓰이는 방법"이며, "텍스트 연구에는 내러티브와 이야기 구조 분석, 등장인물의 성격과 역할 분석, 그리고 인물들 간의 관계 분석이 널리 쓰인다는" 논점을 제공하기도 한다. 즉 텔레비전 드라마의 구성과 특징을 세밀하게 조명하는 노력은, 그런 복합적 만듦새의 조명을 넘어서, 관련 드라마에서 표출되는 특정 가치와 세계관에 관한 분석을 요구한다. 돌아보면, 과거에 드라마 텍스트에서 대면할 수 있는 핵심 가치로 가족주의나 모성성과 남성성, 위계화된 인간관계 등과 관련된 가족 이데올로기나 가부장제를 꼽을 수 있었다면, 드라마가 선별적으로 포함하는 사회 가치의 변화 과정에서, 확장된 개인주의와 '비혼'의 추구, 섹슈얼리티에서 동성애와 직업적 전문화, 생존과 자기 관리, 무능한 공적 체계에 관한 회의와 반발 및 분노 등의 변모하는 시대상을 감각적으로 담아내는 일군의 새로운 징후들이 관찰된다(김현경, 2017; 민혜영 · 박진선 · 박무늬, 2017).

앞서 언급한 주제를 감각적으로 제시하는 드라마 텍스트의 경우, 수용자에게 사회적으로 민감한 윤리적 쟁점과 통념을 곱씹고 그런 과정에서 다양한 비평과 성찰의 기회를 제공한다. 이는 변화하는 시대적 요구와 욕망의 반영에 드라마가 '기민하게' 응대하는 방안이기도 하다. 이제 전술한 텍스트의 개념을 더 구체적으로 사례를 통해 살펴보자. 한국을 넘어서 국외에서도 큰 인기와 반향을 형성한 〈이태원 클라쓰〉는 가족사의 아픔을 가진 주인공이 창업과 경영을 하면서, 겪는 일련의 난점과 사건을 흥미롭게 보여 준다. 주인공 박새로이는 중학교만을 졸업한 전과자이지만, 약육강식과 부조리함 속에 그가 대면해야 하는 일련의 위기와 수모, 거센 도전 속에서도, 소신을 지키며 정도를 걷고자 분투하는 인물로 형상화된다. 그는 자신의 의지와 꿈을 도와주는 조력자들과 소통하고, 이들과 연대하며, 타인을 존중하는 인물로 그려지기도 한다. 이 드라마는 일견 '복수극'의 주제를 반영하지만, 과도하고 인위적 설정이 아닌, 독특하고 생동감 있는 캐릭터들과 조밀한 서사를 구성하면서, 사뭇 흥미진진한 '성장과 성취의 서사'로 당대 청년들의 응축된 감성과 매끄럽게 어우러지는 이야기를 풀어낸다.

이 텍스트는 청년층이 경험하며, 불안과 부조리함을 연상할 수 있는 주제와 인물군을 선정하면서, 이를 과장된 화법이나 구태의연한 설정으로 풀어내지는 않는다. 즉 이 드라마 텍스트는 일견 친숙한 성장의 서사와 복수라는 주제의 반영이나 이와 연계된 캐릭터를 고안하면서도, 그런 관행적인 틀과 관성을 창의적으로 벗어나는 이야기를 제공한다. 즉 텍스트라는 명칭이 시사하듯이, 양질의 드라마는 선정된 특정 사회적 주제를 중심으로 상당히 다원적이고 선명한 서사의 구성과 결 그리고 정서와 가치관을 밀도 있게 — 동시에 서사의 즐거움과 호소력을 유지하면서 — 구현하는 특징을 드러낸다(김숙현, 2020).

텍스트 분석에서 주력하는 '맥락'의 문제와 적용

앞서 간단한 사례를 소개했지만, 드라마를 텍스트로 설정하고 탐구하는 분석은, 특정 드라마의 '내부적인' — 장르에서 구성적 특성을 포괄하는 — 면모와 짜임새를 집중력 있게 진단하면서, 이런 차원을 넘어서는 탐구로 이어진다. 요컨대 그런 분석은 대중의 시선을 끈 드라마 텍스트를 대상으로, 시대상이나 사회적 분위기의 창의적인 반영과 당대를 살아가는 이들이 공유할 만한 가치와 메시지를 탐구하는 '동태적' 과정을 종종 거치게 된다. 부연하면, 텔레비전 드라마의 텍스트 분석은 종종 특정 드라마가 표방하는 서사화의 특징에서, 특정 가치의 추구와 반영된 장르 문법의 특징과 효과를 세밀하게 탐구하며, 이런 구성과 조합되는 시각 스타일의 특화된 기능을 진단하는 방식을 보인다.

동시에 전술한 분석을 텍스트의 '외부'로 확장하면서, 특정 드라마가 표출한 사회문화적 트렌드나 주제 의식을 당대 사회 현실과 유기적으로 연계하는 방향으로 모색하는 노력도 주목해야 한다. 예컨대 이런 복합적 탐구의 과정에서, 종종 '맥락'이라는 용어와 개념이 중용된다(이기형 외, 2020; 한송희, 2020). 여기서 맥락은 특정 드라마 텍스트가 구현한 사회적 가치와 욕망의 세밀한 반영이나, 선별적으로 주목한 가치나 이데올로기에서, 당대에 반향과 주목을 받는 감정과 정서까지도 포괄하는 다면적인 개념이다. 이런 맥락의 정의와 특징은 동시에 느슨한 의미와 배경background과 차별된다. 조금 달리 표현하면, 이 용어는 특정한 드라마가 그려 내는 인물의 상징성과 개연성이나, 이들을 에워싼 사회상과 결부되는 다양한 요인을 통합적으로 포함하며, 어떤 주제나 환기 작용 혹은 문화적 함의가 활성화되는지에 주목하는 개념이기도 하다.

특히 맥락의 개념은 드라마의 사회문화적 배경 이상의 상당히 촘촘한 함축적 위상을 발휘한다. 예를 들면, 과거에 여성의 헌신과 희생 그리고 이에 대비되는 가부장적 권위와 권력을 재현했던 가족 멜로로 정의되는 드라마가 지금 여기에서 큰 변화 없이 만들어진다면, 수용자는 그런 드라마의 의미 작용이나 전술한 가치들의 재현에 관하여 상당한 실망과 의구심이나 비현실성을 짚어 낼 가능성이 크다. 나아가서 전술한 내용은 드라마가 가져오는 관심이나 수용의 양상에 부정적이거나 냉소 효과를 제기할 개연성도 상당히 커 보인다. 다시 말하면, 고답적이고 전통적 가족과 젠더 관계의 재현은 변화한 시대상이나 가족 제도와 개인성의 변동을 적절하게 수렴하지 못하기에, 시대 변화를 적절히 반영하지 못한 맥락의 퇴행적 구성이라는 측면에서 상당한 비판과 무관심이나 반박의 대상이 되기 쉬운 것이다.

한편 드라마에 관한 텍스트 분석에서 유념해 볼 맥락의 문제를 조금 다르게 조명해 낼 수도 있다. 예컨대 맥락의 설정과 탐구는 상당히 가변적이며 동시에 '중층적'으로 풀어낼 수 있기 때문이다. 앞서 든 사례로 돌아가서, 현시점에서 가족과 젠더 관계나 개인의 욕망에 주력하는 드라마의 의미화에서, 그간에 축적된 가족 제도의 변화에서 특히 여성의 사회 진출과 확장된 젠더

의식이나 권리에 기반을 둔 위상 변화를 반영하는 일군의 캐릭터들이 등장한 지도 꽤 된다. 이런 단면은 드라마의 기획에서 사회문화적인 변화를 일정하게 반영하며, 이런 과정에서 서사적 개연성과 함께 대중적 호소력을 고려한 예민한 상업성의 반영이 이루어지고 있음을 돌아보게 해 준다.

예시하면, 전문직에 종사하는 여성들의 삶과 애환이나, 가족이나 공동체에 헌신하지만 않는 개인 주체의 면모와 욕망을 특정 드라마 속에서 서사화하는 작업은, 변화하는 사회 현실과 확장된 개인주의의 반영이라 할 수 있다. 동시에 이는 과거의 관행을 해체하는 일정한 '진보적' 요소progressive elements나 대안적 성 정치학적 인식의 반영을 — 즉 젠더적 타자의 인정이나 관용과 비위계적 관계성의 모색 등을 — 생산자들이 상업적으로 고려한 결과이기도 하기 때문이다(김미선 · 이가영, 2016; 이수연, 2014; 원용진, 2018; 정영희 · 장은미, 2015). 부연하면, 드라마가 지배적 차원의 젠더 이데올로기를 재구성하며, 젠더적 타자나 동성애 등에 관한 변화된 사회 인식을 적용하여 변주하는 과정에서, 과거에 관습적으로 구현하던 윤리적 가치와 통념에 일정하게 도전하는 식의 전략적 대응을 드러내기도 하는 것이다. 이런 맥락이 발휘하는 영향이나 구현되는 드라마 텍스트와 맺게 되는 크고 작은 상호 작용을 세밀하게 조명하는 작업이 특히 문화연구에서 자주 채용하는 텍스트 분석의 주요 대상이자 특성으로 중요하게 자리매김이 되고 있다.

단적으로 논할 때, 텍스트 분석에서 드라마와 당대 사회상이 만나고 상호 작용을 드러내는 예민한 지점에 관한 풍부한 진단과 개방적 해석 그리고 관련 사회 현실을 꼼꼼하게 반영하는

합리적 추론이 요구된다.[16]

특히 주목할 흐름으로, 드라마라는 콘텐츠를 성찰적 논의와 진단으로 풀어내는 그런 기획은, 드라마를 대중문화와 소비의 주요 구성 요소이면서, 이 상당한 역사성과 사회적 변화의 양상을 직간접적으로 보여 온 콘텐츠를 문화적 진단과 교육의 적용 대상으로 능동적으로 활용하기도 한다. 이를테면 양질의 드라마가 대중의 호응을 생성하게 될 때, 드라마가 구성하는 특정 주제 의식이나 인물의 행태를 실존하는 시대상이나 당대 주목할 욕망과 긴밀하게 연계하는 해독으로 대응하면서, 관련 문화적 함의를 다면적으로 진단하는 작업이 종종 이루어지기도 한다.

또한 분석 방식을 고려할 때 기존의 문학 작품이나 영화 등

16 물론 시청률이 높고 숱한 화제를 생성한 드라마의 '성공적' 기획과 정교한 '포맷'의 강점에 주력하며, 이와 관련된 산업적 특징이나 변화상을 집중적으로 탐구하는 연구들이 학계에서 상당수 모색되고 있다. 특히 이런 유형의 연구는 드라마 소비와 수용이나 생산 과정을 다양하게 아우르면서, 드라마라는 '창의적인' 동시에 많은 투자가 이루어지는 기획과 연관되는 주요 경제 요인과 이 대상의 혁신적 변화와 결부된 다양한 산업과 제도적 특징을 조명하기도 한다. 또한 전술한 분석이 주로 문화콘텐츠학 전공자들에 의해 주도되는 양상도 관찰된다. 하지만 앞서 논한 연구와 주요 지향에서, 드라마 콘텐츠의 사회문화적인 기능이나 특히 이 텍스트가 함축하는 다양한 공적 쟁점과 현실과 연계된 함의를 조명하는 관심은 상당히 낮다. 또한 드라마 산업과 상업적 성공이나 혁신에 주력하는 연구의 필요성이 마땅히 있지만, 그런 연구가 생산의 주체나 상업화의 메커니즘에 대해 필요한 비평과 균형적인 진단을 주변화하는 단점도 짚어 낼 수 있다. 그런 이유로, 인문학과 사회과학을 가로시르며, 드라마 텍스트를 복합적인 서사화와 '재현'의 문화적 구성물cultural construct로 규정하면서, 이런 측면을 상세하게 파고들며 조명하는 작업이 장기간에 걸쳐서 꾸준히 모색된 측면을 주시할 필요성이 제기된다.

을 분석하는 유형의 텍스트 중심의 분석이나 장르 분석 등이 종종 적용되면서, 다른 유형의 분석을 위한 유의미한 기반이 되기도 한다. 요컨대 드라마는 장르의 법칙과 특징을 변주하며, 차별화된 의미나 가치를 생성하는 — 동시에 서사 속에서 특정 의미의 충돌이나 경합을 드러내기도 하는 — 대상이다. 즉 완성도와 환기 효과가 큰 드라마는 당대 문화환경의 변화 추세와 사회적인 쟁점이 반영된 대표적 텍스트로서의 특징을 발현한다. 특히 대중적 화제나 주목의 대상이 된 드라마의 경우, 매우 다양한 반응과 확장된 담화를 일상에서 생성해 낸다. 이런 과정을 짧게 예시해 보면, jtbc의 〈스카이캐슬〉은 한국 사회의 상류층 계급이 주로 등장하며 이들은 소수만이 누릴 수 있는 값비싼 사교육과 자신들의 전문성과 은밀한 관계망을 적극적으로 이용하여, 자녀들을 이른바 일류 대학에 진학시키고자 전개하는 노골적인 행태를 상당히 감각적으로 구현한 작품이다. 이 드라마는 특히 '교육을 통한 계급 재생산'과 가족-계급-학벌이라는 매우 민감한 동시에 갈등적 주제를 선명하게 풀어내면서, 그런 과정에서 상류층 주체들이 드러내는 민낯의 욕망과 노골적인 이전투구 그리고 상징성이 선연한 파국을 제시한 바 있다(천정환, 2019; 김은준, 2022).

돌아보면 〈스카이캐슬〉은 단순한 허구나 과장을 넘어서는 차원의 풍자와 흡인력 있는 스토리텔링으로, 돈과 사회적 영향력을 발휘하는 주체들이 드러내는 과잉된 욕망과 모순을 극화dramatize하면서, 수용자 집단으로부터 뜨거운 반향과 더불어 능동적인 반응을 견인하기도 했다. 또한 사회 내에서 〈스카이캐슬〉에 관한 다양한 담화와 거시적인 담론들이 언론의 지면에서 소셜 미디어로까지 확장되어 분출한 바 있다. 정리해 보면, 텔레비전 드라마가 당대 사회상의 변화나 다양한 결의 욕망과 감정을 적극적으로 반영하거나 '굴절'하는 대표적 텍스트라는 시각은 텔레비전 연구가 독자적 위상을 구현하면서 상당히 일관되게 주목해 온 낯익은 주제라고 할 수 있다. 이는 영화와 같은 주요 대중문화물과 함께, 텔레비전 드라마가 일상 속 친근한 문화 양식으로서 공고한 역할을 발휘하면서, 사회 내에서 종종 활성화된 관심과 관련 담화를 생성한 일군의 사례들을 통해서도 파악된다. 예컨대 '가족'과 '인간관계'나 '사랑'과 '결혼(제도)'에서 폭력과 정의, 계급과 욕망 등을 주제로 풀어내는 무수한 텔레비전 드라마들이 등장하고 있다. 특히 〈스카이캐슬〉과 같은 상당한 공적 반향을 준 텍스트의 경우, 현실 속에 수용자가 인지하는 사실과 계급 문제가 반영된 현실을 비틀어 내거나 극화하는 양상으로, 해당 텍스트가 구성하는 서사의 호소력과 응축된 메시지를 강렬하게 구현해 낸다. 즉 이런 유형의 드라마는 종종 공적인 논의의 대상으로 부상하면서, 교육과 특권의 문제를 둘러싼 활발한 토론과 이견이 활성화되는 사회적 '포럼forum'을 활성화하기도 한다(천정환, 2019).

앞서 서술한 드라마의 사회적 기능과 함께, 젠더와 섹슈얼리티, 세대 그리고 계급 등의 주제를 딱딱하지 않고 감각적이면서도 선명하게 주제화하는 드라마도 적지 않게 관찰된다. 즉 드라마가 재현하는 서사와 구성된 세계 속에 전술한 주제가 다양하게 구현되면서, 관련 사회문화적 인식을 재현하고 굴절해 내기도 한다. 또한 사회적으로 친근하거나 전형성이 담긴 주제 외에, 소수자나 하위 주체의 삶을 재현하는 드라마도 접할 수 있다. 즉 드라마가 보여 주는 '선택적으로 구성된 서사의 세계'는 현실과 여러모로 닮은 꼴이면서, 작가를 위시한 생산자가 채용하는 특정한 상상력과 문제의식을 변형하여 반영해 낸 결과물이다. 이런 측면과 관련해, 각별하게 주목할 드라마로 〈미생〉을 또 다른 텍스트 분석의 핵심 사례로 들 수 있다. 윤태호 작가의 웹툰을 기반으로 삼은 이 드라마는 대학 졸업장도 없고, 특정 회사에서 일한 경력도 없는 주인공 장그래가 한 기업의 인턴이 되어 겪는 무시와 차별의 경험을 담담하면서도, 밀도 있는 구성으로 형상화한다. 기업 내부의 조직 문화를 상세하게 반영한 스토리텔링으로, 이 드라마 텍스트는 우리 사회의 주요 쟁점으로 등장한 '갑질'과 학력 차별, '공정'을 둘러싼 폭발적인 관심, 그리고 세대 간 마찰과 공조 등을 현실감이 크게 구성해 낸다. 〈미생〉은 과거였다면 기획 단계에서 충분한 주목을 받기 어려웠을 당대 청년의 굴곡진 체험과 감정을 정련된 서사로 구현하면서, 뜨거운 정서적 반응을 형성하였다.

주지하다시피 〈미생〉은 웹툰이라는 (현재 드라마 제작에 많은 영향을 주고 발상의 원천으로 집중적인 관심을 받는) 문화 양식을 창의적으로 '변주'한 작업이기도 하다. 수용자의 시각에서, 이 텍스트는 주인공 장그래가 '완생'을 소망하면서, 치열하게 쏟아내는 열정과 노동, 그리고 숱한 좌절과 위기감 속에 그가 풀어내는 조심스러운 희망과 분투의 과정을 꽤 근접해서 보여 준다. 그 결과 이 텍스트는 이 시대를 살아가는 다수 청년층에게 소구될 수 있는 구체적인 감정의 풍경과 주인공의 굴곡진 '마음'을 완성도 높게 재현해

낸다(김홍중, 2016; 송아현 · 백선기, 2018; 최종렬, 2018).[17]

한편 사극 혹은 '역사 드라마'의 경우, 과거의 특정 사건이나 인물을 조명하면서, 이 과정에서 밀도 있는 스토리텔링과 더불어 '선택적' 재현이나 허구와 상상이 담긴 형상화를 시도한다. 예컨대 기록된 역사적 자료에 일정하게 의지하면서도, 수용의 관심도와 집중력 혹은 재미를 고려한 변주와 허구적 설정이 이런 과정에 녹아들기도 한다. 광의의 역사 관련 드라마는 정치적 격변이나 특정 인물들의 활동을 풀어내면서, 이를 당대 정치적 현실과 연계하는 앎을 주면서 상당히 진한 '환기 효과'를 발휘하기도 한다. 즉 완성도가 높은 역사와 과거사를 다루는 드라마는, 해당 텍스트가 재현하는 특정 역사적인 상황과 사건을 극화하거나 구체적으로 고증하는 수준을 넘어서, 이를 '지금, 여기'의 상황과 유기적으로 연계하면서, 재현된 과거와 현재의 쟁점을 독특하게 연결하고 선명한 주제 의식을 구현한다. 예컨대 〈뿌리 깊은 나무〉나 〈육룡이 나르샤〉와 〈추노〉 등의 묵직한 주제를 구현했던 역사 드라마는 서사의 극적 재구성이나 흥미를 넘어서는 유형의 선이 굵은 메시지로 시청자와 교감한 바 있다.

반면에 광의의 드라마 생산 영역에서, 과거 사극의 전형성을 넘어서 판타지나 '팩션적인 상상력'이 크게 녹아든 사례들도 이

17 아울러 〈미생〉과 같은 드라마는 당대 청년의 고단하고 경쟁에 내몰리는 상황과 이를 표출하는 굴곡진 감정을 세밀하게 포착하면서, 복수의 학문 분야에서 청년 연구와 이에 연계된 '감정사회학'이나 젠더 연구와 관련된 중요한 문화적 재현의 사례로도 활용된다(정영희 · 장은미, 2015; 김경은 · 최라영, 2017).

미 다수 등장하고 있다. 주지하다시피 이런 사례는 새롭게 수용자층에게 다가가면서, 다른 한편으로는 역사 드라마의 구성 방식에 심대한 변화를 가져오기도 했다. 예컨대 스펙터클한 이미지와 감각적 스토리텔링에 기반을 둔 동시에 선이 굵게 역사적 상상력이 크게 반영된 작품들은, 기성의 사극 텍스트들이 제시하던 구성과 효과를 넘어서, 새롭게 이 장르를 수용자들이 접하고 활용하는 기회를 제공하기도 한다. 최근 십수 년 동안, 사극은 전통적인 장르 문법과 재현으로의 압박이나 고증의 엄격함을 넘어서서, 상당히 폭이 넓고, 다원화된 주제와 인물군을 재현하고 있다. 여기에 더해 근대적 가치나 등장인물의 욕망이 투사되는 사극 드라마들의 기획도 주기적으로 관찰된다. 이런 추세를 '팩션'이라는 명칭으로 부르기도 하지만, 역사물이나 사극의 영토가 몰라보게 변환되었으며, 특히 과거에 접하던 정태적이고 고증의 압박에서 해방된 드라마 기획들이 등장하는 맥락과 사유를 돌아볼 필요성이 제기된다.

요컨대 이제 사극은 현대적 캐릭터의 반영에서, 종종 유쾌하고 발랄한 설정이나 기존의 궁정과 왕권에 집중된 서사의 축을 벗어나 다양한 서사의 요소를 배합해 낸다. 또한, 이런 변화 속에 '타임슬립'과 같은 설정으로 과거에 등장하던 사극의 서사와 시대를 초월하며, 새로운 설정으로 수용자의 관심을 끌어내는 기획도 시도되고 있다. 동시에 〈조선구마사〉나 〈철인 왕후〉를 둘러싼 갈등적인 이슈화와 현실로 이어지는 대립이 보여 주듯이, 역사 재현과 고증 그리고 과거를 재현하는 사례에서 여전히 상당한 부담과 논쟁이나 마찰이 생성되는 사례들이 주기적으로 관찰되기도 한다. 그런 사례들은 과거를 정교하게 재현하거나 상당한 고증이 필요하다는 기존의 인식을 넘어서, 전통적으로 사극으로 불리던 장르가 현재 수용자가 선호하는 결이 다양한 상상력에서 사회상의 환기를 적극적으로 구현하는 양상을 제공한다.

이 장에서 다룬 텍스트 분석은 드라마라는 일견 매우 익숙하지만, 복합적인 의미와 정서 및 상징을 제공함으로써 당대를 살아가는 다양한 주체들이 주목하는 이 문화 양식의 특성과 역할을 진단하는 데 긴요한 접근 방식이다. 동시에 김민승과 류웅재(2022: 45)가 논하듯이, 텍스트 분석의 '관행화'가 가져오는 쟁점이나 이 접근법이 노출하는 한계와 보완이 필요한 지점을 곱씹을 측면도 성찰해야 한다. 이들은 먼저 "텍스트 분석을 통해 드라마나 영화의 주제, 서사, 그리고 등장인물의 정치적·인종적·젠더적·문화적 상징성에 주력하거나, 통합체·계열체·담화 분석 등 관행화된 분석 단위에 기반을 둔 구조화한 서사 분석을 적용한 작업이 주류를 이루"는 상황을 논한 바 있다. 부연하면, 그런 집합적 관심이 인문학과 문화연구를 중심으로, 상당히 일관된 분석과 관련 함의를 상세하게 축적한 측면 자체는 지식 생산과 연계된 필요한 대응이라 할 수 있다. 동시에 전술한 방식이 여전히 학술 작업과 비평적 글쓰기나 학위 논문에서 자주 구사되고 변용되기도 하지만, 일정한 한계나 동태적이지 못한 분석에 관한 대응의 필요성도 점차 제기되고 있다.

수용자가 발현하는 활동에 주목할 때, 주제와 서사에 관한 관심에서 벗어나서, 이들이 세련되고 감각적인 드라마 텍스트의 소비와 관련해, 오락화된 즐거움의 추구와 '놀이 노동'의 면모를 활성화하며 몰입과 추론을 끌어가는 양상도 확연하게 관찰된다. 또한 특정 드라마의 제작사의 위상과 브랜드로서의 가치나 작가의 평판에서 주요 배역과 연계된 스타의 파워 등도 드라마의 수용에 상당 부분 관여하는 간과하기 어려운 제도적 요인이라 할 수 있다.

앞서 거론한 문화 소비의 현실은 수용자가 드라마가 표출하는 주제 의식이나 메시지에 주목하지만, 이를 넘어 정련된 스타일과 핵심 캐릭터로의 주목과 감정의 투사가 상당히 큰 비중을 차지하는 측면으로 분석적 관심을 적용할 필요성도 제기한다. 예시하면, 현시점에서 상세한 텍스트 분석이 고도의 전략적 상품이자 대중의 세련되고 변덕스러운 취향을 고려한 생산자의 '정교한 고안물'이자 새로운 혁신의 기제를 반영한 기획이라는 측면 또한 텍스트 분석에서 유의미한 수준에서 고려해야 한다. 이제 그런 '생산의 문화'를 주제로 논의의 방향성을 돌려보자.

4. 플랫폼이 주도하는 정경 속 텔레비전 드라마의 변화하는 위상

이제 논점을 드라마 산업과 관련된 거시적인 주제로 돌리면, 현시점에서 한국에서 제작된 일련의 드라마들이 '탈지역적'으로 큰 관심과 인기를 끌면서, 세련되고 흡인력이 강한 문화 콘텐츠로서의 위상과 특징을 확보하고 있다. 달리 말하면, 해외 시장에서 선호되는 한국산 드라마는 탄탄한 스토리텔링의 구성, 연기자들의 호연과 뛰어난 용모, 그리고 화려하고 감각적인 시각적 볼거리를 조합하는 방식의 인상적이면서 주목할 역량을 발휘하고도 있다. 돌아보면, 주제와 구성이 질적으로 우수한 — 즉 '웰메이드well-made'라는 표현의 대상이 되는 — 드라마들이 속속 등장하고, 한국을 벗어나서 다국적인 수용자 집단과 만나고 있다.

예를 들면, 한국의 드라마 산업은 지난 몇 년간 〈도깨비〉와 〈미스터 션샤인〉이나 〈태양의 후예〉에서 〈오징어 게임〉과 〈D.P.〉, 〈지금 우리 학교는〉, 〈사랑의 불시착〉, 〈빈센조〉, 〈시그널〉, 〈비밀의 숲〉, 〈경이로운 소문〉, 〈모범택시〉, 〈지옥〉 등에 이르기까지, 매우 다양한 주제와 장르 문법을 창의적으로 변주하고 차별화한 드라마의 생산을 지속해서 보여 준다. 짧게 논하면, 현재 한국에서 접하는 드라마 기획과 생산의 특징으로, 주제와 장르의 다원성과 더불어 뛰어난 구성력과 질적으로 고양된 상품적 가치와 매력을 거론할 수 있어 보인다.

달리 표현하면 드라마는 고도로 집중적인 기획의 산물이면서, 당대 수용자의 기호와 취향, 그리고 감수성과 욕망을 '예민하게' 반영한 문화 상품이기도 하다. 예컨대 수용자에게 친숙한 대작 드라마들은 주요 상업 영화의 제작 비용을 웃도는 막대한 재원의 투여와 함께, 대중에게 인지도가 높은 '스타 시스템'이나 큰 관심을 끌 만한 화려하고 세련된 시각적 효과와 구성을 발현하고도 있다. 이런 측면과 관련해, 진달용(2021: 112)은 "한류 콘텐츠를 완성된 상품으로 유통·소통하는 방식에서 넷플릭스나 유튜브와 같은 플랫폼을 통한 유통·소비가 광범위하게 일어나고 있다. 한류의 유통·소통 방식 변화 핵심 내용은 특히, 트랜스미디어 스토리텔링의 중요성이 확대되고, 이에 따라 IP(지식재산권) 기반 수출 체제로의 전환을 가져왔음"을 주목한 사안으로 짚어 낸다.

관련 측면을 좀 더 논하면, 막대한 재원과 고도로 정련된 '생산 문화production culture'가 조합하는 구성물이자 파급력이 큰 기획으로, 드라마의 대중적인 성공과 실패는 문화산업의 영역에서 큰 주목을 받지만, 동시에 엇갈리는 명과 암을 구현하기도 한다. 예컨대 특정 대작 드라마의 성공이 그런 콘텐츠의 국내외적 파급 효과를 주면서, 막대한 이익과 인지도를 형성하지만, 이런 기획의 실패나 부진은 드라마 생산 영역과 관련 주체들에게 강한 불안과 타격을 가하기도 한다(김미숙, 2018). 예컨대 화려한 시각적 특징과 인지도가 높은 배우들이 등장하는 드라마라 해도, 제공되는 서사가 진부하고, 개연성과 완성도가 떨어질 때, 수용자들의 외면을 받은 사례들도 주기적으로 존재한다.

앞서 설파했듯이, 드라마는 광의의 '텔레비전 문화'의 영역에서 장기간에 걸쳐 주목을 받아온 핵심 대상이면서, 생산과 수용의 측면에서 조밀한 생산 과정을 거쳐 구성된 상품이자, 대중적인 관심과 상업적 이익을 추구하는 데 연동하는 집약적인 스토리텔링의 핵심이라 할 수 있다. 예시하면, 드라마 생산에서도 특정 작가나 감독이 기존의 지상파 영역을 벗어나서, '스튜디오 드래곤'이나 '몬스터 유니온'과 같은 드라마 제작 전문 기업에 속하면서, 과거보다 구체적인 제도적 분화나 유명 작가와 지원 체계가 결합한 보다 전문화된 역할을 도모하는 사례도 늘어나고 있다(공희정, 2019). 드라마 콘텐츠 제작사이자 CJ ENM에서 분사한 스튜디오 드래곤은 드라마의 기획에서 제작과 유통을 아우르는 일종의 통합적 허브로서 〈도깨비〉, 〈미스터 션샤인〉, 〈호텔 델루나〉, 〈빈센조〉, 〈사랑의 불시착〉, 〈작은 아씨들〉 등 개성과 지명도가 상당한 작품을 기획한 바 있다. 예컨대 스튜디오 드래곤은 콘텐츠의 기획과 개발에서 자금 지원 및 유통의 역할을 담당하면서, 드라마가 만들어지는 일군의 과정을 집약적으로 '관리'한다. 이 회사는 기존 방송사와 제작사 사이의 네트워크화와 협업을 주도하며, 군소 제작사를 대상으로 제작비 지원을 통한 작품의 확보에도 관여하고 있다.

또한 이 회사에 속한 일군의 프로듀서들이, 개별 제작사가 특정 작품을 만드는 데 다양한 방식으로 지원과 제언을 제공하기도 하며, 스타성이 높은 주요 작가와의 협업을 유지하기도 한다. 나아가서 이 조직은 미디어 생태계의 강자로 등장한 OTT 플랫폼과 제휴하면서 콘텐츠를 공급하고, 제작에 협력하는 역할을 담당하기도 한다. 즉 이런 방식으로 드라마의 생산 과정에서 주목할 크리에이터의 역할을 발휘하고, 드라마 관련 변화하는 트렌드를 파악하며, 국내와 국외에서의 드라마 판매 등을 자원하는 '스튜디오 모델'이 빠르게 정착한 바 있다. 정리하면 이렇게 대작 드라마나 '텐트폴tentpole' 드라마의 생산을 주도하는 방식은 과거와는 크게 대조되는 글로벌한 행위자로서의 드라마 생산의 단면을 시사해 준다.[18]

18 텐트폴은 최근 들어 영화와 드라마 영역에서 자주 사용되는 용어다. 이는 유명 배우와 작가 및 화려하고 정제된 구성으로 인기와 흥행이 성공적일 것으로 예상되는 대형 영화나 드라마 콘텐츠를 뜻한다.

전술한 추세와 함께, 최근 몇 년간 주목할 사안으로 기존의 지상파와 케이블 중심의 드라마 생산과 수용의 흐름이 크게 변환하면서 온라인 동영상 스트리밍 서비스인 OTT와 유튜브 중심으로 수용자의 관심과 소비의 방식이 큰 폭으로 이동한 추세도 명백히 관찰된다.[19] 관련 사례를 논하면, 넷플릭스나 디즈니플러스, 아마존 프라임, 티빙, 왓챠, 웨이브 등을 위시한 강력한 플랫폼들이나 유튜브의 확장된 위상과 급속한 네트워크화의 영향을 주요 드라마의 소비와 확장된 대중적 수용의 과정에서 명확하게 관찰할 수 있다. 앞서 언급한 플랫폼들은 과거에는 생각하기 어려운 규모의 투자와 다국적인 수용의 채널을 통해서, '오리지널 콘텐츠'라는 이름으로 제공되는 드라마 제작과 구성 측면의 큰 변화를 견인하고 있다. 이런 드라마 생태계의 선이 굵은 변화와 함께, 전술한 드라마 수용과 소비의 변화에 발맞추어 기존의 드라마 형식과 차별되는 웹드라마와 같은 이른바 숏폼을 지향하는 새로운 양식도 활발하게 고안되고 있다. 또한, 초대형 디지털 TV에서 노트북과 스마트폰이나 태블릿 등의 다양한 기기를 이용하면서, 자신의 취향과 기대를 충족하는 드라마 수용의 분화되고 "개인화된 흐름"이 이미 상당 부분 현실 속에 이루어지

19 방송위원회가 제공한 〈2020년도 방송매체 이용행태조사〉에 따르면, OTT 이용률은 66.3%로 전년도(52.0%)와 비교할 때 14.3% 늘어났으며, 수용자들이 주로 시청하는 방송 프로그램의 경우, 오락연예(69.8%), 드라마(37.2%), 뉴스(27.8%), 스포츠(21.8%) 등으로 나타났다. 한편 이들이 사용하는 플랫폼의 주요 유형으로는 유튜브, 넷플릭스, 페이스북, 네이버TV, 아프리카TV의 순서로 조사되었다. 이 조사에서도 드라마가 차지하는 비중과 이용 방식의 특징을 일정하게 찾아볼 수 있다.

고 있다(임종수, 2015).

예컨대 '안방극장'이라는 과거에 흔히 사용되던 텔레비전의 특성이 미디어와 플랫폼 기술의 급속한 변화와 기기의 다변화로 인해, 크게 변화된 지금의 미디어 환경과 집합적인 수용의 특성을 파악할 수 있는 것이다. 예컨대 가족이 저녁 밥상에서 함께 모여 앉아 지상파 텔레비전 프로그램을 시청하던 관습과 한때 안정적이었던 그런 일상화된 리듬과 의례ritual는 이제 기성세대의 기억 속에서나 존재한다. 나아가서 이제 텔레비전 드라마의 생산과 수용은 과거에 친숙했던 지상파와 케이블 시장의 범주를 확연히 넘어서고 있으며, 빠르게 영역을 넓혀온 플랫폼이 발휘하는 강력한 물리적·기술적·제도적 영향 속에서, 텔레비전 드라마의 소비와 연계된 새롭고 변화무쌍한 동향과 쟁점을 명백히 생성하고도 있다. 앞서 텔레비전 드라마의 복합적인 위상과 다면적인 변화의 함의를 거론했지만, 그런 거시적 변동 속에 이 상당히 오랜 연원을 가진 이 특정 대중문화물이 매우 긴 생명력과 더불어 구성적 혁신과 유연한 변화를 드러내는 측면은 매우 흥미롭다. 특히 과거 국내에서 주로 소비되던 텔레비전 드라마가, 이른바 '한류 현상'의 핵심 매개체로 지난 20여 년간 꾸준히 탈지역적 영향력을 발휘하고, 수많은 작품과 인상적인 캐릭터를 제시하면서, 미디어 기술의 확산 과정을 통해서 다양한 지역의 수용자들과 만나는 '초국적인 현실'은 매우 시사적이라 할 수 있기 때문이다.

이제 텔레비전 드라마의 생산과 소비의 방식은 다양한 플랫폼들이 발산하는 거시적 영향력이나 이들이 집합적으로 구현하는 우월한 사회경제적 위상이나 확장된 관심을 고려할 때, 전술한 명칭을 대상으로 과거와는 매우 차별적 위치와 더불어 급속한 사회문화적 변동의 양상을 드러내기도 한다. 홍석경(2020)은 이런 심대한 변화와 매우 가시적 사례를 '크로스'와 '트랜스'라는 영어 접두어를 중심으로 새롭게 조명한 바 있다. 예컨대 '트랜스trans'라는 용어가 시사하듯이, 드라마의 콘텐츠 생산과 수용은 이제 기존의 지상파 방송과 같은 미디어의 활동이나 영역만으로 정의하기 어려우며, 기성 미디어의 구획된 경계를 과감히 넘어서 유튜브와 OTT 등의 플랫폼 공간으로 맹렬하게 확장하는 면모를 보인다. 이는 많은 연구자나 비평가들이 주목하는 다양한 플랫폼 간에 연계되는 조직적 관계망과 흐름 속에 — 즉 '미디어 컨버전스media convergence'라는 미디어와 플랫폼의 수렴 현상 속에 — 변주된 서사화와 재상품화 그리고 유통 수익의 극대화를 겨냥하는 식의 새로운 위상을 보이는 드라마의 기획과 생산 방식을 돌아보게 해 준다.

한편 크로스라는 단어가 상징하듯이, 대형 드라마 기획에서 상당히 복잡한 생산 방식과 이해관계가 집중적으로 추구되는 현실도 선명하게 관찰된다. 이는 기존의 장르적 측면의 융합과 실험이나 영화와 드라마 간에 수렴되는 생산 방식의 변화나 인적 공유를 뜻하는 — 동시에 장르와 방송과 영화 영역 간 장벽이 낮아지는 — '탈경계' 현상을 확연하게 넘어선다. 이 대목에서 웹툰을 기반으로 케이블과 웹 드라마로도 만들어진 〈미생〉의 사례를 다시 보자. 이 웹툰은 주인공 장그래의 도전과 분투하는 당대 청년의 성장과 아픔을 중심으로 특정한 서사화된 세계를 구현하며, 원작이 원천 콘텐츠나 가변적 스토리보드와 같은 핵심 자원으로의 기능을 다양하게 발휘하면서, 실사화된 드라마들로 변주된 혹은 '재매개remediation'된 사례다(김미라, 2015). 즉 〈미생〉은 원작 텍스트의 서사적인 특성과 주인공을 전술적으로 변주하면서, 비정규직 청년이 대면하는 애환과 소외에서 직장 문화의 이면에 관한 세밀한 재현 등에 주력하는 서사의 재구성과 이를 다양한 양식으로 특화하는 확장 전략을 도모한 바 있다.[20] 즉 관련 사례는 대중적 환기 효과와 매력이 큰 — 동시에 인지도와 상업성에서 일정한 검증이 이루어진 — 웹툰이 그런 수용자나 팬덤의 큰 관심을 기반으로, IP의 강점을 변용하면서 새롭게 수익과 사업적 다변화를 고려하며 상품화된 예시라고 할 수 있다. 주지하다시피 그러한 전략은 이미 미국에서 마블의 핵심 캐릭터와 서사의 영화로 변용되면서 보여 준 확장된 스토리 전경이나 마블 시네마틱 유니버스로 상징되는 멀티버스 세계와 상업적 다각화 전략과도 여러모로 수렴되는 양상을 드러낸다. 이와 함께 〈이태원 클라쓰〉, 〈경이로운 소문〉, 〈치즈 인 더 트랩〉, 〈유미의 세포들〉, 〈쌉니다. 천리마 마트〉, 〈스위트 홈〉 등 기성의 관행에서 벗어나 흥미로운 주제를 그려 낸 웹툰이 드라마로 꾸준히 재구성되고 있다. 이런 기획들은 새롭게 국내와 국외에서 대중적 화제

20 이런 방식은 〈신과 함께〉처럼 대중성 있는 창의적인 웹툰이 연작 영화로 만들어지면서, 매우 성공적인 기획으로 변용이 이루어지는 사례와도 상당히 공유되는 측면을 시사해 준다. 영화 산업 내 주요 트렌드로 '마블 시네마틱 유니버스'가 있다면, 드라마 생산의 영역에서도 비슷한 멀티버스를 창안하려는 노력이 일부 시도되고 있다.

와 흥미를 생성하면서, 원작 웹툰이 다시 수용자에게 재조명되며 뜨거운 반응을 얻은 바 있다.

지금까지 서술한 변화의 함의를 논하면, 지상파들이 주도하던 드라마의 기획과 생산이 눈에 띄게 축소되면서, 케이블과 플랫폼을 중심으로 접할 수 있는 드라마들이 대거 부상하면서 대중의 주목을 얻고 있다. 여기에 OTT의 가세는 명백히 드라마 생산과 수용의 지형을 심대하게 변화시키고 있다. 이는 드라마 환경과 관련해 기존에 구획된 경계의 동요와 큰 폭의 변동boundary crossing을 함축해 낸다. 다소 거칠게 논하면, 이제 텔레비전 드라마는 대형 영화나 게임 등과 견줄 만한 구성력이나 막강한 파급 효과를 발현하면서, 당대 문화 기획의 핵심으로 단단한 위상을 구현하고 있다고 논할 수 있다. 이런 추세는 양질의 콘텐츠 생산을 통해서, 수용자들의 분화된 취향과 높아진 안목을 고려하는 작업이 다수 시도되면서, 기존의 영역 설정과 장르의 구분을 넘어서는 방향으로 텔레비전과 다른 스크린 간의 경계가 개방된 현실을 보여 준다. 물론 전술한 다변화된 상업 전략이 매너리즘에 빠지거나 대작과 스펙터클화된 기획에만 주력하면서, 과도한 상업화의 경향으로 쏠리는 측면도 관찰된다. 그런데도 웹툰과 웹소설이나 게임을 원천 질료로 삼아, 다양한 실험과 혁신을 도모하는 문화 콘텐츠 생산의 추세가 광의의 드라마 영역을 재구성하면서, 확장되고 있음은 명백하다.

문제는 〈미스터 션샤인〉이나 〈빈센조〉와 같은 영화 제작에 필적하는 재원과 규모가 들어간 대작의 완성도와 성공 외에, 이미 인기를 끈 외국산 드라마의 재구성인 〈종이의 집: 공동경제구역〉이나 〈아스달 연대기〉와 〈푸른 바다의 전설〉이나 〈지리산〉처럼 기대에 못 미친 사례도 주기적으로 관찰된다. 예컨대 앞서 언급한 작품들은 정제된 서사의 논리와 이야기의 본원적인 강점을 부각하는 장르의 연마라는 측면에서 크게 인상적이지 않았으며, 유명 배우의 선정과 세련된 만듦새로도 전반적 스토리텔링의 완만함이나 서사의 빈곤을 대체하기에는 버거운 한계를 노출한 바 있다. 또한 한국에서도 시도되는 멀티버스의 기획이 집약적인 성과와 실용적 가능성만을 구현하고 있다고 보기도 어렵다. 또 다른 사례를 예시하면 당대에 주목할 만한 기획자로서 연상호의 기획을 둘러싼 드라마들의 구성은 성취와 한계를 확연하게 드러낸다. 즉 〈부산행〉과 〈반도〉, 〈방법〉, 〈지옥〉, 〈괴이〉 등의 작업으로 그가 영화와 드라마를 가로지르며 의욕적으로 시도해 온 좀비 장르물에서 '초자연적인' 스릴러로 이어지는 일련의 기획은 상당한 성공과 더불어 적지 않은 문제점을 노출하기도 한다. 후자에 관해 논하면, 선이 굵게 공포와 재난이나 파국과 저주 등의 서사적 요소를 감각적으로 형상화하는 기획들이 애초에 생성한 새로움이나 특화된 스토리텔링의 효과를 잃어버리고, 진부하고 공감과 개연성이 떨어지는 잔인함과 폭력이 얼룩진 세계로 과하게 회귀하는 행태를 드러낸 바 있다. 이 같은 측면은 수용자의 높아진 기대와 더불어 까다로운 욕구를 수렴하는 드라마 생산이 현실에서 대면하는 일련의 만만치 않은 난점과 불확실성을 생산자에게 일깨워 주기도 한다.

이와 함께, 새롭게 환기되는 영향력이나 매우 가시적 역량과 성과를 드러내는 '한국산' 드라마들의 주요 성공 사례나 진화 과정을 통해, 텔레비전 드라마의 사회경제적 함의와 탈지역적 특성도 이미 큰 관심을 생성하고 있다. 즉 현실에서 감지되는 한국산 드라마의 초국적 소비와 팬덤은 새로운 문화 생산의 생생한 사례로서, 미디어 연구와 문화연구를 전공하는 이들에게 새로운 분석의 자원과 이에 연동하는 이론 및 접근 방식의 고안을 두고 만만치 않은 도전과 자극을 제공하고 있다. 정리하면 '지금 여기에서' 텔레비전의 정체성은 매우 다층적이면서 폭이 넓은 콘텐츠 수준의 변화와 지역을 넘어선 사회경제적 활용의 면모를 구성하고 있다. 현시점에서 드라마는 스타성을 인정받은 작가의 주도로, 탄탄한 서사와 뛰어난 시각적 구성에서 유명 배우들의 기용을 기반으로 차별화를 도모한 산업적·초국적인 기획으로 탈바꿈했다(김미숙, 2018). 여기에 팬덤과 대중적 관심을 다양한 각도로 고려한 다양한 마케팅과 유통 전략이 반영되면서, 드라마의 역할은 거대 자본의 투입과 IP의 확장된 활용을 통한 상업적 가치의 핵심 매개체로 크게 인지되고 있다. 동시에 대형화와 OTT의 투자에서 '경쟁력'에 크게 민감해진 현재 플랫폼 환경 속에, 자본과 기획력 및 인력에서 열세인 군소 제작사들이나 지상파의 입지가 상당히 줄어드는 식의 명암과 운명이 엇갈리는 양상도 관찰된다(공희정, 2019; 유건식, 2021).

지금까지 서술한 드라마를 둘러싼 현실에 복잡하게 얽혀 있는 요인을 고려할 때, 드라마의 생산 전략은 상업성을 추구하면서도, 섬세한 기획과 정제된 문화적 감수성의 반영 및 질적 차별성의 모색을 요구한다. 요컨대 그런 측면은 성공한 작품의 모방이나, 이른바 '트랜스미디어 스토리텔링'을 실질적으로 구현하지 못하는 표피적이거나 기능적인 변화만으로는 특정 드라마를 둘러싼 활발한 대중적 수용과 상업적 성공 및 우호적 평판이 이루어지지는 않는다는 점을 명백히 시사해 주기도 한다. 앞서 강조한 메시지와 함께, 지금의 드라마를 둘러싸고 전개되는 현실은 '대작 추수주의'나 유행에 관한 강박을 넘어, 다원화된 구성과 수용자의 취향을 세분화한 설정 및 합리적인 수준의 경제적 투자를 반영한 기획으로 차별화를 요구하기도 한다. 드라마 생산자들이 대작 생산에만 몰두할 것이 아니라, 정련된 기획력과 재원을 투여하여 면밀한 전략적 판단과 수용자들의 기호를 능동적으로 반영할 필요도 있다. 이와 함께, 다양성과 사회적 가치를 문화적·미학적으로 고민하는 드라마 텍스트에 관한 대중의 요구도 수렴해야 한다. 덧붙이면, 드라마는 명백히 시대상을 반영하며, 상업적인 성공 외에 사회상의 다양한 변화와 응축된 경험을 엮어 내는 독특한 문화적 자원이기도 하기 때문이다.

이제 드라마 생산과 긴밀하게 연관되는 플랫폼 기술과 산업적 동인이 앞 장에서 소개한 텍스트 중심 분석에 어떤 영향을 미치며 또 대응이 필요한지 논해 보자. 앞서 소개했듯이, 텍스트 분석이 드라마가 역사·사회적으로 발현한 일련의 주제 의식의 변화를 꼼꼼하게 조명한 측면은 지식 생산의 모색에 있어 '여전히' 중요한 자원과 분석적인 함의를 제공한다. 이는 일상에서 작용하는 드라마의 의미 작용과 정서적 효과의 특징과 명암을 깊이 있게 조망하면서, 지적·교육적 측면의 의의와 변모하는 사회상과 결합이 된 공적인 '앎'을 구현하는 데 명백히 이바지하기 때문이다. 반면에 대량으로 소비되며, 다양한 상업적 이해관계가 반영된 대중적 콘텐츠로 텔레비전 드라마가 상당한 변화와 혁신을 보여 주면서, 기존의 텍스트 분석의 한계도 노출되고 있다.

요컨대 드라마가 재현하는 주제와 서사 및 시각적 특성의 전모와 장르적 특징에 주목하는 텍스트 분석이, 때로는 전문 연구자의 관점과 비평에 지나치게 의존하면서, 수용자들이 추구하는 정서적 즐거움이나 쾌락을 맥락적으로 수렴하는 데 능동적이지 못한 측면도 있다. 예시하면, 때로는 전문가의 비평적 시선과 수용자들의 반응 사이에 상당한 괴리나 불협화음도 관찰된다. 이와 함께, 드라마라는 콘텐츠의 상업적 효과나 성과에 주로 치중하면서 문화산업에 관한 균형적이고 성찰적인 진단보다, 상업적 이익과 경제적 유발 효과에 크게 주력하는 일종의 '문화경영론'이나 '문화경제론'의 관점도 학계나 언론에서 주기적으로 접할 수 있다. 동시에 전술한 접근법이 문화산업의 독과점화 추세나 대중에 미치는 상업화의 이면에 관해 진중한 진단을 제기하는 데 소극적이거나, 문화적 다양성과 공공성의 문제를 방기하는 측면도 관찰된다. 그런 측면에 관한 유의미한 대응으로, 텍스트 분석이 지향하는 시각과 맥락을 경제적 동인과 문화적 재현의 결합으로 사려 깊게 확장하며, 정제된 비판과 성찰을 반영하는 문제의식도 마땅히 필요해 보인다.

또한 이 장에서 다루진 못했지만, '수용자 분석'이나 '미디어 생산연구' 등의 대안으로 텍스트 분석의 부족한 측면을 보완하는 작업도 문화연구를 포함한 지식의 추구에서 이미 실행되고 있다. 예컨대 전자의 경우, 수용자가 소셜 미디어와 온라인에서 전개하는 특정 드라마에 관한 풍부한 담화와 감정의 표출에 관한 상세한 분석을 모색하며, 관련 동향을 좀 더 대안적 방안으로 수렴하는 방안을 전략화한다. 한편 후자의 경우 드라마의 생산에 관여하는 내부의 기획자와 작가 집단 및 PD의 활동과 성향을 밀도 있게 탐구하는 기획이 부상한 바 있다(김미숙, 2022). 앞서 거론한 두 접근 방식은 텍스트 분석의 관점을 생산적으로 벗어나서 탐구의 다면성을 끌어올리는 방안으로 문화연구자들이 꽤 활발하게 활용하고 있다. 정리하면, 드라마 콘텐츠에 관해 장기간에 걸쳐 구축된 분석 방식의 역할과 장점을 계승하면서도, 대중의 취향 변화나 수용에 영향을 주는 상업화의 면모를 동적으로 포착하는 대안의 추구와 관련 사유의 활성화가 제기되는 것이다.

5. 드라마 생산과 수용에 관한 정련된 탐구의 모색

이 장은 현재 영향력이 큰 플랫폼 환경에서, 텔레비전 드라마라는 대중적 양식을 둘러싼 선명한 변화와 주목할 측면을 꽤 다양한 관점에서 논했다. 주지하다시피 드라마는 장르 측면에서 상대적으로 오랜 역사적 연원과 대중 기반을 갖는다. 과거의 경우 이른바 '안방극장'의 핵심으로 집안 내에서의 시청을 중심으로 드라마는 공고한 위치를 누린 바 있다. 나아가 미디어와 플랫폼 기술의 빠른 변화나 시청 방식의 다변화 속에서도, 드라마는 끈질긴 존재감과 동시에 유연하게 변화하는 적응력을 보여 주고 있다. 요컨대 플랫폼 기술의 급격한 변화에도 불구하고, 현실에 상당한 대응을 보이는 드라마의 역량은 이 역사가 오래된 문화 양식의 '끈질긴' 생명력과 대중에게 소구하는 '힘'을 시사해 준다.

이른바 텔레비전 드라마의 변화 혹은 진화 과정을 논하면서, 특히 문화연구의 렌즈로 접근할 때, 어떤 주목할 측면과 문제의식을 다면적으로 풀어낼 수 있는지를 염두에 두고 긴 논의를 전개했다. 단적으로 논할 때, 드라마는 여전히 대중문화의 핵심 구성 요인이자, 유용한 문화적 해석과 교감 그리고 환기 효과를 발휘하는 중요한 대상이라 할 수 있다. 또한 드라마가 재현하며 창안하는 세계story worlds와 인물군은 현실 속 다양한 욕망과 갈등에서 치유와 소통을 반영하고 대리하기도 하는 집합적 재현의 창구로서의 역할도 꾸준히 수행하고 있다.

앞서도 개진했지만, 텔레비전 드라마를 분석하고 진단하는 작업은 단순히 만듦새와 상업적 성공이나 기술적 특성의 변화된 반영을 조명하는 차원을 넘어서, 빠르게 변동하는 당대 문화 현실의 특징과 명암을 살펴보게 해 준다. 이런 특징은 지적-비판적으로 매우 풍성하고 긴요한 논의와 성찰의 기회를 명백히 제공한다. 그런 이유로, 드라마의 생산과 수용에 관한 다양하고 정련된 탐구가 21세기에도 끈질기게 모색되는 것이다.

4장

TV 리얼리티 프로그램의 변주

이종임

1. 대안과 공감이라는 착시로서의 '리얼리티'

대중적 인지도가 높은 연예인뿐 아니라 평범한 사람들의 일상을 주목하는 리얼리티 프로그램은 투자 대비 위험 요소가 낮다는 점에서 제작자들이 선호하는 장르다. 여기에 일반인의 관계와 삶을 보여 주는 포맷은 시기별 트렌드에 맞춰 제작이 가능하다는 장점 때문에 꾸준히 시청자들의 관심을 받는 장르다.

미디어 생태계 변화도 리얼리티 프로그램이 등장할 수 있었던 중요한 요인 중 하나다. 인터넷과 소셜 미디어, 모바일 중심의 라이프스타일이 구축되면서 이용자는 '사적인' 영상을 생산하고 공유하는 미디어 환경에 놓이면서, 평범한 사람들의 일상을 공유하고 시청하는 것이 일상화되었다. 방송 콘텐츠도 시청자들의 취향과 미디어 이용 방식을 고려하면서 장르별로 명확하게 구분되기보다 다큐멘터리와 예능의 형식이 결합하거나 드라마와 예능이 결합하는 등 복합장르의 콘텐츠를 선보이기 시작했다.

보통 사람들의 평범한 삶은 리얼리티 프로그램에서는 특별하게 구성되었다. 게임 쇼나 오디션 프로그램처럼 높은 경쟁률을 통과해 최종 1인이 되는 이야기는 극적 긴장감과 감동을 주었고, 텔레비전이라는 미디어가 갖는 '동시성'과 '현장감'으로 인해 대중의 큰 관심을 받을 수 있었다. 또한 포맷은 동일하지만 출연자들이 매 시즌 바뀌기 때문에, 다른 정체성·가치관을 가진 사람들이 다른 결정을 하는 결과를 볼 수 있다.

가장 대표적 리얼리티 프로그램은 음악 오디션 프로그램이었다. 유명인이 아닌 보통 사람이 주인공이 되는 상황은 예측 불가능한 스토리, 출연자의 미션 수행 과정이나 탈락할 경우 나타내는 반응 등이 결합하면서 기존에는 제작된 적 없었던 이야기가 방송되었다. 어려움을 이야기하는 독백이나 미션을 수행하는 협업 과정 등 예측 불가능한 이야기들이 펼쳐지는 오디션 프로그램은 다양한 출연자들의 캐릭터와 이야기만큼 방송도 성공적이었다. 특히 즉각적 감정을 불러일으키는 음악 콘텐츠에다, 다수 지원자 중 단 한 명의 우승자를 선발하는 과정이 시청자의 관심을 끌었다.

텔레비전이 중계하던 최종 1인의 삶은 소셜 미디어로 인해 개별화된 다수의 삶이 동시에 중계되기 시작했다. 대중은 소셜 미디어 속 개인의 삶을 지켜보며 대리만족하거나 직접 소통을 하며, 공감을 표출하는 것에서 재미를 느꼈다. 이러한 소비 방식이 보편적 콘텐츠 소비로 자리 잡게 되었고, 텔레비전으로 중계되는 리얼리티 프로그램은 더욱 개인화되었고, 다루는 주제도 더욱 세분화되었다.

최근에는 연애 리얼리티가 다양하게 제작되고 있으며, 화제성도 높다. 리얼리티 프로그램에서는 연애와 결혼을 반복적으로 조명하고 있는데, 이러한 유사 프로그램들이 왜 이렇게 많이 제작되고 있을까? 이 장에서는 연애 리얼리티 프로그램의 제작 증가 요인과 그 특징을 알아보고, 리얼리티 프로그램을 선호하는 이유도 살펴보고자 한다.

2. 관계성을 중계하는 리얼리티 프로그램의 역사

리얼리티 프로그램이란 무엇인가

리얼리티 프로그램은 보통 대본이 없고 일반인이 주인공인 프로그램이기 때문에 비교적 가성비 높은 프로그램이다. 1987년 미국에서 방송 작가들이 파업하면서 프로그램 공백 문제 해결을 위해 NBC에서 〈풀리지 않는 미스터리*Unsolved Mistery*〉라는 리얼리티 프로그램을 제작해 방송했다. 이후 리얼리티 프로그램은 방송 산업의 경제적인 면에서 매우 효율성이 높은 프로그램으로 인식되면서 현재까지 제작되어 왔다. 1990년대는 범죄와 긴급 서비스 관련 리얼리티 프로그램이 주로 나왔으나 2000년대 이후에는 오락적 재구성을 가미해 프로그램을 제작해 왔다(이종수, 2008: 55).

리얼리티 프로그램이 오랫동안 제작될 수 있었던 이유는 촬영 기술의 발달로 출연자의 삶을 세밀하게 관찰할 수 있을 뿐 아니라 자막이나 음악의 삽입이 자유롭고 출연자의 시점을 대중에게 전달할 수 있게 되었기 때문이다. 이후 소셜 미디어 시대에 이르러서는 누구나 자신을 미디어에 노출시키는 것이 특별한 일이 아닌 보편적 경험이자 선택이 되면서 리얼리티 프로그램은 시청자들에게 자연스럽게 받아들여지고 있다.

리처드 킬본Richard Killborn은 리얼리티 프로그램을 "개인이 일상생활에서 겪은 실제 사건을 극화해 재구성한 것으로 리얼리티 효과나 오락적 가치를 가미한 것"으로 정의한다(Killborn, 1994). 닉 쿨드리Nick Couldry는 리얼리티 TV는 공유된 사회 현실과 미디어가 우리를 연결하는 방식으로서 TV라는 미디어의 고전적 역사로부터 나오는 것이며, 현재의 리얼리티 텔레비전은 다양한 형식을 갖고 있다고 설명한다(Couldry, 2003: 102).

리얼리티 프로그램이 높은 관심을 끌었던 만큼, 리얼리티 속 세계와 현실의 세계 구분이 모호해졌고, '진정성'에 대한 논의가 주요 쟁점이 되었다. 리얼리티는 수용자의 리얼리티 경험과 지각도 포함하는 다차원적 개념이라 할 수 있다.

리얼리티 프로그램은 출연자들이 프로그램의 일정한 구성적 형식 내에서 반드시 지켜야 하는 제약 조건을 제시하고, 그 조건 내에서 출연자들이 상호 작용을 하면서 체험하거나 경쟁하거나 미션을 수행하는 등의 과정을 연출의 개입 없이 담아 낸다(노동렬, 2015: 59). 김수정(2010)은 기존 장르들과 구별되는 리얼리티 장르의 특성을 "실제 인물real people"과 "대본 없는non-script" 행위라고 설명한다(김수정, 2010: 16~17). 대본은 없다고 설명하지만, 대본 없음의 공백은 인공적 상황과 구성으로 채워지는 특징을 지닌다.

킬본과 존 이조드John Izod(1997: 158; 이종수, 2008: 56 재인용)는 리얼리티 프로그램은 태생적으로 부정확한 개념을 가지고 있다고 보았다. 다큐멘터리와 드라마적 요소가 시청자의 취향에 맞게 혼합된 프로그램 포맷이기 때문에, 현장·재연·감시·사회자의 이야기 등의 구성으로 인해 빠른 전개와 동시에 시청자가 친숙하게 받아들일 수 있는 내용을 가진다는 것이다. 2000년대 이후 리얼리티 프로그램에 적용되는 장르는 더욱 세분화됨에 따라 오락·재미를 유지하기 위해 제작진이 사전에 구성했던 인공적·인위적 구성은 더욱 강화되었다. 인공적 세팅의 대표적 방법 중 하나가 바로 출연자의 '독백'이다. 리얼리티 프로그램은 시청자에게 텔레비전에 나타난 출연자의 삶에서 진실성과 유의미성을 주목하도록 한다. 독백 형식의 인터뷰는 시청자에게 리얼리티 프로그램에서 공통되는 형식적 특징으로 볼 수 있다. 이러한 형식을 이용하는 것은 시청자가 출연자의 체험을 공유함으로써, 출연자의 삶이 프로그램 속에서 '현재 진행되고 있음'을 느끼게 해 준다.

리얼리티 프로그램 발전 과정

그동안 TV가 보여 주는 '진짜'로서의 이야기 장르는 계속 진화해 왔다. 드라마와 다큐멘터리 기법을 적극 활용해 제작한 것이 지금의 리얼리티 프로그램이다. 무엇보다도 리얼리티 프로그램 속 평범한 사람들이 주어진 미션을 수행해 나가는 과정은 시청자의 공감을 얻었고, 제작진은 특히 현실적 이슈인 육아, 가족 관계, 회사 생활, 연애, 친구 관계 등을 다룸으로써 시청자의 공감을 이끌어 냈다.

동시에 미디어 생태계의 변화도 리얼리티 제작에 영향을 미쳤다. 1980년대 후반부터 1990년대 미디어 산업의 상업화와 탈규제가 이루어지면서 시청자는 위성 방송, 디지털 채널, 케이블 채널 등을 이용할 수 있게 되었다. 채널이 많아지면서 가벼운 이야기, 지역적 특성이 비교적 낮은 팩추얼factual 프로그램이 인기를 끌었다. 이후 다양한 장르적 특성이 혼합된 프로그램이 제작되면서 리얼리티 TV의 장르는 크게 다큐솝docu-soap - 라이프스타일, 리얼리티 경쟁 프로그램의 하위 장르로 분류, 제작되었다. 한국은 미디어 환경이 변화하던 시기에 케이블 채널을 통해 리얼리티 프로그램이 소개되었다.

최초의 리얼리티 방송은 보통 사람들이 예상치 못한 상황을 경험하면서 당황하거나 놀라는 모습을 다뤘던 1948년 TV 시리즈 〈몰래 카메라*Candid Camera*〉를 언급하지만(Siocum, 2022. 8. 28), 현재 주로 제작되는 리얼리티 프로그램에 가까운 형식으로는 영국의 〈크라임 워치 UK*Crimewatch UK*〉(1984)와 NBC 〈풀리지 않는 미스터리〉(1987)를 그 시초로 볼 수 있다.[21] 하지만 가장 대중적으로 리얼리티 프로그램이 갖는 차별성을 각인시켜 준 프로그램은 바로 CBS의 〈빅 브라더〉다. 2000년부터 제작된 이 프로그램은 2022년까지도 제작될 만큼[22] 인기를 끌고 있다. 〈빅 브라더〉는 여러 명의 출연자가 같은 공간에서 지내는 모습을 중계하며, 출연자들 간 투표를 통해 한 명씩 탈락시키고, 최종 1인이 상금을 가져가는 형식의 프로그램이다. 〈빅 브라더〉가 제작되기 훨씬 전

21 물론 리얼리티 프로그램의 시작을 규정하는 시기와 프로그램에 대한 논의는 여전히 논쟁적이다. 이종수(2004)는 영국과 미국을, 홍석경(1999)은 유럽에서 먼저 시작되었다고 설명한다.

22 2022년 기준 미국에서는 시즌 22가 방송되었다.

부터 다큐멘터리 제작자들은 '보통 사람들'을 TV에 출연시켜 자신의 이야기를 할 수 있도록 했다. 다큐멘터리는 출연자들의 삶을 그대로 따라가는 형식을 취하는데, 리얼리티 프로그램은 특별한 상황을 제안하고 그 상황에서 출연자들의 선택을 중계하는 방식을 택했다. 이후 1990년대부터 본격적으로 일반인을 별난 상황 속에 던져 놓거나, 때로는 경쟁하게 만들거나, 시청자를 참여시키기도 했다. 과거 존재해 왔던 TV 프로그램의 장르들이 서로 결합하고 변형되면서 엔터테인먼트 프로그램의 폭넓은 표현으로 팩추얼 텔레비전popular factual television이라고 불리게 되었다.

〈빅 브라더〉를 제작한 엔데몰Endemol사의 개리 카터Gary Carter는 TV에 대한 대중의 태도가 어떻게 바뀌게 되었는가를 다음과 같이 설명한다. "TV가 처음 등장했을 때 사람들은 그것이 객관적 실제를 반영한다고 생각했다. 뉴스 진행자는 단지 TV에 나오는 사람이 아니라 'TV 속 사람'이었다. 그러나 점점 시간이 흐르면서 TV가 단순한 실제의 반영이 아니라 '문화의 일부'라는 것을 이해하게 되었다"(영국사상연구소 엮음, 2009: 18). 즉 시청자의 능동성과 의견을 개진하고 프로그램에 개입할 가능성을 리얼리티 프로그램이 제공할 뿐 아니라 시청자도 자신의 역할을 인지하고 있다는 것으로 볼 수 있다. 방송 프로그램이 재현하는 인물, 장소, 사건 등을 그대로 받아들이기보다, 사회 현상으로서 해독할 수 있는 능력을 갖춘 시청자가 등장한 것이다. 시청자의 적극적 참여가 프로그램의 성공에 중요한 기반이 되면서, 드라마, 다큐멘터리처럼 장르가 명확한 프로그램보다 더 많은 장치를 프로그램 제작 방식에 도입하기 시작했다. 그 결과 복합 장르의 프로그램이 탄생했다. 리얼리티 TV는 사회 환경 변화를 반영해 프로그램을 제작하기 때문에 흥행 가능성이 높다. 즉 일상적인 모든 것이 클라이맥스 단계가 있는 극적이고 감동적 상황과 연결될 수 있다. 또한 시청자의 일상을 옮겨 놓은 것 같은 느낌을 주는 데는 일반인의 출연, 출연자들의 끊임없는 경쟁과 갈등의 연속이라는 상황을 미디어 기술을 이용해 극적으로 구성할 수 있다.

이러한 배경에는 인터넷의 대중화로 인해 로컬의 정보뿐만 아니라 해외의 다양한 정보를 수집할 수 있는 미디어 환경도 영향을 미쳤다. 텔레비전의 대중화, 개인이 직접 촬영할 수 있는 캠코더의 보급, 케이블 채널의 등장, 모바일과 인터넷의 대중화 등으로 인해 정보를 다양하게 수집할 수 있고, 소비할 수 있는 환경으로 인해 시청자는 기존과 다른 형태의 정보 생산 소비 능력을 갖게 되었다.

킬본은 리얼리티 프로그램이 갖는 '혼종성hybridity'을 바탕으로 제작 경향을 세 가지로 분류한다. 1세대는 CBS의 〈몰래 카메라〉와 같이 일반인 출연자의 지극히 사적인 일상생활을 카메라에 담는 것, 2세대는 ABC의 〈더 리얼 월드*The Real World*〉와 같이 시청자에게 촬영된 내용을 보다 사실적으로 인식하게 하는 다이렉트 시네마 촬영 기법과 시네마 베리테의 인터뷰 형식을 혼합하는 형식을 도입한 것, 그리고 3세대는 CBS의 〈서바이버〉, NBC의 〈어프렌티스*The Apprentice*〉, 폭스 TV의 〈템테이션 아일랜드*Temptation Island*〉와 같이 이미 설정된 집단에서 새로운 상황에 부딪히며 발생하는 사건을 주로 다루는 것으로 분류한다(Killborn, 1994). 사라 버넷와이저Sarah Barnet-Weiser와 로라 포트우드스태커

표 1 미국 리얼리티 프로그램 제작 연대기(1948~2022)

프로그램	내용
몰래 카메라 (CBS 1948~1952)	앨런 펀드가 제작한 '몰래 카메라' 형식의 리얼리티 프로그램. 1947년에는 라디오 프로그램으로 제작되었고, 1948년부터 1952년까지 TV를 통해 방송되었다. 미리 구성된 상황에 놀라는 사람들의 반응을 몰래 카메라로 병치해 보여 주었다.
미국 가족 *An American Family* (1973)	1973년 PBS에서 12회 방송되었다. 중산층 가족 묘사에 집중했던 기존 프로그램과 달리, 미국 가정의 가치관 변화를 묘사했다.
부자와 유명인의 라이프스타일 *Lifestyles of The Rich and Famous*(시즌 1) (1984)	호스트 로빈 리치Robin Leach의 진행으로 부유한 사람과 유명인의 삶을 보여 주는 판타지 라이프스타일 프로그램. 1980년대 중반부터 10년 동안 방송되었으며, 부의 과시를 터부시했던 문화를 바꾼 프로그램으로 평가된다.
더 리얼 월드 시즌 3 (1994)	낯선 사람들이 집에서 지내는데, 예의를 차리지 않고 현실적 모습을 보여 주는 것을 촬영했다.
빅 브라더 시즌 2 (CBS 2001)	기존 리얼리티 프로그램과 달리 얼마나 현실적인지를 보여 주기 위해, 출연자들의 일거수일투족을 모두 촬영해 보여 줬다. 조지 오웰의 "빅 브라더가 당신을 지켜보고 있다Big Brother Is Watching You"라는 문구처럼, 낯선 공간에 머무는 마지막 1명이 남을 때까지 촬영을 진행한다.
배첼러 *The Bachelor* (시즌 1) (ABC 2002~)	시즌 24까지 제작된 프로그램으로 1명의 남성이 25명의 여성 중 한 명을 선택하는 프로그램이다.
프로젝트 런웨이 *Project Runway* (시즌 1) (브라보 2004~2005)	패션 디자이너 콘텐츠로 성공적 시작을 한 리얼리티 프로그램이다.
16세의 임신 *16 and Pregnant* (시즌 1) (MTV 2009)	계획에 없던 임신을 하게 된 10대들의 이야기를 다룬다.
마스크드 싱어 *The Masked Singer* (폭스 2022)	한국의 〈복면가왕〉을 원작으로 하는 음악 경연 프로그램으로 폭스 채널에서 황금시간대 방송되었다.

* 〈타임 *Time*〉이 2022년까지 미국에서 제작된 50개 리얼리티 프로그램을 선정한 내용 일부다. 미국의 리얼리티 프로그램 초기 특징부터 현재 제작되는 프로그램까지 소개하고 있다. (출처: Time Off Television. *Time*. 2022. 8. 28. https://time.com/collection/reality-tv-most-influential-seasons/)

Laura Portwood-Stacer(2006)는 오디션 리얼리티 프로그램은 일반인 출연자에게 실제 상황real situation을 부여하고 그들을 경쟁하게 해서 승자에게 막대한 보상을 보장하는 서사를 '공개형 오디션'과 '생방송 쇼'의 형식을 결합시킨 장르라고 정의한다. 영국 ITV의 〈브리튼스 갓 탤런트*Britain's Got Talent*〉, 미국 폭스 TV의 〈아메리칸 아이돌*American Idol*〉, CW TV의 〈도전! 슈퍼 모델*America's Next TopModel*〉 등이 리얼리티 오디션 쇼를 주도했다. 이 프로그램들은 모두 제작진에 의해 구성된 상황을 기반으로 특정 대본 없이 마치 다큐멘터리처럼, 그러나 실제가 아닌 볼거리spectacle로서의 오락을 혼합시킨 형식으로 구조화되어 있다(Barnet-Weiser & Portwood-Stacer, 2006).

이처럼 1980년대부터 제작되어 온 리얼리티 프로그램은 다매체 다채널 시대, 소셜 미디어와 OTT 플랫폼 시대를 거치게 되면서, 경쟁은 치열해졌고, 성공의 경험이 축적된 프로그램을 집중적으로 편성하는 경향은 더욱 강해졌다. 이러한 경향은 한국 방송에도 영향을 미쳤다.

3. 진성성의 재현: 능력 경쟁에서 감정 경쟁으로

과거에는 타고난 사회적 역할에 따라 정체성이 정해지는 것이 일반적이었다. 태어나면서부터 성별뿐 아니라 부속이나 민족성, 사회 계층, 직업, 종교도 함께 결정되었다. 따라서 사람들은 일반적으로 규범을 수용하고 역할에 부여된 가치를 내면화하여 스스로를 발견하고 자신의 역할에 전념하면서 정체성을 형성해 왔다. 이를 '성실성'이라 정의할 수 있는데, 라이오넬 트릴링Lionel Trilling에 따르면 성실성이란 성실한 역할 수행을 바탕으로 정체성 확립을 가능하게 하는 정신적, 사회적 기준이다. 흔히 가족이 바로 그러한 성실성을 만드는 가장 핵심적 사회 단위였다. 이후 개인의 주체성이 커지면서 정체성은 더이상 태어날 때부터 대부분 정해지는 것이 아니라 찾는 것이 되었다.

현재의 진정성은 사람들 간 개인적 상호 작용에서 중요한 역할을 하며, 이를 위해서 참여자 개인들은 모두 같은 장소에 있어야 한다(Moeller & D'Ambrosio, 2021/2022: 22~26). 지금의 대중은 디지털 미디어를 매개로 '같은 장소'에 머무른다. 소셜 미디어 공간에 동시적/비동시적으로 접속해 공동체를 형성하기도 하고 타인의 공감을 통해 자신의 정체성을 형성해 나간다. 소셜 미디어를 통해 자신을 드러내고, 타인의 공감률은 데이터로 중계된다. 진정성은 타인과의 관계로 형성된 정체성을 미디어를 통해 전시하고 드러내야만 획득할 수 있는 시대가 되었다.

이러한 사회 변화는 텔레비전 프로그램 콘텐츠에도 그대로 반영되었고, 리얼리티 프로그램에서 가장 명확하게 재현하고 있다. 방송사에서 제작하는 리얼리티 프로그램은 '진정성'을 획득할 수 있는 다양한 방법을 모색하였다. 특히 여러 미디어 플랫폼을 끊임없이 이동하는 이용자를 만나기 위해 디지털 미디어 플랫폼에 유통할 수 있는 이용자의 관심을 끌기 위한 프로그램 포맷을 고민하였다.

포맷 측면에서 보자면, 리얼리티 프로그램은 '진정성'을 드러내기 위한 다양한 장치와 콘텐츠 구성 방식을 활용하는데, 다큐멘터리와 드라마적 요소가 혼합된 형식으로서의 리얼리티 예능의 특징이 존재한다. '사실성'과 '현장성' 중계는 사회자와 패널이 수행한다. 출연자의 일상생활과 시청자의 이해를 돕기 위한 재현 장면, 출연자들을 대상화시키는 카메라의 시선 등은 몰입감을 주기에 충분하다.

이후 스튜디오 밖의 촬영과 편집이 가능해지면서, 일종의 카메라를 통한 관찰 방식이 자연스럽게 촬영할 수 있게 되었다. 가족 관계, 연애 관계 등 그동안 사적이고 쉽게 이야기할 수 없었던 상황이 중계가 되었다. 프로그램에 반드시 등장하는 출연자들의 자기 고백으로 인한 진짜 같은 '구성된 리얼리티'는 시청자에게 보는 즐거움과 몰입을 주었다.

리얼리티 프로그램은 세부 장르에 따라 차이가 있지만, 대체적으로 연출의 개입을 최소화하고 고정 카메라로 일상을 관찰하는 형식을 지녔으며, 내레이션이나 스튜디오에서 패널들 간의 대화를 통해 시청자의 심정을 대변하거나 공감을 줄 수 있다. 여러 대의 카메라를 설치해 현장의 상황을 촬영하지만, 놓칠 수도 있는 부분은 자막으로 해결하며, 스튜디오 패널들 간의 이야기는 시청자의 심정을 대변하기도 한다. 이러한 패널들 간의 대화는 즉각적인 비평의 역할을 하게 되고, 시청자는 빠른 피드백을 보여 주는 리얼리티 프로그램을 선호하게 된다. 스튜디오 패널과 시청자의 능동적 참여가 프로그램에 반영된다는 점, 그리고 출연자들 간의 치열한 경쟁은 예측 불가능한 스토리를 구성하는 데 필수 요소가 되었다.

한국에서 리얼리티 프로그램의 상업적 성공을 알린 포맷은 오디션이다. 〈슈퍼스타K〉, 〈K팝 스타〉, 〈프로듀스 101〉 시리즈 등 많은 오디션 프로그램이 제작되고 있다. 한류 문화산업에서 K팝이 부상하면서, 국내의 리얼리티 프로그램은 음악 오디션 포맷을 가진 프로그램이 꾸준히 제작되었다. K팝이라는 음악적 대중성과 함께 음악 오디션 프로그램이 갖는 대중성과 감동 코드는 높은 시청률을 보장했기 때문이다. 최종 우승자를 선발하는 과정에서 시청자들이 느끼는 긴장감은 특히 엔터테인먼트 분야에서 더 강력하다는 점도 제작의 이유가 되었다.

음악 오디션 프로그램은 스타의 탄생을 지켜보는 즐거움을 시청자에게 제공했고, 자신이 지지하는 후보와 운명 공동체가 되는 경험을 주었다. 〈프로듀스 101〉과 같이 아이돌 연습생의 경쟁을 보여 주는 프로그램도 큰 인기를 끌었다. 101명의 후보가 한 무대에서 결승을 펼치는 모습은 또 다른 스펙터클을 시청자에게 전달했다. 이후 채널 간 경쟁도 심화되면서, K팝 중심의 오디션에서 국악, 트로트, 밴드 음악 등 장르는 점차 더 특화되어 제작되기도 했다.

오디션 프로그램은 출연자들이 보여 주는 경쟁, 인터뷰 과정에서의 독백, 지원자들 간의 관계, 합숙 생활 등으로 현장성을 더욱 강화시킨다. 이러한 특성 때문에 팬덤을 빠르게 형성할 수 있었다. 생방송 오디션 프로그램은 시청자들의 문자 투표가 최종 우승자를 결정하는 데 중요한 역할을 한다. 하지만 2019년에 방송된 엠넷의 아이돌 오디션 프로그램 〈프로듀스×101〉은 팬들에 의해 생방송 투표 조작 논란이 있었고, 재판 결과 사실로 밝혀졌다. 시청자들은 오디션 프로그램 제작 방식의 공정성을 요구하기 시작했다. '공정한 경쟁'을 기대했던 대중은 제작사의 불투명한 개표 방식을 비판했다. 투명한 정보 공개를 요구했지만, 2019년 방송뿐 아니라 이전 시즌도 투표 결과가 조작된 것으로 밝혀졌지만, 이미 시즌 우승자들은 그룹으로 데뷔를 하거나 가수 활동을 하고 있는 상황이었다. 팬들은 오류를 바로잡기를 원했지만, 결과를 뒤집기는 쉽지 않았다. 결국 대중은 오디션 프로그램을 신뢰하기 어려워졌고, 자연스럽게 아이돌 오디션 프로그램에 대한 관심은 줄어들었다. 이후 오디션 프로그램에 대한 관심을 많이 줄어들었다. 장르, 실험적 음악, 가수의 진정성, 데뷔 경험이 있는 가수들의 경쟁 등 음악 오디션 프로그램에 참여 가능한 자격 기준도 복잡해졌다.

최근에는 리얼리티 프로그램 제작 소재가 가족 관계나 자기 관리와 자기계발 등으로 이동하였다. 오디션 프로그램이 나와 같은 평범한 지원자들을 걱정하고 염려하는 정서적 평등주의가 작동되었다면, 현재는 커플 매칭 과정에서 출연자들은 감정 교류를 중요하게 생각한다. 특히 출연자들이 연애 감정을 나누거나 커플이 되는 과정을 보여 주는 프로그램이 큰 인기를 끌고 있다.

존 피스크와 존 하틀리John Hartley는 텔레비전 리얼리티 프로그램 속 경쟁 양식이 뚜렷한 특징을 지닌다고 설명한다(Fiske & Hartley, 2003: 113~126). 사회 행동에 대한 의식화ritualization와 평가evaluation를 내포한다는 것이다. 또한 그 모두는 불확실성uncertainty을 이용하고 해결하는 것을 통해 소구한다. 시청자는 평가자나 심판자의 위치에 놓이게 되고, 의자에 편히 앉아 그 경연을 평가할 수 있게 된다. 텔레비전에서 재현되는 경쟁은 다양한 오락 양식의 구조가 되며 승리의 중요성에 관한 지배 이데올로기 전파자로서 기능하게 된다고 설명한다(Goodwin & Whannel, 1990/1995: 133~134).

최근 연애 리얼리티가 많이 제작되고 있지만, 감정의 중계는 가족 리얼리티 프로그램에서부터 시작되었다. MBC 〈아빠 어디가〉와 KBS 〈슈퍼맨이 돌아왔다〉 등은 육아의 어려움과 부모의 자격에 대한 '사적인 감정'을 전시해 인기를 끌었다. 동시에 유명인들의 삶을 보여 주는 공간과 그들의 삶의 토대는 누구나 쉽게 얻을 수 있는 수준의 '부'는 아니었다. 유사한 육아 프로그램이 반복되자 시청자는 상대적 박탈감을 토로하는 일이 늘어났다. 유명인의 육아와 결혼 생활의 전시는 이 프로그램의 수용자들이 스스로 랜선 이모와 삼촌으로 자처하게끔 만들고, 대리 만족하는 대중을 양산했다. 사회적 경쟁이 고도화되고, 경기 불황이 지속되면서, 한국 사회에서 '누구나' 수행해야만 하는 사회적 의례로서의 결혼과 육아는 (비자발적/자발적) 이제 '선택'이 되었다. 코로나 팬데믹을 거치면서, 개인이 스스로 만들고 찾아야만 하는 주체성은 나와 타인과의 관계로서 연애의 선택과 연애에 대한 인식도 바뀌게 되었다. 자기 성취를 보여 주는 리얼리티 프로그램은 내가 직접 실천할 수 없을지라도 대리 만족을 할 수 있고, 출연자들의 결정을 지지하는 연애 대리 만족이 중요한 인기 요인이 되었다.

장루이 미시카Jean-Louis Missika(2006)는 《텔레비전의 종말*La fin de la television*》에서 텔레비전의 변화를 팔레오·네오·포스트텔레비전으로 구분해 설명한다. 팔레오텔레비전은 방송인과 시청자라는 관계를 명확히 하고 정부의 목소리를 전달하는 데 주요 목적이 있었다. 이후 네오텔레비전은 과거 수동적인 시청자에서 적극적인 개인을 드러내는 단계가 되었다. 즉 절망적 개인주의에 맞서는 적극적 개인주의가 주요 내용이 되었다. 이 시기 텔레비전에는 여러 문제를 가진 개인들이 출연하며, 절망하는 모습과 그 문제를 해결하는 모습을 보여 주었다. 이 시기 초점을 두었던 것은 사회적 유대 관계 회복이었다고 설명한다. 현재의 시기를 대표하는 포스트텔레비전 단계에서는 '리얼리티 프로그램'을 통해 텔레비전의 심각한 모순을 해결한다. 무인도에서 지내거나 주택에 몇 주일씩 감금되어 생활하는 출연자들은 그냥 일반인이지만 텔레비전을 시청하는 시청자와 프로그램 출연자 모두에게 '자기 성취'를 주도하는 매개체로서 역할을 하게 되었다. 사실 이러한 프로그램의 목적은 여러 명의 후보자 중 단 한 명만을 무명에서 벗어나게 하는데, 텔레비전에 출연자와 시청자의 구분이 흐려지자 또 다른 성격의 불평등이 형성된다. 결국 또 다른 방식의 '통과의례'를 통해 사회의 화합이나 재결합보다는 '제거'에 중점을 둔다는 것이다. 그리고 제거의 수단으로 많이 활용되는 것이 바로 '선정성'이다.[23]

엔터테인먼트 분야에서 전문적 능력을 인정받은 사람들이 아닌 '평범한 사람'의 삶을 조명하는 점도 리얼리티 프로그램의

23 해외 프로그램의 경우 여러 명의 지원자 중 한 명이 살아남는 과정을 보여 주기 위해 카메라는 더욱 사적인 장소까지 들어간다. 텔레비전 속의 그들은 울부짖거나, 물건을 집어던지고, 욕설을 퍼부으며 타인과의 공동 생활을 힘들어한다(Missika, 2006/2007).

구성 요소다. 무명의 누군가가 스타가 될 수 있다는 점과 리얼리티 프로그램 경쟁자들의 운명이 '평범한' 시청자들의 결정에 달려 있다는 점은 기존의 예능 프로그램과는 큰 차이점이다. 출연자들의 평범함은 각자의 캐릭터와 감정적 동요를 집요하게 편집한 '갈등 과정' 묘사를 통해 자극적이고 논쟁적 이슈로 전환된다. 일례로 엠넷에서 방송된 다양한 음악 오디션 프로그램은 이른바 '악마의 편집'이라는 방식을 매번 활용해 왔다. 감정을 직접적으로 표출하는 출연자에 집중해 대중의 비판을 유도한다. 출연자에 대한 반감, 오디션 심사 기준에 대한 반감, 비현실적으로 완벽한 우승자의 모습 등은 다양한 출연자의 캐릭터와 이야기를 부정적인 여론으로 변형할 요소를 제공하기도 한다.

이러한 음악 오디션 프로그램의 인기 요인은 연애 리얼리티 프로그램에도 그대로 적용된다. 연애 리얼리티 프로그램 역시 최종 커플이 되는 과정이 갖는 긴장이 음악 오디션 프로그램의 최종 우승자 발표와 다르지 않다. 또한 오디션 프로그램은 출연자들의 실력이 중요한 판단 기준이지만, 연애 리얼리티 프로그램은 출연자들의 외모가 가장 눈에 띄는 경쟁 요소이며, 그 기준에 따라 감정 변화를 따라가는 방식으로 편집한다. 높은 사회적 관심을 이끌어 낸 넷플릭스의 연애 리얼리티 프로그램 〈솔로지옥〉(2021)은 '선정성' 요소를 적극적으로 활용했다. 무인도에 갇힌 남녀 9명은 커플이 되어야만 섬을 빠져나갈 수 있다. 제작진은 출연자들의 감정적 갈등뿐 아니라 신체 자본에 대한 대중의 관심을 받을 수 있는 영상 편집을 적극적으로 활용했다.

윤태진(2011)은 미디어가 재현하는 실재는 '사실의 총합'이 아니라고 설명한다. 수용자가 머릿속에 구성하는 실재 역시 객관적이고 중립적인 그래서 시간과 공간을 초월하는 과학적 실재가 아니라는 것이다. 그런데도 시청자는 뉴스를 통해 객관적 실재를 관찰한다고 믿고, 리얼리티 프로그램의 즉흥적 사건들을 목격하면서 즐거운 실재감을 느낀다. 리얼리티 프로그램의 리얼리티는 객관적으로 존재하는 외부적 실재라기보다 '리얼리티적 요소'를 적절하게 배치함으로써 시청자가 상호 주관적으로 구성하게 되는 실재감이라는 것이다. 최은경과 김승현(2010)은 리얼리티 프로그램이 리얼하지 않다는 점에 실망하면서도 일정 수준의 허구를 갈망하는 시청자의 이중적 쾌락 구조가 존재한다고 설명한다. 1940년대부터 리얼리티 프로그램이 시대별 이슈와 미디어 기술의 변화를 적극적으로 활용해 지금까지 제작될 수 있었던 것은 '대본이 없는,' '즉흥적 감정'을 표출하는 상황의 스펙터클이 시청자와 이용자들의 관심을 끄는 역할을 하기 때문이다.[24]

24 텔레비전이라는 미디어의 특성이 리얼리티 프로그램에 시청자가 더 관심 갖게 만드는 요소가 된다. 텔레비전은 영상, 편집, 음악 등 다양한 장치를 통해서 특정한 양식들을 사실적인 것으로 시청자들이 믿고 받아들이게 하고, 역으로 시청자들은 실제적으로 인식하려 노력하며, 타협한다. 프로그램 생산자와 수용자 사이에서 상존하는 이런 관계는 그 인과관계가 현실에 있든 없든 관계없이 어떤 사건이 일어나는 개연성을 실제와 가깝게 보여 준다는 점에서 주류 영상물이 추구하는 리얼리즘의 좋은 예가 된다(이헌율, 2015).

4. 정상성으로 회귀하는 연애 리얼리티

정서적 친밀감과 관계 지향

한국의 리얼리티 프로그램은 출연자들의 '관계성'을 오랫동안 다뤄 왔다. 서구의 리얼리티 프로그램이 자기계발과 경쟁을 강조했던 것에 비해, 가족주의 이데올로기와 집단주의적 정서가 강한 한국의 리얼리티 프로그램은 유사 가족 구성을 활용하여 정서적 친밀감과 관계 지향적 주체를 생산해 왔다(김수정, 2011). 서구의 리얼리티 프로그램이 경제성과 상업성의 논리에 주목했다면, 한국의 방송에서는 공영성과 사회 기여라는 자의식이 상당히 강하게 작용한다. 서구의 리얼리티 프로그램에서는 관음성의 기제가 강조되지만 한국의 정서적 구조에서는 오히려 동일시와 공감이 강조된다. 그런데도 국내에서 제작되는 리얼리티 프로그램 역시, 일상성과 보통의 이야기를 다룬다는 이유로 일반인의 참여가 상업성 제고를 위한 수단으로 끊임없이 재창출, 재활용된다는 점은 변함이 없다(김예란 · 박주연, 2006).

리얼리티 프로그램 제작 초기에는 드라마나 스튜디오 예능에 익숙한 시청자들의 관심을 끌기 위해 유명 연예인의 출연이 필수적이었다. 유명 연예인의 자발적 상품화self-commodification(Andrejevic, 2004)를 통해 시청자에게 유명인 가족의 사생활을 엿보는 즐거움을 제공하였고, 그 결과는 성공적이었다. 유명 연예인의 가족 관계를 볼 수 있는 대표적 리얼리티 프로그램으로는 현재까지도 방송하는 〈슈퍼맨이 돌아왔다〉를 들 수 있다. 이 프로그램은 유사한 형태의 프로그램을 양산하는 데 중요한 역할을 했다. 결혼과 출산, 육아 과정, 부모의 역할 등 개인적이자 사회적 이슈를 리얼리티 프로그램을 통해 사회적 관심을 끄는 데 성공했다. 이후 SBS의 〈동상이몽〉, 〈미운 우리 새끼〉 등이 제작되면서 유명 연예인의 가족 관계나 일상생활을 볼 수 있는 관찰 예능은 계속 제작되고 있다. 이러한 프로그램의 특징은 혈연관계인 가족이 등장한다는 점이다. 게다가 출연자들의 관계 자체와 거주 공간을 공개하는 구성은 자연스러움을 느끼게 한다. 이희승(2011)은 수용자 연구를 통해 수용자들이 리얼리티 프로그램을 진짜 현실로 받아들이지는 않는다고 본다. 더 나아가 김미라(2011)는 수용자들이 믿는 구성된 실재가 '인지된 진정성perceived authenticity'에 가깝다고 본다. 즉 리얼리티 프로그램이 구성하는 실재는 재현된 세계의 '그럴듯함verisimilitude'이라기보다는 우리가 속한 이 세계의 현실을 반영하는 진실한 이야기라는 주관적 믿음, 즉 '진정성authenticity'에 가깝다는 것이다(홍석경, 2011).

시청자/대중이 느끼는 리얼리티의 '진정성'은 미디어 환경이 변화하면서 소셜 미디어에 기록된 정보를 통해 사회적 평판을 추출하고, 리얼리티 프로그램 출연자들의 인성이나 실제의 삶의 태도를 평가하는 방식으로 이어진다. 이들은 미디어 출연을 통해 얻게 되는 '주목도,' '경제적 가치로서의 평판'을 평가하고 비판하는 것에도 적극적이다. 출연자들의 성공은 시청자/대중의 믿음이 기반이 된다고 생각하기 때문이다. 그들이 출연자들과 쌓는 신뢰는 리얼리티 프로그램의 제작 기술에서 더 구체화된다.

리얼리티 프로그램의 중요한 전략 중 하나인 미디어 속 과도한 클로즈업은 시청자가 직접 그 현장에서 바라보는 것과 같은

'친밀감'을 형성하게 만든다. 하지만 데렉 부세Derek Bousé(2003)는 카메라 렌즈를 통해서 형성되는 이러한 친밀감은 '거짓의 친밀감false intimacy'이라고 설명한다. 과도하게 클로즈업되는 미디어의 재현 방식은 미디어 속 재현되는 이미지의 한 측면만을 주목하게 만들기 때문이다.

하지만 소셜 미디어를 통해 지속적으로 연결되는 '디지털 관계성'도 영향을 미치면서, 리얼리티 프로그램 특히 감정적 몰입을 이끌어 내는 출연자들의 감정 표출 등이 중요한 소재가 되는 연애 리얼리티는 '거짓의 친밀감'이라는 논의로만 설명하기 어려운 측면이 있다. 쿨드리(Couldry, 2003)의 설명처럼, 리얼리티 프로그램은 오늘날 사회 현실을 가시화하는 대표적 창구이자, 외모 치장이나 인테리어, 섭식이나 인간관계에 대한 조언과 지도를 담아내는 미디어 의례 공간media ritual domain이기 때문이다.

2010년대는 리얼리티에 등장하는 인물/사건은 과거의 제작 방식보다 더 개별화되고 세분화되기 시작했다. 특히, 가족의 존속과 필요성을 강조하는 리얼리티 프로그램이 주목받았다. 결혼, 육아, 부모의 역할론 등을 다루는 리얼리티 프로그램 제작 비율이 증가했다. 물론 기존에도 가족 관계를 보여 주고 그들이 거주하는 집이라는 공간을 대상으로 프로그램이 제작되기는 했다. 하지만 대부분 유명인의 삶을 주목하는, 사전에 조율된 '예측 가능한 이야기'였다. 2000년대 후반 소셜 미디어 플랫폼이 대중화되고 국내 시청자의 미디어 환경이 달라지면서, 리얼리티를 이해하는 방식은 바뀌게 된다. 유튜브 등의 플랫폼에서는 누구나 채널을 운영할 수 있고, 특별하지 않은 일상적 이야기가 중계되면서 텔레비전보다 유튜브 플랫폼을 통해 타인의 일상을 다룬 콘텐츠를 소비하는 것이 보편적 방식이 되었다. 대중은 시청자에서 소셜 미디어 이용자와 구독자가 되었다. 소셜 미디어 이용자가 늘어나면서 방송 프로그램의 트렌드는 소셜 미디어의 인기 소재를 선별해 제작하는 방식으로 변화했다. 기존의 방송 제작 방식으로는 이용자의 눈높이를 맞추기 어려워졌기 때문이다.

유명인의 생활이나 일반인의 생활 모두 리얼리티 프로그램으로 제작된다. 가족 관계 중심의 리얼리티 프로그램에서 나타나는 관음적 시선에 대한 비판도 있지만, 유명인 가족의 사생활을 볼 기회를 멈추지는 못했다. 방송으로 일상을 공개하는 연예인 출연자들은 더 많이 노출할수록 더 높은 인지도를 얻게 되었고, 출연자나 시청자 모두 리얼리티 프로그램을 통해 자신을 '돌아보는 기회'로 인식하게 되었다. 리얼리티 프로그램은 일상에 대한 전반적 '감시적 시선'(이희은, 2014)을 당연한 것으로 인식하게 만들었다. 이러한 감시적 시선은 리얼리티 프로그램의 인기를 유지하는 요소로 작용하는데, 프로그램 속 출연자와 제작진에 대한 감시, 방송 프로그램이 끝난 이후의 소셜 미디어를 통해 생산되는 정보에 대한 감시까지 계속 이어진다. 그리고 이러한 감시는 문제적 시선이 아닌 취향과 즐거움을 주는 사회적 '관람'과 '호응'으로 탈바꿈한다.

텔레비전이 구현하는 리얼리티는 시청자에게 가장 사적인 삶의 공간 내에서도 외부의 감시와 명령에 복종하도록 만들 수 있는 힘을 지녔다. 애나 매카시Anna McCarthy(2007)는 텔레비전을 잔혹함의 체계로 보면서 리얼리티 프로그램은 오락성과 자기계발을 함께 강조하고, 시민 담론 생산에 큰 영향을 준다고 설명한다. 리얼리티 프로그램이 여전히 강세인 것은 자신의 일상을 공개하고 노출하는 이유가 바로 자기계발과 성장이라는 점이다. 이러한 자기계발과 성장이라는 키워드는 한국의 방송 프로그램이 추구하는 공영성·사회 기여(김예란·박주연, 2006)와 만나면서, 리얼리티 프로그램 속 메시지로 재현된다.

리얼리티 프로그램 출연자는 — 유명인이든 일반인이든 상관없이 — 집이라는 공간에 제작진이 설치한 카메라뿐 아니라 이동 중에도 스스로 카메라를 들고 자신의 모습을 촬영한다. 유튜브의 브이로그처럼 내가 이동하는 과정을 그대로 재현할 수 있는 모든 시선을 촬영하기 위해 애쓴다. 이러한 수고로움은 출연자의 진정성으로 인식되고, 시청자는 그러한 진정성에 감동하게 된다.

이처럼 리얼리티 프로그램을 통해, 우리 모두가 개인 정보를 자발적으로 공개하는 데 익숙해졌다는 것을 확인할 수 있다. 리얼리티 프로그램뿐 아니라 소셜 미디어 등을 통해 자신의 삶을 공유하고 타인의 삶을 관람하는 일이 자연스러워졌다. 리얼리티 프로그램 속 제작진이 설치한 카메라를 통해 화면 속 촬영 공간의 모든 것을 보고 있다는 '신화'에 빠졌던 것처럼, 소셜 미디어 플랫폼은 일상의 모든 것을 촬영해 공유하게 만들었고, 방송 리얼리티 프로그램의 한 장면과 큰 차이가 없는 것으로 받아들이게 만들었다.

이러한 변화는 리얼리티 프로그램에서도 그대로 드러난다. 한국에서 제작된 리얼리티 프로그램에서도 2010년대 중반까지는 유명인 중심의 가족을 다룬 프로그램을 제작하던 방식에서 더욱 개인화되고 일상적인 생활을 보여 주는 프로그램이 늘어나기 때문이다. 한국의 리얼리티 프로그램에서 출연자를 재현하는 방식이 달라진 데는 우리 사회의 다층적 변화가 반영되었기 때문이다. 2000년대 초반부터 제작된 리얼리티 프로그램은 시청자들의 라이프스타일과 가치관의 변화를 빠르게 반영하였다.

2000년대 중반부터 대중화된 소셜 미디어 서비스 시작, 2016년 촛불집회와 미투 운동의 확산 과정에서 소셜 미디어 플랫폼의 역할, 2016년 넷플릭스의 한국 서비스 시작으로 나타난 미디어 시장의 경쟁 심화와 이용자의 미디어 이용 방식의 변화, 2020년 코로나19의 확산으로 미디어 중심의 커뮤니케이션 등 사회 구조의 변화는 이용자들의 인식과 미디어 이용 방식 등에 영향을 미쳤다. 소셜 미디어를 통해 다양한 사람들의 삶을 관람할 수 있게 되었고, 댓글 등의 방식을 통해 즉각적 피드백을 받게 되면서, 그 현장감과 현실감은 더욱 강화되었다.

시청자의 관심을 끌기 위해서는 변화하는 시청자의 취향에 맞춰 리얼리티 프로그램도 변화해야 했다. 유명인이 아닌 일반인이 출연하는 리얼리티를 제작하기 시작했지만, 출연자들은 이미 온라인에서 팬덤이 있거나 높은 인지도를 획득한 인플루언서인 경우도 많았다. 출연자는 이미 카메라 앞에서 자신의 삶을 노출하는 것에는 익숙하다. 그럼에도 리얼리티 프로그램의 진정성 논쟁은 매번 소환된다.

하지만 리얼리티 프로그램 시청자가 느끼는 그럴듯함의 진정성이 구성된 현실이든, 진짜 현실이든 그것을 구분하는 일은 이제 큰 의미가 없다. 리얼리티 프로그램을 찍는 생산자도 프로그램의 출연자로서 프로그램에 노출되며, 출연자의 선택 그리고 그 선택이 갖는 의미는 프로그램이 종영된다고 끝나지 않기 때문이다. 출연자들은 소셜 미디어 등을 통해 제작진에게 지속적으로 관심받을 수 있고, 방송 종영 후 인기를 지속할 수단이 되기도 한다.

소셜 미디어의 일상화로 일반인들의 '자기 이야기-하기'는 한편으로는 무의미한 쓰레기처럼 흔한 이야기로 인식되거나, 과거에는 불가능했던 보통 사람들의 발언voice으로 여겨지기도 한다. 소셜 미디어에 노출될수록 얻는 부정적 영향은 커진다는 진단이 많지만, 코로나19 이후 소셜 미디어에 머무는 시간은 불가피하게 늘어났다. 소셜 미디어의 매개로 인해 나의 사적인 정보는 나의 정체성을 구성하는 공적인 정보로 작동되는 상황에 놓인다. 유튜브나 소셜 미디어를 통해 많은 사람의 관심을 받는 인플루언서나 유튜버의 일상은 사적이지만 공적인 정보로 소비된다. 타인의 일상을 소비하고 공유하며 반응하는 브이로그 형태로 생산·소비되고, 방송에서는 리얼리티 프로그램을 통해 이러한 대중적 관심이 반영되었다. 코로나19로 인해 현실 관계의 단절이 오랜 시간 지속되면서, 미디어를 통해 타인의 삶을 관찰하고 반응하는 것은 일상이 되었다. 또한 현실 관계에서 필연적으로 겪어야 하는 갈등과 고민, 시간의 소비 등은 직접 체험하기 '싫은' 과정이 되었다. 미디어 속 관계를 시청하던 '내가' 출연자가 된 것 같은 대중적 인정을 받는 과정, 출연자들이 느끼는 감정을 '관람하기'를 선택하고 있다.

개인의 일상을 공유하는 것의 인기만큼, 전 세계의 다양한 콘텐츠를 편리하게 소비할 수 있는 OTT 플랫폼의 대중적 보급도 연애 리얼리티 제작에 영향을 미쳤다. 플랫폼별 경쟁이 심화되면서, 플랫폼 역시 안정적 결과를 얻는 장르를 원했다.

방송통신위원회의 〈2022 방송매체 이용행태조사〉 보고서에 따르면, OTT 서비스 이용률은 2021년 69.5%에 비해 2022년에는 72%로 증가한 것으로 나타났다. 하루 평균 1시간 29분 사용하고 있으며, 가장 선호하는 채널은 유튜브(66.1%), 넷플릭스(31.5%), 티빙(7.8%) 웨이브(6.1%)로 나타났다. OTT로 주로 시청하는 프로그램 유형은 오락·연예(67.2%)가 가장 많았고, 그다음으로 드라마(49.6%), 뉴스(31.4%), 스포츠(22.9%), 시사·교양(21.8%)이었다. 방송 프로그램 유통에 OTT의 역할이 커졌으며, 오락과 연예 프로그램을 시청하는 비중도 높다는 것을 알 수 있다.

연애 프로그램은 끊어서 봐도 콘텐츠를 이해하는 데 무리가 없고, 연애라는 감정적 대리 만족을 할 수 있다. 2016년 한국 서비스를 시작한 넷플릭스는 국내 방송 프로그램에서는 제작하기 어려운 수위로 제작한 연애 리얼리티 프로그램 〈솔로지옥〉(2021)으로 이용자의 관심을 끌었고, 이어 〈솔로지옥 2〉를 2022년에 서비스했다. 〈킹덤〉, 〈스위트 홈〉, 〈오징어 게임〉 등의 드라마로 가입자들의 시선을 끌었던 콘텐츠 구성 전략은 리얼리티 프로그램으로도 옮겨 갔다. 이미 양질의 다큐멘터리를 서비스하면서, 다큐멘터리 장르 평이 좋았던 부분도 시청자의 관심을 끄는 데 영향을 미쳤다.[25]

25 이후 국내 OTT가 제작하는 연애 프로그램도 늘어났고, 2022년 9월 영화 및 비디오물의 진흥에 관한 법률 가정안이 통과되면서 OTT의 자체 등급 분류가 가능해

특히, 2022년은 '연애 리얼리티의 해'라고 표현할 만큼 국내 방송사와 OTT 플랫폼은 연애 리얼리티 제작에 공을 들였다. 2021년 제작된 연애 프로그램의 시즌제를 포함해 2022년은 더 많은 연애 프로그램이 제작되었고, 큰 인기를 끌었다. 연애, 결혼, 재혼, 첫사랑, 성소수자의 연애 등 출연자들의 다양한 정체성을 볼 수 있었다. 넷플릭스의 〈솔로지옥 2〉, MBN의 〈돌싱글즈〉, 티빙의 〈환승 연애〉, 〈러브 캐처 인 서울〉, SBS 플러스의 〈나는 솔로〉, SBS의 〈펫미픽미〉, 카카오TV의 〈체인지 데이즈〉, 〈좋아하면 울리는〉, 쿠팡플레이의 〈사내 연애〉, 웨이브의 〈메리 퀴어〉, 〈남의 연애〉, MBC 에브리원의 〈다시 첫사랑〉, jtbc의 〈결혼에 진심〉, KBS의 〈이별도 리콜이 되나요〉 등이 방송되었다. 이렇게 연애 리얼리티 프로그램에 대한 이용자들의 관심이 높아지자, 경쟁도 치열해지면서, 연애 리얼리티 프로그램 속 출연자의 특성을 통해 차별화를 계속 시도하면서 제작되고 있다.

연애 리얼리티: 관계성, 파트너십, 팬덤

연애 리얼리티 프로그램은 〈솔로지옥〉 등을 통해 갑자기 인기를 얻은 것은 아니다. 이미 오래전부터 '남'의 연애를 다루는 프로그램은 꾸준히 제작되어 왔다. 〈사랑의 스튜디오〉(1994~2001)부터, 〈동거동락〉(2001), 〈천생연분〉(2002), 〈산장미팅 — 장미의 전

졌다. CJ ENM의 OTT 티빙은 KT 스튜디오 지니의 OTT 시즌을 인수 합병했다. 이렇게 국내외 OTT 경쟁이 치열해지면서, 드라마, 영화뿐 아니라 스포츠, 예능 프로그램도 경쟁력을 유지하는 데 중요한 역할을 하고 있다.

표 2 국내 제작 연애 리얼리티 프로그램

채널	프로그램	내용
SBS	짝 (2011~2014)	2010년 신년 특집 3부작 다큐멘터리로 기획되었다가, 2011년 정규 편성되었다. 6~7명의 독신 남성, 5명의 독신 여성이 일정한 기간 동안 애정촌에서 지낸다. 남자 1호, 2호, 여자 1호, 2호와 같은 호칭으로 생활하며 짝을 찾는다. 남자 출연자 수를 더 많게 해서, 경쟁으로 긴장감을 주었다. 2014년 여성 출연자의 사망으로 프로그램이 종영되었다.
	잔혹하고 아름다운 연애 도시 (2017)	헝가리의 부다페스트에서 이별을 경험한 일반인 남녀 4쌍, 총 8명이 1주일간 같은 숙소에서 생활하면서 여러 방식으로 데이트를 하며 서로의 마음을 알아가는 방식의 프로그램이다.
	나는 솔로 (2021~)	〈짝〉을 연출한 PD가 합류한 연애 리얼리티 프로그램이다. 〈짝〉과 마찬가지로 출연자들은 본명이 아닌 가명으로 불린다. 출연자들의 생활 과정을 스튜디오에서 3인의 연예인들이 함께 시청하며 얘기한다. 데이트 상대는 남녀 참가자의 지망대로 짝지어 주지만, 호감 상대가 정해진 후에 한 번 이상 랜덤 데이트를 한다. 이를 통해 의외의 발견이나 긴장 관계가 연출되기도 한다.
KBS	이별도 리콜이 되나요? (2022~2023)	이별을 후회하는 남녀가 과거의 연인을 소환해 다시 만날 가능성을 타진하는 프로그램으로 스튜디오에서는 연예인 출연자들이 만남을 지켜보며 얘기한다.
채널A	하트 시그널 (2017~)	시그널 하우스에서 남녀 출연자들이 함께 지내며 커플을 이루는 형식이다. 연애 리얼리티의 대중적 관심을 이끌어 냈다. 시즌 1 당시 출연자들의 외모와 스펙 등이 크게 화재가 되었으며, OST, 촬영 장소, 촬영 기법 등 높은 완성도로 인기를 얻었다.
MBN	돌싱글즈 (2021~2023)	이혼을 경험한 싱글들을 커플 매칭하는 프로그램으로, 이를 보며 스튜디오에서 연예인들이 이야기한다.
tvN	각자의 본능대로 (2022)	남녀 동성 친구들이 함께 여행을 떠나 짝을 찾는 프로그램이다. 우정과 사랑 중 하나를 선택해야 한다. 2022년에 시즌 1과 2를 방송했다.
	스킵 (2022~2023)	MC 유재석, 전소민, 넉살이 주선하는 4:4 소개팅 프로그램으로 한 시즌만 방송되었다.
ENA PLAY와 디스커버리 채널 코리아	스트레인저 (2020)	SBS 〈짝〉을 연출한 PD가 런칭한 프로그램으로 〈짝〉의 리메이크 버전이라 불린다. 12명의 남녀가 함께 거주하며 커플이 되기 위한 미션을 수행하고 마지막 날 최종 선택을 한다.
	극한연애 XL (2021)	5박 6일 동안 식량은 물론이고 물도, 불도 없는 '극한연애 ZONE'에서 남녀 11명이 함께 지내며 서로의 본성을 드러내고 사랑을 찾는다는 콘셉트다.

채널	프로그램	내용
카카오TV	체인지 데이즈 (2021~2022)	연애를 지속할지 고민하는 네 커플이 함께 여행을 떠난다. 서로 커플을 바꿔 데이트한다. 2주 뒤에 자신의 짝을 그대로 유지할지, 다른 사람을 선택할지 결정해야 한다.
채널S	나대지 마 심장아 (2022)	'남사친'과 '여사친'이 가능한지, 우정과 사랑을 두고 고민하는 콘셉트의 연애 리얼리티 프로그램이다.
웨이브	홀 인 러브 (2021)	골프를 좋아하는 여섯 명의 남녀가 5일 동안 합숙하며 골프를 매개로 커플이 되기 위해 노력한다. 코로나19 시기에 골프가 대중적 관심을 끌었지만, 연애 리얼리티로는 큰 주목을 받지 못했다.
	남의 연애 시즌 1, 2(퀴어) (2022~2023)	퀴어 연애 리얼리티 프로그램으로 국내 방송에서 다루기 어려웠던 성소수자의 출연과 연애를 보여 준 최초의 프로그램이다. MC는 없고, 출연자 8명이 7박 8일 동안 '남의 하우스'에서 지내는 생활을 보여 준다.
	메리 퀴어 (2022)	LGBT 커플의 로맨스를 담은 연애 프로그램으로 게이 커플, 트랜스젠더 커플, 레즈비언 커플이 등장해 자신들의 일상을 보여 준다. 성소수자들의 자연스러운 일상을 보여 주었다.
	잠만 자는 사이 (2022)	저녁 6시부터 새벽 6시까지 지내면서 처음 만난 남녀가 서로를 알아간다는 설정으로 제작되었다.
	에덴 (2022)	에덴하우스에서 5박 6일 동안 함께 지내며 커플 매칭을 하는 프로그램이다.
넷플릭스	솔로지옥 시즌 1~2 (2021~2023)	시즌 1은 넷플릭스에서 제작한다는 것만으로도 화제가 되었다. 무인도에서 남녀 출연자가 커플이 되어야만 섬을 탈출할 수 있는 콘셉트로 제작되었지만, 한국에서 제작해 왔던 커플 매칭 프로그램과 큰 차이가 없다. 시즌 1은 한국 예능 프로그램 최초로 넷플릭스 글로벌 순위 10위 안에 진입했다.
티빙	환승 연애 (2021~2022)	다양한 이유로 이별한 사람들이 모여 함께 생활하며 새로운 사랑을 찾아간다는 구성으로 2022년 시즌 2까지 방송되었다. 헤어진 연인과 함께 출연해 다른 사랑을 찾아간다는 것이 차별점이다. 출연자의 과거와 현재의 연애를 함께 볼 수 있다는 구성으로 큰 호응을 얻었다.
	러브 캐처 (2018~2022)	사랑을 목적으로 참여한 사람과 돈을 목적으로 참여한 사람을 구분하는 것이 특징이다. 남녀 10인이 8일간의 합숙을 통해 최종 결정을 하는 구성으로 추리 게임의 성격도 갖는다.

쟁〉(2003), 〈리얼 로망스 연애편지〉(2006) 등 이른바 '스타 짝짓기 프로그램'은 연예인의 일상적 모습을 볼 수 있다는 이유만으로도 큰 인기를 끌었다.

이후 2011년 유명인이 아닌 일반인의 연애 관계를 보여 준 SBS 〈짝〉(2011~2014)이 등장하면서 연애 리얼리티 프로그램은 변화를 맞이하였다. 〈짝〉 이전에도 연애를 소재로 하는 예능 프로그램들이 있었지만, 리얼리티 프로그램이라고 보긴 어려웠다. 프로그램에서 보여 주는 남녀 간의 탐색전은 대부분 스튜디오 안에서 촬영되었고, 일반인들의 특징보다 유명인들이 가진 역량을 보여 주는 데 집중했기 때문이다. 〈우리 결혼했어요〉(2012~2017) 역시 출연자들 간의 감정적 진실에 대중의 호기심을 유발하는 데 성공했지만, 드라마와 같은 상황을 '연기'하는 것에서 크게 벗어나지 못했다. 이처럼 기존에는 유명인이나 연예인이 출연해, 일반인 출연자가 아닌 대중에게 자신의 매력을 보여 주곤 했다. 하지만 〈짝〉의 경우, 일반인이 주인공이라는 차별점을 갖는다(정덕현, 2022. 8. 13). 따라서 본격적인 일반인 출연자의 리얼한 연애담을 보여 주었던 리얼리티 프로그램의 시작은 〈짝〉이라고 볼 수 있다. 방송 시작부터 큰 주목을 받았던 〈짝〉은 일반인 출연자가 방송으로 자신의 얼굴을 노출한다는 것, 제작진이 어떤 부분을 더 고려해야 하는가를 깨닫게 한 프로그램이기도 하다. 인기 하락이 아닌 불미스러운 일로 방송이 종영되었기 때문이다(김홍균, 2014. 3. 9).

그럼에도 연애 리얼리티 프로그램은 꾸준히 제작되고 있다. 각본과 전문 배우가 없이도 제작할 수 있다는 점, 해외에 프로그램을 수출하는 데 큰 문화적 차이를 고려하지 않아도 된다는 점,

그리고 SNS에 자신을 노출하는 데 익숙한 시청자의 관심을 고려했을 때 연애 리얼리티 프로그램은 제작진에게 여전히 매력적인 프로그램 장르다.

연애 리얼리티의 2030 시청층의 유입과 대중적 성공을 이끌어 낸 프로그램은 2017년 방송을 시작한 채널A의 〈하트 시그널〉이라 볼 수 있다. 드라마 OST를 듣는 것처럼 출연자들이 머무는 공간에 어울리는 분위기 있는 음악, 출연자들이 만나는 공간의 분위기, 세심한 편집 등 완성도 높은 결과를 추구한 만큼 인기를 끌었고, 현재까지도 시즌제로 제작되고 있다. 이후 2020년부터 본격적으로 연애 리얼리티 프로그램 제작이 늘어났다. 넷플릭스의 연애 리얼리티 〈솔로지옥〉도 화제가 되었다. 2022년에는 〈환승 연애 2〉와 〈체인지 데이즈〉가 큰 인기를 끌었다. 〈환승 연애 2〉는 인기에 힘입어 방송 마지막 회를 극장에서 진행자들과 시청자들이 함께 관람하는 이벤트를 진행하기도 했다(이기범, 2022. 10. 28).

리얼리티 프로그램 속 출연자들의 감정 전시를 따라가다 보면 우리가 간과하기 쉬운 면이 존재한다. 연애 감정을 다루는 리얼리티의 경우, 제한된 조건, 대중적 공감을 이끌어 낼 수 있는 조건을 내세우면서 출연자를 더욱 까다롭게 선택한다. 조건을 갖춘 사람들만이 연애 오디션에 참여할 수 있다. 대중적 관심을 받는 리얼리티 프로그램의 경쟁 분야가 계속 변화한 것이다. 이는 신자유주의 시대에 적합한 주체로서의 개인 조건을 유추할 수 있다. 리얼리티 프로그램의 속성, 최소한의 대본으로 프로그램을 만들 수 있는 이유는, 현실의 연애에서 고려해야만 하는 경제적 조건, 학력 자본, 가족 관계 등의 문제는 존재하는 않는 것이다. 제작진이 정한 프레임 안에 드는 사람들만을 선별했기 때문이다. 출연자들의 직업, 학력, 외모, 경제적 수입 등은 사회에서 연애를 할 수 있는 조건에 부합하는 사람들만으로 조합된 연애 서바이벌이기 때문에 시청자들도 출연자들도 감정에만 집중할 수 있다. 또한 연애 리얼리티가 계속 제작될 수 있는 이유는 감정 서바이벌을 관람하고 지지하는 팬들이 타인의 연애를 통해 대리 만족을 하기 때문이다. 또한 이렇게 연애 리얼리티 프로그램 제작이 늘어나는 이유 역시 연애가 스펙화되고 있기 때문이다. 연애 스펙화는 연애 경험이 경력이 되고 개인의 캐릭터와 능력을 평가하는 데도 중요한 기준이 되게 만들었다. 이제는 개인의 자질까지 '능력' 평가 기준으로 보고 있으며, 연애 경험의 유무와 횟수는 타인과 비교하는 중요한 기준이 된다(김정영 · 이성민 · 이소은, 2014; 전인화, 2020).

리얼리티 프로그램이 인기를 끌었던 요인 중 하나는 '누구나 참여할 수 있다'는 점이다. 그러나 연애 리얼리티의 감정 경쟁은 일정한 조건을 갖춘 사람들만이 가능한 오디션처럼 출연 조건이 더욱 까다로워지고 있다. 출연자를 규정하는 사회적 기준을 모두 전시해야만 서바이벌에 참여할 자격이 주어진다. 이렇게 구성된 조건에 맞는 출연자들이 보여 주는 선택은 출연자 개인의 정체성을 드러내는 데 중요한 근거로 작동한다. 앞서 살펴보았듯이, 개인의 주체성이 갖는 의미가 커지면서, 주체성은 개인이 만들고 찾아야 하는 것이 되었고, 사회적 조건으로서의 직업을 두고 경쟁하는 것이 아니라 더 본질적인 감정을 경쟁한다. 감정 오디션에서 최종 우승자가 되는 것은 완벽한 주체적 개인이 되는 것으로 받아들여지기 때문이다.

로라 그린드스태프Laura Grindstaff와 수잔 머레이Susan Murray는 리얼리티 프로그램들은 비연예인non-actor 참여자를 통해 실제성을 담보한다고 이야기한다. 물론, 이들이 가진 일반성은 리얼리티 프로그램에 맞는 특정한branded 것이기 때문에 이에 적합한 일반인, 즉 비전문적이지만 진정한authentic 감정에 충실할 수 있는 출연자를 찾는 캐스팅이 가장 중요하다고 여겨진다(이헌률, 2015 재인용). 이러한 상황은 연애 리얼리티 프로그램이 넘쳐나는 지금의 시기에, 성공과 실패를 결정하는 중요한 요소가 되고 있다. 최근에는 어떤 스펙을 가진 일반인이 출연하는가, 그리고 그들의 연애에 대한 태도는 진정성을 지니고 있는가는 매우 중요하다. 시청자들은 음악 오디션의 투표처럼, 연애 리얼리티에 출연한 사람들의 스펙을 평가하고, 그들의 관계성에 대한 진정성을 감시한다. 프로그램이 끝나고 난 이후에도 소셜 미디어를 통해 올라오는 정보를 계속 확인하고, 누가 누구와 연애를 하는지, 어떤 일상을 살아가는지, 마치 연예인의 팬처럼 행동한다. 시청자들이 프로그램 속 출연자들에게 큰 매력을 느끼며 연애도 오디션처럼 사회에서 인정받을 수 있는 스펙을 가진 사람들만이 할 수 있는 활동으로 인식하기 때문이다. 따라서 시청자들은 결혼과 출산, 이혼과 같은 현실적인 복잡한 문제를 직면하는 방법보다 연애 과정, 감정 등을 대리 만족하고 살펴보는 것에 더 의미를 두고 있다. 실제 연애 경험보다 연애에 필요한 정보를 수집하고 타인의 연애를 관찰하고 간섭하는 재미를 선택하는 것이다.

미디어 속에서는 고백하고 거절하고, 서로 마음이 맞아 커플이 되기도 하지만, 청년 세대의 연애와 결혼에 대한 생각은 긍정적이지 않다. 한국여성정책연구원의 2020년 조사 결과에서도 청년 세대가 어떤 생각을 하는지를 짐작할 수 있다. 〈청년 관점의 '젠더 갈등' 진단과 포용 국가를 위한 정책적 대응 방안 연구〉에 따르면, 19~34세의 비혼 청년 인구[26] 중 3분의 1만 현재 연애 중이라고 답했으며, 전체의 20.3%는 한 번도 연애를 해 본 적이 없다고 답했다. 현재 연애를 하지 않는다고 답한 사람 중 앞으로도 연애할 의향이 없다는 응답이 21.4%였다. 연애할 의향이 없다는 응답자 중 그 이유의 1위는 '돈, 시간, 감정적 소모가 싫어서'였다.

실제로 비혼을 이야기하는 청년 세대는 자신이 연애하기보다 미디어 속 타인의 연애담을 즐겨보는 것으로 알려져 있다. 그 이유는 시간과 비용을 들여 연애하기보다 리얼리티 출연자들의 연애를 통해 대리 만족을 하는 방식을 선택하기 때문이다. 라이프스타일은 다변화되고 있지만, 사회적 시선은 여전히 결혼과 출산을 중요하게 판단한다. 연애 리얼리티가 대중적 인기를 끄는 이유를 여기서 찾을 수 있다. 정상성의 범주 안에 포함되어야 한다는 강박 관념은 연애 리얼리티 프로그램을 통해 학습되고 있다.

결국 타인의 연애를 관찰하는 관음적 시선이 갖는 중독성, 출연자들의 감정과 일상을 통해 느끼는 '주관적 친밀감,' 현실의 연애 고민에 대한 대안 찾기 등은 리얼리티 프로그램의 시청을

26 조사에 참여한 응답자는 2,400명이다.

통해 느끼는 즐거움으로 치환된다. 공감과 대안을 찾을 수 있을 것 같은 연애 기술은 리얼리티 프로그램의 보이지 않는 대본, 출연 기준, 가족 관계의 복잡성과 현실적 문제가 생략된 로맨스물로 귀결된다.[27]

통계청의 조사 결과에서도 결혼이 필수라고 답하는 응답률은 해마다 줄어들고 있다. 이러한 사회 변화를 반영하기도 하고, 다른 세대의 관심사를 공유할 수 있는 역할을 하는 것이 바로 리얼리티 프로그램이다. 세대 간, 성별, 결혼에 대한 인식, 연애 스타일, 육아 스타일 등 논쟁이 될 수 있는 상황을 구체적으로 보여 주는 것이 리얼리티 프로그램이며, 결국 시청자들은 설정이 아닌 '진짜' 상황인지, 매번 궁금해하며 시청하게 된다. 그리고 진짜의 진정성은 상업적이고 자극적 이야기로 재현된다. 〈고딩엄빠〉(MBN), 〈결혼보다 동거〉(채널A), 〈남의 연애〉(웨이브)[28] 등 사회에서 터부시해 왔던 10대의 출산, 결혼 제도의 무용론, 이성애가 아닌 LGBT 이야기[29] 등이 소재로 선택되고 있다. 하지만 소재의 파

27 〈환승 연애 2〉 팬들이 함께 최종회를 관람할 수 있는 이유가 바로 여기에 있다.

28 제작진은 2022년 왓챠에서 방송된 드라마 〈시맨틱 에러〉를 통해 퀴어 프로그램에 대한 수요가 있음을 확인했다고 설명한다. 〈시맨틱 에러〉는 저수리 작가의 BL 웹소설로 대중적 인기를 얻은 작품이다. 이 내용을 기반으로 왓챠에서 드라마〈시맨틱 에러〉가 제작되었고, 드라마도 인기를 끌었다(이경은, 2022. 8. 24).

29 물론 LGBT 이슈는 우리 사회에서 수용할 수 있는 범위 내에서의 연애를 다룬다. 그중에서도 BL(boys love)은 웹툰, 웹소설, 팬픽 등 다양한 콘텐츠로 생산되고 있다. 그 외에 스타나 TV 프로그램, 영화, 소설, 만화, 음악 따위의 대중문화 작품들의 팬들이 창작한 픽션을 팬픽fan fiction이라 하는데, K팝 팬들이 아이돌 가수들을 주인공으로 창작해 쓰는 글로, 아이돌 팬픽은 아이돌 팬덤 문화로 자리 잡았다.

격성에 비해, 이러한 프로그램이 사회 제도와 공감을 이끌어 낼 '공론장public spheres' 역할까지는 다다르지 못했다.

코로나19 시기에 인간관계와 감정 교류에 어려움을 겪었고, 소셜 미디어 중심의 디지털 미디어 환경에 있는 대중은 타인의 삶에 공감하면서도 심판자 역할을 수행하고 있다. 그러기에 시청자가 리얼리티 프로그램에 관심을 갖는 것은 당연한 결과일지도 모른다.

연애 리얼리티 프로그램은 시청자의 다양한 기호를 겨냥해 연령대도 넓혔고, LGBT의 연애, 결혼하지 않고 동거를 하는 커플, '남사친'과 '여사친'에 대한 감정, 전 연인을 다시 만나게 하는 설정을 보여 주는 등 연애를 보여 주는 출연자들의 특징은 더욱 다양해지고 있다. 현실의 연애보다 미디어 속 연애는 여전히 핫한 이슈로 언론에서, 소셜 미디어에서 얘기되고 있다.

제니퍼 실바Jennifer Silva는 신자유주의적 정책들이 사회적 안전망을 파괴한 탓에 장기적으로 삶을 전망하는 일이 불가능해졌다고 설명한다. 청년들은 안정된 기반 없이 서로에게 헌신하지만 결국 파국을 면치 못한 사람들을 목격했고, 불완전 고용, 장애, 질병, 약물, 알코올 중독 등으로 가족이 헤어진 경험도 했다. 결국 그들에게는 고립이 유일한 선택지로 남게 된다. 따라서 모르는 타인과 관계를 형성하고 감정적 소비 혹은 무모한 몰입을 해야 하는 연애를 하기보다는 오히려 타인의 연애를 통해 정보를 수집하고 대리 만족을 하는 것이 오히려 더 나은 선택이라고 생각했을 것이다.

5. 리얼리티: 생애 주기를 재현하는 자기계발서

자기계발의 시대: 리얼리티라는 교재의 부상

시장 경쟁 체제에서 살아남으려는 사회적 개인은 경제 논리의 사회적 요구를 인식하고 자기계발에 힘쓴다. 경쟁에서 살아남으려면 지치지 않는 정신, 스스로 동기를 부여하기 위한 자기 열정과 긍정이 필요하다. 경쟁의 논리를 개인이 내면화하고 스스로 비교 우위를 차지하고자 할 때 자기계발서는 더욱 각광받는다. 이러한 현상은 특정한 능력이나 자격이 요구되는 현실을 반영한다. 시대와 현실 상황이 개인에게 요구하는 특정 능력과 기술이 자기계발서를 구성하는 것이다(임지영, 2017: 330).

최근 리얼리티 프로그램은 가족의 관계성보다는 개인의 감정과 인간관계를 보여 주는 연애 리얼리티 프로그램에 대한 관심이 높아졌고, 이후 제작 증가로 이어졌다. 보통 사람들의 삶을 주목했던 리얼리티 프로그램은 '일상성'과 '현실성'을 프로그램에 담기 위해 노력했고, 그동안 다이어트, 육아 관리, 연애와 인간관계, 취업과 성공 등 삶의 생애 주기에 주목해 왔다. 인간의 생애 주기는 세분화되고 각각의 주제들은 프로그램으로 제작되었다. 그 과정에서 참가자들의 생각과 행동과 감정은 대상화되고 관찰되며 시청자들의 피드백, 팬심까지 반영된다. 리얼리티 프로그램은 스튜디오의 관찰자들과 시청자의 반응이 함께 효과를 발생시키는데, 매번 가장 효율적 전략과 방법이 제시되는 것으로 마무리된다. 이러한 구성은 시청자에게 주체적이고 참여적인 시민성을 학습하게 하기보다 신자유주의가 요구하는 주체를 형성하게 만든다. 이미 많은 연구에서도 리얼리티 장르 자체가 자기 통치의 테크놀로지로서 작동하며 신자유주의 통치에 기여하고 있다고 진단했다(Couldrt, 2011; 김수정, 2010; 이희은, 2011). 현재 한국 사회에서는 연애 리얼리티를 통해 자기 통치의 내면화의 수행성을 나타내고 있다.

리얼리티 프로그램은 참가한 일반인이 전시하는 행위 주체인지 감시의 대상인지 모호한 위치를 갖게 만든다. 시청자 역시 전시 행위를 구경하는 관객인지 출연자의 일거수일투족을 놓치지 않으려는 감시자인지 모호한 위치에 놓이게 만든다. 리얼리티 프로그램은 출연자와 시청자 모두 다중 역할을 수행하게 만든다(Ticknell & Raghuram, 2002). 카메라 시각은 출연자의 모든 것을 따라다니고 시청자에게 전달되는데 기존의 현실을 기록하고 재구성하는 사실 장르가 아닌 구성된 현재를 만들어 내기 때문에 다큐멘터리와는 확연한 차이를 가진다. 리얼리티 프로그램 속 캐릭터들이 보여 주는 관계성에 대해서는 오랫동안 '실제를 재현하는 것'이 아닌 '실재를 연기'(Corner, 2002: 268)하는 것이란 시각도 오랫동안 설득력을 얻어 왔다.

최근 제작이 증가하는 연애 리얼리티가 관심을 받는 것만큼 다른 장르도 유사한 주제의 내용이 제작되고 있다. 드라마 장르가 대표적인데, "현시점에 먹고 살기도 퍽퍽한데, 누가 누굴 책임지느냐"를 표방하며 방영되었던 MBC 드라마 〈연애는 귀찮지만 외로운 건 싫어!〉(2020)는 대중의 정서를 반영한 제목이다. 연애가 감정 노동으로 치부되면서 오랫동안 스테레오타입화된 청년 세대의 연애에 대한 인식도 달라졌고 이를 반영한 드라마도 지난

몇 년간 많이 제작되었다(윤석진, 2014).[30]

리얼리티 프로그램을 시청하는 이유는 끊임없이 자기를 돌아볼 여지를 제공하기 때문이다.[31] 레이먼드 윌리엄스는 정서 구조를 통해 사회를 관찰할 것은 제안하는데, 현재 연애 리얼리티 프로그램을 분석하는 데에도 중요한 틀을 제공한다. 윌리엄스는 '정서 구조'를 '녹아 있는 사회적 경험'으로 정의한다. 레이먼드 윌리엄스의 정서 구조는 '여기, 지금, 살아 있는, 능동적인, 그리고 주관적'인 경험, 즉 사적인 것으로서 경험되는 사회적인 것에 대한 인식이라는 것이다. 그리고 정서 구조는 현재 진행 중이기 때문에 아직 사회적인 것으로 명료하게 인지되거나 분류되지 못하고 개인적이고 특이한 것으로 느껴지는 특정 시대 또는 세대적

30 지난 몇 년 동안 제작된 드라마와 영화 속 청년 세대의 삶은 실업 탈출, 직장 생활, 소비 생활 등 연애와 사랑에 집중하지 않아도 성립할 수 있는 관계들이 우위를 차지하곤 한다.

31 이러한 시청자의 관심을 반영해 제작한 대표적 프로그램이 솔루션 프로그램이다. 방송에서는 시청자들의 관심사에 따라 삶의 길라잡이가 되는 인물을 주목해 왔다. 일례로 반려 가족이 증가하면서 반려 동물과 함께 살아가는 방법을 알려주는 강형욱 훈련사가 주목을 받았고, 코로나 팬데믹으로 삶을 이해하고 미래를 설계하는 데 어려움을 겪는 사람들이 늘면서 오은영 박사와의 상담이 큰 인기를 끌었다. 반려동물에 대한 상담은 〈세상에 나쁜 개는 없다〉, 〈개는 훌륭하다〉, 〈고독한 훈련사〉 등을 통해 현실적 이야기를 전달해 주었다. 〈우리 아이가 달라졌어요〉, 〈요즘 육아 금쪽 같은 내새끼〉 등을 통해 부모와 자녀의 관계를 바로잡아 주던 오은영 박사의 상담 프로그램은 코로나 팬데믹을 거치면서 모두의 삶을 잡아 주는 프로그램이 되었다. 〈오은영의 금쪽 상담소〉, 〈오은영 리포트 — 결혼지옥〉에서는 연예인도 일반인도 모두 조언이 필요한 상담 신청자가 되어 방송에 출연하고, 시청자들에게도 자신을 돌아보는 계기가 되었다.

정서 체계를 이해하기 위한 문화적 가설이라는 것이다(Williams, 1977; 김수정, 2011: 41 재인용).

리얼리티 프로그램, 특히 연애 리얼리티 제작이 늘어나는 데는 지금 세대의 정서적 구조를 살펴봐야 한다. 즉 연애 리얼리티가 대중 자신을 스스로 돌아보게 하는 주제가 되었기 때문이다. 육아 예능에서 느꼈던 상대적 박탈감이 랜선 이모와 삼촌으로 관계를 재구성했던 것처럼, 연애 예능 시청자들이 느끼는 상대적 박탈감은 최종 우승자를 지지하는 팬심으로 이동한다. 연애와 결혼이라는 키워드는 인종, 성별, 나이와 상관없이 관심을 가질 수 있는 주제이기도 하며, 리얼리티 프로그램 속 연애는 현실의 연애 문제를 건너뛰기 때문에 시청자들은 감정에만 집중한다는 착시 효과를 경험하게 한다. 이러한 착시는 나와 비슷한 감정을 느끼는 사람들을 찾게 했다. 드라마 팬들이 마지막 회를 극장에서 단체 관람하듯, 높은 인기를 끌었던 〈환승 연애 2〉는 스튜디오 진행자들과 팬들이 극장에서 최종화를 함께 관람하는 이벤트를 진행했다. 이 이벤트에는 지원자만 1만 명이 넘은 것으로 알려졌다(최민지, 2022. 10. 30). 최종 커플이 누가 되는지 공개되기 전, 결과를 함께 관람하며, 극적 긴장감을 함께 공유하는 즐거움은 리얼리티 프로그램의 시즌제 정착을 예고하기도 했다.[32]

미리 설정된 상황에 일반인들을 노출시켜 '진짜' 반응을 촬

32 최근 인기를 끄는 연애 리얼리티 프로그램 중 SBS 〈나는 솔로〉는 다양한 인간 군상을 볼 수 있다는 점에서 다큐멘터리이며, 〈환승 연애〉는 출연자들 간의 감정선을 따라가기 좋은 스토리를 가진 멜로드라마 같다는 평이 지배적이다(최민지, 2022. 10. 30).

영했던 〈몰래 카메라〉는 준비된 설정에 포착된 속아 넘어가는 시민들의 놀라는 반응이 재미 요소였다. 보통 사람들이 출연한다는 설정의 리얼리티 프로그램은 출연자의 일상생활이 중요한 콘텐츠가 되기 때문에 자신의 일상, 감정, 생각 등 모든 것을 공개한다는 암묵적 약속이 전제된다. 그리고 이러한 특징은 '어디까지 노출할 수 있을 것인가'라는 선정성에 대한 윤리적 잣대가 중요하던 시기를 거쳐, '어떠한 사회적 공감을 이끌어 낼 수 있는가'로 변화하였다.

한때는 민낯을 공개하거나 집안 내부, 주변 지인 등을 공개하는 것이 '솔직함'과 '진정성'으로 인식되었다. 유명 연예인들이 출연했던 리얼리티 프로그램은 여러 대의 카메라가 동시에 촬영을 하고, 자막을 통해 현장감을 전달하기도 하며, 제작진의 노출 등을 통해 기존과의 차별점을 나타내고자 했다. 하지만 미디어 생태계의 빠른 변화와 이용자들의 라이프스타일이 변화하면서, 여러 명의 출연자가 보여 주는 관계성이나 공익적 주제 등은 점차 흥미를 잃어 가기 시작했다. 취업, 결혼, 출산 등의 문제가 점차 필수가 아닌 것으로 인식되면서 리얼리티 프로그램은 최종 1인을 선별하는 오디션 프로그램으로 이동하였다. 그리고 자신의 노력만으로 최종 1인이 되기도 어려운 시대가 된 지금은 완벽에 가까운 스펙을 가진 출연자들의 연애와 결혼 관련 선택을 관람하는 것이 리얼리티의 중요한 소재가 되었다. 여기에 OTT 플랫폼의 등장으로 채널 간 경쟁이 더욱 심화되면서, 연애 리얼리티의 표현 수위나 출연자들의 특성도 달라졌다. 1인 가구의 증가, 취준생의 증가, 결혼 연령대의 변화 등 사회 구조의 변화, 코로나 팬데믹으로 인한 커뮤니케이션 방식의 변화가 리얼리티 프로그램에 빠르게 반영되고 있다. 대중문화에서 '공정성'을 갈망하고 점수제와 같은 숫자주의로 공정성을 표상하는 방식은 현재의 '나'를 규정하는 데 중요하다. 평등을 갈망하는 대중의 정서 구조가 대중문화의 영역에서 표출된 것으로 '정서적 평등주의affective egalitarianism'(김수정, 2011)가 중요하게 작동했다. 하지만 지금은 개인의 성품이나 캐릭터, 연애 경험도 스펙이 되는 사회에서 공정성과 평등주의보다는 우위를 점하기 위한 정보 수집에 더 많은 관심을 갖는 시대가 되었다. 그리고 연애 스펙 쌓기의 중요한 교재로 연애 리얼리티가 활용되고 있다. 연애 리얼리티 출연자들은 노력만으로는 획득하기 어려운 학력과 신체 자본의 수유자들 그리고 이러한 문화자본을 갈망하는 수많은 구독자를 거느린 사람들이다. 지금 우리는 스펙을 쌓기 위해 고군분투하는 출연자들의 감정 경쟁과 연애 과정을 통해 조언하고 지지하면서 결혼이라는 '정상성'에 대한 암묵적 지지를 하고 있는 것이다.

5장

텔레비전이 보여 주는 인종의 풍경

이기형 황경아

1. 텔레비전이 '인종'과 '이주'라는 주제와 만날 때

지난 20여 년간 한국의 텔레비전과 유튜브 플랫폼이 구현하는 집합적 풍경 속에, 재현의 다양화와 비중이 확연하게 커진 사안으로 인종과 이주 및 다문화와 관련된 상당히 다채로운 콘텐츠의 등장을 들 수 있다. 텔레비전과 유튜브나 OTT 플랫폼을 가로지르며 상당히 다양한 국적과 인종적 정체성 및 이주의 경험을 가진 이들이 등장하는 다큐멘터리와 토크 쇼, 관찰 예능과 오락물, 교양 콘텐츠 등을 접할 수 있다. 이제 한국어를 유창하게 구사하거나 한국의 문화와 역사에 관해 상당한 이해와 앎을 가진 외국인의 모습을 앞서 언급한 영역에서 어렵지 않게 접하게 된다.

그런 측면을 고려할 때, 과거 명절 특집에서 외국인들이 한국어로 노래하고 장기자랑을 하던 일회성 이벤트의 구성이나 이들을 그런 신기한 객체 정도로 구현하던 전형성과 이질감은 이미 먼 과거의 유적이라 할 만하다. 한편 최근 들어서는 한국의 문물과 음식을 처음 접하는 외국인들이 출연하고, 자신들이 체득한 경험과 즐거움이 깃든 발견을 소소하게 엮어 내는 유형의 프로그램들도 부상하고 있다. 즉 '친근한 타자'들의 이미지를 변주하며, '이방인의 시선'으로 발굴하는 한국 사회의 '낯선' 일상도 — 주로 우호적이면서 가볍게 구현된 방식이지만 — 현시점에서 수용자의 관심을 꽤 끌고 있다.

텔레비전을 포함한 대중문화와 유튜브 등으로 구현되는 거시적인 문화 환경 속에서 외국인은 부쩍 낯익고, 종종 한국인과 대화하고 교류할 만한 인간적인 면모와 친밀감이 녹아든 담화를 이어 내면서 확장된 존재감을 발휘한다. 나아가 한층 증가한 이방인들의 활동상은 대화와 인정의 필요성에서 문화적 차이와 경계를 넘어서는 친숙함과 접근성의 효과를 적지 않게 생성하기도 한다. 이 같은 사례들은 명백하게 텔레비전과 대중문화가 제시하는 다문화의 다채로운 현황과 문화 간 만남 및 교섭의 정경을 풍부하게 보여 준다.

돌아보면 비록 허구적 상상의 산물이라 해도, '단일 민족 국가'나 '순혈주의'에서 '피부색 쇄국주의'와 같은 단면을 오랜 기간 공고하게 유지했던 한국 사회에서 다양한 집단의 외국인과 '이산인diasporic subjects이 미디어에 등장하며, 상대적으로 활발한 문화적 교류를 발휘하는 사례들은 그간에 크게 변모한 우리 사회의 외국인에 대한 과거보다 개방적 인식을 함축하기도 한다. 요컨대 그러한 양상은 다문화주의와 관련된 한국 사회의 변화상과 상당 부분 연동되며, '탈지역화'와 '세계화' 그리고 문화 간 보다 진해진 상호 작용이라는 공고한 흐름이 텔레비전의 '생산 문화'와도 명백히 결합하고 있음을 시사해 준다(권금상, 2013; 김태영 · 윤태진, 2016; 김초희 · 김도연, 2019; 박진선 · 김새봄, 2016; 손희정, 2015; 심훈, 2013; 이경숙, 2006; 이상길 · 안지현, 2007; 이인희 · 황경아, 2013; 주혜연 · 노광우, 2013; 조진희, 2017; 홍지아, 2010; 홍지아 · 김훈순, 2010).

이 장에서는 문화연구의 문제의식을 기반으로 관찰 예능에서 교양과 지식 관련 프로그램이 드러내는 다문화주의와 인종의 재현과 관련된 주목할 주제와 함의를 조명하고자 한다. 특히 텔레비전이 활용하는 일군의 관찰 예능이나 교양 콘텐츠에서 외국인과 이주자가 어떻게 '의미화'되며, 어떤 관점과 방식으로 그려지는지를 인종과 문화적 차이를 둘러싼 '재현'의 특성과 명암을 중심으로 상세하게 풀어내고자 한다. 이런 진단은 문화 콘텐츠를 주요 대상으로 인종적 · 문화적 타자와 한국인이 맺는 상징적 관계성에서 우리 사회에서 일견 낯익지만, 여전히 만만치 않은 쟁점을 생성하는 '다문화주의'의 초상과 명암을 주의 깊게 탐구할 만한 기회를 제공한다. 아울러 주요 프로그램의 사례들을 중심으로 그런 작업이 매개하는 공적 · 교육적 효과와 맥락적 함의를 풀어낼 것이다.

2. 텔레비전이 구성하는 다문화와 다인종의 정경

'다문화의 경관'을 다면적으로 풀이하기

인도계 미국인 인류학자인 아르준 아파두라이Arjun Appadurai (1996/2004)는 현대성의 확산과 세계화의 영향이 가져온 다면적인 인종 간 교류와 문화적인 섞임 및 상호 작용을 밀도 있는 이론화와 감각적인 탐구로 대응한 학자다.[33] 《고삐 풀린 현대성*Modernity at large: Cultural dimensions of globalization*》이라는 저작에서 그는 다양한 미디어 기술과 초국적인transnational 인적 이동 및 확장된 교류가 새롭게 구현한 거시적 정경은 매우 중요한 — 동시에 주시할 해석적 자원으로서의 — 기반을 구성한다고 설파한다. 그는 다양한 민족과 종족ethnicity이 복합적으로 구현하는 이민과 이동의 현실(에스노스케이프)에서, 일련의 정보화 기술이 탈경계적 효과와 흐름을 축조하는 시대상(테크노스케이프), 지리적 경계와 지역을 넘나들며, 특히 미디어가 일련의 콘텐츠와 재현 작용을 주도하는 다종다기한 정경(미디어스케이프), 경제 활동에서 영역과 역량이 크게 확장된 자본의 강한 역할과 이동성의 풍경(파이낸스케이프), 세계화의 확산 속에서도 여전히 끈질기게 작용하는 민족주의나 애국주의 등의 이념이 발휘하는 집합적 효과(이데오스케이프) 등 다섯 가지의 거시적으로 교차하는 유동적인 경관scape의 개념을 독창적으로 조형한 바 있다.

여기서 경관 혹은 정경은 연구자의 분석적 시선에 포착된 현재 진행형의 동태적인 변화상이자, 물질적이고 사회문화적인 관계성까지도 내포하는 복합적 개념이다. 전술한 새로운 모델이 보여 주는 변화의 역동성과 부문별 특징을 제시하면서, 아파두라

33 현대성 혹은 근대성은 기존의 근대화를 넘어 사회적, 문화적, 정치적으로 탈전통화detraditionalization와 근대적 경험의 도도한 확산과 변화를 집합적으로 지칭하는 표현이다. 달리 말하면, 이는 제도와 조직의 변화와 함께, 문화와 일상에서 형성된 새로운 기류와 경험을 포함한다.

이는 인간 주체와 정보와 이미지, 기술, 자본, 그리고 이데올로기들이 동적인 흐름flow으로 끊임없이 작용하고 교차하면서, 유동적으로 생성하는 동학을 지식 생산이 새로이 주력할 주요 주제로 제기한다. 그는 특히 인종과 이산이 세계화와 탈지역화가 진전된 상황에서 형성하는 사회상과 급진적인 함의를 '에스노스케이프ethnoscape'라는 개념으로 주목한 바 있다. 먼저 이 개념은 다양한 인종과 종족적 정체성을 발현하는 주체와 문화를 함축하는 접두어에, 광범위하게 구축된 정경 혹은 경관을 뜻하는 용어가 결합된 신조어다. 그는 세계화의 영향에 지리적 경계를 넘으며, 통신과 교역 및 이동 등 상호 작용의 증가와 연동하면서, 다양한 인종적·종족적 소속감과 정체성을 가진 이들이 구현하는 변화된 현실과 복합적인 풍경을 고유한 지적 분석의 대상으로 설정해 낸다.

요컨대 그는 인종의 풍경을 함축하는 예시로, 이주와 이민 혹은 망명의 경험을 가진 주체가 모국을 떠나서도 멀리서 유지하며 체화하는 '원거리 민족주의long distance nationalism'의 사례에 주목한다. 즉 그런 경험의 주체는 그(녀)가 정착한 곳에서 다양한 미디어와 문화 콘텐츠를 통해, 자신이 떠나온 고향이나 고국과 같은 '상상의 공동체'로 향하는 공동체적 감정과 민족주의로 수렴되는 열망과 애착을 지속해서 표출하거나 품어낸다. 또한 이런 유형의 모국과 고향을 둘러싼 횡단적인 상상과 얕지 않은 관계성의 구성은 이들이 타국에 정착한 이후에도, 가족 구성원과 자녀들로 이어지면서 전파되고 재생산되기도 한다. 즉 한국계 미국인은 K팝이나 한국산 드라마와 고국에 대한 뉴스와 역사 콘텐츠 등을 접하면서, 미국인으로서의 태도와 취향 외에, '한국적인' 범주나 가치를 익히고, 자신의 '뿌리roots'와 연계된 정체성과 자부심 혹은 열망을 구현하게도 된다. 예시하면 〈파친코〉에서 〈미나리〉와 〈기생충〉 등의 인지도와 완성도가 높은 문화 텍스트가 그런 효과를 매개하는 사례를 관찰하게도 된다. 예컨대 의미와 정서를 일깨우는 다양한 콘텐츠들이 앞서 언급한 상상의 투사와 감정과 기억이 반영된 관계성을 촉진·강화하는 기제로 이주민들의 일상에서 작용하는 측면을 접할 수 있는 것이다(안종수, 2021; 이창호, 2012).[34]

동시에 이러한 현실은 초국적인 변화가 강조되는 시대에 민족주의적 감정과 문화적 의미들이 스러지지 않고, 오히려 끈질기게 존재감을 발현하는 측면과도 맞닿아 있는 '이면'을 함축해 준다. 즉 아파두라이는 확장된 세계화나 탈지역화와 관련된 효과가 민족주의를 크게 약화하거나 해체하기만 하는 것이 아니라, 여전히 공동체주의와 관련된 소속감이나 상상적 결연을 강화하는 측면에 주목한 바 있다. 그는 특히 네트워크화를 추동하는 미디어와 정보 및 문화의 거대하고 가속화된 흐름이 지리적 경계와 국민 국가의 범주를 넘어서 구성한 일련의 현상을 세밀하게 조명하는 방안으로 인종과 미디어의 거시적인 경관을 직시하며 이론화한다. 요컨대 그는 이 개념을 동태적으로 주시할 세계화의 주요

34 물론 한국계 미국인Korean-American이라는 영어 표현의 하이픈hypen이 상징하듯이, 두 사회문화적 정체성이 상당한 혼란이나 양자 간에 쉽게 화해되지 않는 압박과 부담을 발휘하는 사례도 존재한다.

구성적 축으로 강조하며, 이를 미디어가 생성하는 주목할 정경으로 풀어낸다. 즉 전술한 인종과 미디어가 엮어 내는 다양하고 동태적 풍경은 역사적, 문화적, 언어적, 담론적, 물질적 구성 요인으로 복잡하게 이루어졌으며, 기존의 '중심과 주변core and periphery'이나 '서구와 비서구의 이분법과 고정된 인식을 탈피하고, 해체하며, '탈영역화'하는 동력으로 작용한다. 동시에 과거보다 빈번한 인종적 교류와 상호 작용에 기반을 둔 경험과 사유의 형성이 다변화되면서, 오히려 기존의 문화적 소속감의 강화나 특히 인종적 배타주의와 대립이 거세지고 새롭게 보강re-territorialize되는 추세에도 그는 문제의식을 투사한다.

이제 아파두라이가 제시한 논점을 이 장의 주제와 좀 더 구체적으로 연계해 보자. 한국의 텔레비전과 유튜브 플랫폼 등으로 전개되는 영역에서 앞서 거론한 상황들이 특화된 방식으로 발현되고 있다. 예컨대 과거에 비해 훨씬 더 차별화된 국적과 문화적 정체성을 드러내는 이방인이 꾸준히 대중문화의 영역에서 활동하면서 이들이 표출하는 이미지와 가치관, 감각, 지식 등이나 거주국host country인 한국에서 자신들이 익힌 사회문화적 경험과 관점을 전파하는 사례들이 빈번하게 관찰된다. 동시에 그런 위상을 지닌 외국인 출연자들이 비교적 단순한 정보나 사건의 제시를 넘어, 자신이 활용할 수 있는 상업적 이익이나 노출도를 구체적 기회로 삼는 측면도 확연하게 감지가 된다. 특히 예능과 지식 및 교양 콘텐츠에서 이들은 세계화 시대에 가속화된 문화 간 상호 이해와 '진정성'이 깃든 교섭을 상징하는 일종의 대리인이거나, 그런 주제를 '육화'하는 대상으로 문화생산자들에 의

해 '전략적'으로 활용되고 있다.

전술한 콘텐츠들은 '다문화성'이라는 문화적·인종적 유형과 차이를 기조로 한 가치를 추상화의 수준을 넘어서 제공하며, 과거보다 상대적으로 다양한 국적과 인종들이 어울리고 교류하는 방안을 채용한다. 여기에서 매우 다양한 정의와 관점이 경쟁적으로 반영되는 다문화주의나 그로 인해 혼란스럽기까지 한 다문화성을 포괄하여 소개하기는 어렵다. 동시에 대중문화가 발현하는 다문화주의의 '한정적인' 동시에 특화된 정의를 다국적 배경과 인종적 차이를 가진 이들이 내국인 출연자들과 교섭하고 차이와 공감 및 유대를 형성하며, 상징적 상호 작용과 우호적인 관계성을 도모하는 행위와 관련 의미들의 생산으로 논할 수 있어 보인다. 특히 미디어와 플랫폼을 통해 조성되는 다문화의 정경은 이희은 등(2007)이 짚어 내듯이, '전략적' 측면과 현실의 '선택적' 반영을 보여 준다. 요컨대 다문화적인 구성과 설정을 엮어 내는 콘텐츠는 등장인물 간의 조합과 교섭을 일종의 문화적 다양성의 '증표'이자 공존과 교류 가능성의 예시로 구현한다. 이런 의미화의 과정은 생산자가 추구하는 재미와 신선함, 시청률과 화제성, 갈등적이지 않은 주제와 소재로의 접근성 등의 상업적 고려 속에 다문화주의를 대상으로 일정한 윤색과 차별화나 선택적 대응을 녹여 내기도 한다.

단적으로, 대중적 콘텐츠가 드러내는 다문화의 풍경은 주로 무겁지 않은 대담이나 여행과 탐방, 먹방, 오락과 놀이 등이 앞서 논한 콘텐츠들의 주요 뼈대로 활용되면서, 가볍게 시청할 수 있는 기반을 구성하기도 한다. 이 같은 구현 방식은 콘텐츠의 수용자에게 일정한 친근감이나 호기심과 우호적 기대가 배인 정서적 효과를 가져온다. 반면에 대중문화물에 등장하는 이방인이 상당 부분 한국 사회의 특성이나 장점을 예찬하거나, 신기한 대상으로 풀어내는 스토리텔링이 전개되면서, 이들과 연계된 문화적 소통과 교섭이 실제로는 엷거나thin 피상적인 단면도 관찰된다. 그런 측면은 인종과 문화적 차별성의 재현이 상당한 매력과 개방성을 형성하며, 또한 그런 서사의 흐름과 분위기를 상품화하는 기획으로도 파악된다. 요컨대 수용자에게 이방인의 활동은 생활 세계 속에 부쩍 빈번해진 친숙한 이방인이 주는 탈지역화의 효과와 상징성을 매개하며, 비교적 쉬운 해석과 정서적 대응으로 이들이 표출하는 다문화적 선의와 즐거움의 함의 그리고 '지구촌'을 구체화하는 이상화된 상상을 다채롭게 그려 낸다. 반면에 텔레비전과 플랫폼이 인종적 타자를 보여 줄 때, 한국 현실 속에 내장된 다문화 관련 이견과 마찰 혹은 관성과 쟁점 등의 가볍지 않은 사안은 크게 주목받지 못한다. 달리 말하면, 텔레비전이 현재 구현하는 정경은 외국인 출연진과 문화기획자가 상호 의존적으로 구현한 구성물이자, 수용자에게 새로운 포맷과 흥미를 예능의 진화와 확장성을 중심으로 구성해 낸 조직적 기획이라 할 수 있다.

나아가 앞서 서술한 양상은 우리 사회의 내부에서도 이미 친숙하게 부상한 인종의 경관과 관련된 시대적 현황과 함의를 시사해 준다. 텔레비전과 플랫폼은 활발하게 외국인과 이주자를 다양한 콘텐츠에서 기용하면서, 과거와는 상당히 차별화되는 다인종과 다문화의 세계를 활성화하고 있다. 또한 아래서 더 상술하겠지만, 현시점에서 과거 텔레비전에서 흔히 접할 수 있었던 인종적 타자에 관한 '시혜적인' 시선이나 선입견과 편견의 표출과 '동화주의'로의 대상화 등이 일부 약화되고 있으며, 포용적이고 개방적 인식이 부상한 징후도 일정하게 관찰된다. 그런 추세는 인종과 이방인의 재현과 관련된 미디어의 포용성과 상업화된 다양성 그리고 균형성에 관한 보다 정련된 진단과 사유를 요청한다. 이제 관련 사안을 좀 더 복합적으로 조명해 보자.

다문화와 다인종이 등장하는 콘텐츠의 성취와 한계

텔레비전이 한국 사회에서 전개되는 사회문화적 변동이나 인식의 변화를 반영하며, 동시에 그런 추세를 선도하고 매개하는 동력을 고려할 때, 인종과 다문화가 과거보다 큰 폭으로 방송이 제공하는 일련의 콘텐츠에서 반영되는 측면은 어쩌면 당연하다. 단적으로 논할 때, 국가 간 증폭된 교역과 경제 활동에서 유학과 이민이나 이주 노동 등의 사례가 과거보다 몰라보게 늘어나면서, 일상에서 이주민과 외국인을 접하거나 소통과 교류 및 조우하는 경험도 증가하기 때문이다. 한 기사에 따르면, 2020년 기준 한국에 체류하는 외국인의 수는 약 250만 명에 이르며, 전체 인구 대비 외국인이 차지하는 비중은 약 4.9%에 이른다(《한국경제신문》, 2020. 4. 13). 돌아보면 대학의 연구자들도 전술한 상황을 익히 체험하고 있다. 예컨대 강의실에서 중국을 중심으로 아시아 권역에서 유학을 온 학생이나 유럽과 미주에서 내방을 한 교환 학생을 접하는 일도 이제 흔하다. 나아가, 지식과 언론 영역에서 한국 사회 내부의 다문화주의나 관련 이슈는 상당한 관심과 반향을 생성하고 있다.

앞서 거론한 현실과 함께, 한국 사회에서 살아가며 활동하는 다문화의 주체들이 텔레비전에서 과거보다 많이 등장하는 현황도 어렵지 않게 관찰된다. 예를 들면, 〈물 건너온 아빠들〉과 〈어서와~ 한국은 처음이지?〉나 〈대한 외국인〉, 〈서울 메이트〉, 〈벌거벗은 세계사〉, 〈이웃집 찰스〉, 〈70억의 선택〉, 〈케이팝 어학당 — 노랫말싸미〉 등 비교적 최근에 등장한 장르와 구성을 달리하는 일련의 프로그램을 살펴보면, 관련 기획은 과거보다 상대적으로 다양한 국적과 인종을 포함한다. 또한 이들이 출연하는 장르의 성격도 기존의 다큐멘터리를 크게 넘어서 예능과 오락, 교양, 여행, 육아 관련 콘텐츠 등으로 꽤 분화되고 있다. 이와 함께, 그런 콘텐츠에서 외국인 출연자들이 담당하는 역할도 다분히 기능적이거나 장식적 수준을 어느 정도 탈피하고 있다. 특히 비교적 최근까지 텔레비전 영역에서 주로 결혼과 노동 관련해서 이주한 이들을 다루는 연성 다큐멘터리나, 이들의 애환에서 적응의 어려움이나 범죄 등을 다루는 뉴스 콘텐츠가 주기적으로 등장하며 주류를 구성했다면, 현시점에서 그런 관성과 관행이 크게 변화한 징후를 확연하게 대면할 수 있다.

예컨대 과거에 접하던 외국인 대상 프로그램들이 한국 중심적인 시각이나 일종의 가벼운 응시와 거리를 둔 성긴 관찰로 타자로서 외국인의 모습을 정형화하면서 소개했다면, 이들의 변화된 역할이나 다양한 참여를 텔레비전과 플랫폼이라는 사회문화적인 창구window에서 새롭게 접하게 된 지도 꽤 된다. 이와 관련해서 상당한 화제와 함께, 그간에 변화된 인식을 표출하며 jtbc가 방영했던 〈비정상회담〉이 발현한 인종 재현의 특징을 중심으로 관련 논점을 풀어보자. 주지하듯이 이 프로그램은 한국 외부의 — 그간에 벨기에, 가나, 이탈리아, 러시아, 터키, 미국, 캐나다, 일본, 중국, 호주, 인도, 네팔, 브라질, 멕시코 등을 포함한 — 12개 국가를 대표하는 외국인 출연진이 등장해서 주어진 의제를 두고 자유롭게 토론하는 양식을 기조로 삼았다.

먼저 이 콘텐츠에서 이들이 짧지 않은 한국에서의 거주 경력과 체득한 관점을 기반으로 발화하는 방식은 과거에 접하기 어려웠던 발화의 차별성과 재현의 특징을 드러낸다. 관련 예시를 들어보면, 작중에서 이들은 유창한 한국어로 청년의 현실, 정치 제도, 문화, 육아, 일상 관련 다양한 주제를 소화하며, 이런 과정에서 자신들이 한국에 와서 축적한 경험과 한국의 문화적 특성에 관한 이방인으로서의 관점이나 비교 사례도 능동적으로 풀어낸다. 또한 이 프로그램은 주기적으로 문화적 차이와 인종과 성차별이나 혐오와 민족주의를 둘러싼 인식과 갈등에서 혼전 동거나 여성 징병제 등 꽤 '민감한' 이슈와 결부된 토론을 전개한다.

한편 표현 양식의 측면에서, 〈비정상회담〉은 수용자의 흥미를 유발할 만한 자막과 출연진의 개성을 극대화하는 편집 그리고 발랄하면서 효과적인 자막을 집약적으로 활용하면서 시청자들의 접근성과 이해를 돕는다. 예시하면, 〈비정상회담〉은 집단 토크 쇼의 양식에 교양과 예능적 요소를 결합한 구성을 보이며, 주로 남성들로 구성된 외국인 출연자들은 소극적이기보다 능동적으로 자신의 관점과 주장을 풀어낸다. 즉 활발한 이야기꾼으로 이들이 자신의 사회와 한국의 사회문화적 차이에 대해 꽤 진솔하고 논리적인 관점과 경청할 의견을 — 제작진이 표방한 의도에 따르면 '명확하고 색깔 있는' 견해를 — 피력하는 모습을 보인다. 이 프로그램에서 공유하는 주제가 심각한 톤의 담화와 날이 선 공방만을 보이지는 않지만, 외국인 출연자들은 자신의 관점과 주장을 나름대로 펴 나가며, 주로 젊은 층이 관심을 두는 일련의 주제에 관한 소통과 차별성이 반영된 견해를 엮어 내기도 한다. 이렇듯 이 프로그램 속 담화의 흐름은 종종 각자가 발화하는 가치관을 풀어내면서 — 한국 외부의 상황과 사례를 환기하는 방향으로 — 자유분방하고 유쾌하게 진행된다. 즉 이 콘텐츠는 과거에 텔레비전이 방영하던 연성 다큐멘터리 등에서 다분히 거리를 둔 '외부자'로서 한국 상황에 익숙하지 않은 이들의 상황과 이들이 대면하는 문제점이나 적응 등에 주력했던 방식과 꽤 구별된다.

특히 〈비정상회담〉은 KBS의 〈미녀들의 수다〉와 같은 목적성과 한계가 상대적으로 자명한 과거의 동종 프로그램의 구성과도 여러모로 비교된다. 즉 〈미녀들의 수다〉가 두껍지 않은 다문화주의 관련 인식을 채용하고, 다국적으로 선발된 젊은 여성들이 출연해서 한국 사회와 문화에 관한 소감과 자신들의 경험이나 신변잡기를 상대적으로 '얕게' 풀어냈다면, 〈비정상회담〉은 외국인 남녀 출연자를 섞고, 토론과 발화의 측면에서 좀 더 탄력적이고 개방적인 구성을 보인다. 예컨대 '최초의 본격적인 외국인 토크 쇼'로 불렸던 〈미녀들의 수다〉가 인종 간의 이해나 다문화에 대한 개방적인 감수성의 효과를 적극적으로 구현하기보다, 고정관념과 편견 그리고 오해를 재생산한다는 비판에 직면했던 사안도 돌아볼 필요가 있다(김인영 · 박관영 · 이인희, 2009). 이 콘텐츠에서 논의된 주제들이 남녀 간의 차이나 한국의 연애에서 결혼이나 가족 제도에 관한 전형성과 문화적 차이를 유독 강조하며, 한국의 사회문화적 특징에 주력하면서 정형화되고 환원적인 인식을 형성한 측면도 관찰된다.

백선기와 황우섭(2009)은 〈미녀들의 수다〉가 백인 중심으로 설정된 인종의 위계성을 은연중에 적용하며, '남성 우월적인' 시선으로 실질적인 다문화성보다는 상품화된 섹슈얼리티의 부각에 주력하는 측면을 비판한 바 있다.[35] 반면 〈비정상회담〉의 사례에서는 상대적으로 전술한 문제점을 제작진이 유의미한 수준에서 보완해 낸 구성이 관찰된다. 특히 이 프로그램에서 외국인 출연자들은 전형성이나 수동적 기능을 보이는 초대 손님의 역할을 넘어서, 자신들의 관점과 의견을 동적으로 표출한다. 이런 변화는 다소 단순화할 때, 다문화를 바라보는 제작진의 일정한 시선 변화와 함께, 과거 외국인이 출연하던 텔레비전 기획에 대한 비판과 논란을 문화생산자들이 수렴한 결과로도 판단된다.

그런 측면에 주목하면서 한 언론은 〈비정상회담〉이 "꾸며 내지 않은 신선함과 외국인의 시각을 배울 수 있는 새로운 경험을 제공한다는 긍정적인 평가와 반응"을 생성했다는 평가를 준 바

35 이들(2009: 290~291)은 〈미녀들의 수다〉에 대한 기호학적 분석을 실행했다. 이 콘텐츠의 구조를 '내용'과 '형태'로 분류하고, "내용은 '다문화적 내용'과 '문화적 주제'로 이루어져 있고, 형태는 '남녀관계,' '음담패설,' '여성 외모 담화' 및 '여성성과 선정성의 담론'으로 구성되어" 있는데, 후자의 역할이 상당 부분 약화가 되면서, 종종 선정적으로 외모와 섹슈얼리티가 강조되는 양상을 비판한 바 있다.

있다.[36] 정리하면 이 기획은 공감과 친밀감 그리고 참여자로서 외국인들의 다채로운 발화와 개성적인 면모를 수렴하면서, 과거의 관행을 넘어서는 대안이 실린 발상과 상업적인 가능성을 조합한 기획으로 평가할 수 있다. 박선옥과 이윤정(2015: 92)은 이 프로그램의 차별성으로 "외국인 출연자들에 대해 환상을 갖게 한다거나 출연자들의 출신 국가에 따라 우리가 기존에 갖고 있던 인종과 국적에 따른 순위를 매기고 선진국과 후진국으로 나누어 출연자들을 보는 선입견을 만들지 않는" 측면을 제기하기도 한다. 이들은 이 텍스트가 "'한국'적 상황과 문화에만 초점을 맞춰 이에 대해 비판적 시각으로 접근하는 것이 아니라 글로벌, 세계화라고 말하는 범주에 한국을 넣고" 있으며, "시청자들에게 '다름'에 대해서 생각할 수 있는 기회를 제공"한다는 진단을 제시한 바 있다(95). 이런 콘텐츠의 차별성은 수용자에게 공감과 이해가 상당히 가능한 방식으로 다문화주의와 관련된 담화를 매개하면서, 고심할 생산적인 효과를 제공한다고 판단된다.

동시에 앞서 논한 장점 외에 이 프로그램의 한계도 제기할 수 있다. 먼저 양식의 측면에서 〈비정상회담〉이 채용하는 집단 토론과 담화의 방식이 비교적 자유롭게 토론과 논쟁을 펴나갈

36 〈비정상회담〉을 주도한 김희정 PD는 언론과의 인터뷰(〈이데일리〉, 2015. 8. 7)에서 "우리의 고민을 놓고 외국인 청년들이 각자의 시선으로 토론한 것이 시청자 흥미를 끌었다"라며 인기 이유를 분석했다. 다양한 국적의 청년들이 모여 있기에 생각지도 못한 새로운 의견이 톡톡 튀어나온다. 김 PD는 "전 세계 청년들의 고민은 다 비슷한 것 같지만 접근 방식은 다르다"라며 "이런 점들을 골라내 프로그램에 담는 것이 중요하다고 설명했다."

수 있는 특징을 보이며, 이는 다양한 주제를 논하면서 건조하거나 딱딱하지 않은 소통과 이해를 발휘하는 데 조력한다. 동시에 교양적 요소와 예능적 요소가 결합한 기획으로, 이 콘텐츠에서 논하는 주제 관련 분석적 깊이나 담론의 전문성과 정련된 호흡이 충분히 활성화되지 못하는 측면도 노출된 바 있다. 예시하면, 출연자들이 국경과 문화적 정체성을 넘어서 다문화와 관련된 다양한 이슈를 활발하게 논하지만, 충돌하고 엇갈리는 주장과 논쟁은 이 콘텐츠의 장르적 관행과 기획의 목적 속에서 봉합과 조율을 통해 '매끄럽게' 정리되는 면모를 보인다. 즉 진보적이고 갈등적일 수 있는 사회적 주제나 다문화의 '불편한' 현실과 관련된 토론과 대립은 이 기획이 지향하는 '온건한' 스토리텔링의 틀 속에서 MC들의 중재와 편집에 의한 긴장과 균열의 조정 및 상호 이해의 필요성을 강조하는 방식으로 마무리된다. 이와 함께, 작중에서 대립이나 이견을 보이는 이들의 사례도 종종 웃음과 재미를 주는 방향으로 상당 부분 편집되고 정리된다.[37] 이런 측면과 함께, 출연진이 회차를 거듭하며, '방송인' 혹은 '연예인'으로서의 정체성을 점차 각인하게 되면서, 이들이 프로그램에서 전개하는 담화에도 반복되는 개별 캐릭터로서의 특성과 패턴이 확립되고, 이런 측면은 그런 역할극이나 배역에 이들이 주력하는 효과도 부분적으로 만들어 낸다.

한편 인종적 배경과 젠더의 반영에 있어서, 〈비정상회담〉의

37 예시하면, 시즌 1에서 민감한 역사 문제를 두고 팽팽하게 이견과 긴장을 보이던 중국의 장위안과 일본의 타쿠야의 대화도 본문에 서술한 방식으로 마무리된다.

구성은 균형적 성찰이 부족하며 치우친 면모를 드러내기도 한다. 예컨대 이 기획에서 백인이자 유럽과 북미 출신의 출연진이 상대적으로 큰 비중을 차지하며, 외국인 여성의 참여는 한정적이다. 또한 좀 더 주목할 측면으로, 출연진 다수는 젊고 교양과 매력을 갖춘 인물로 구성되며, 한국에서 성공적인 정착을 이룬 이들이 주로 선정된다. 반면에 한국 사회에서 이미 살아가고 있는 다수의 유색인 이주민 노동자나 혼혈인, 결혼과 이민을 통해 귀화한 이들이나 정치·사회적 이유로 이주와 망명을 겪게 된 이들의 기용은 찾아보기가 어렵다.[38]

이런 측면과 함께, 〈비정상회담〉에서 이방인들이 이 땅에서 삶을 꾸려 가는 과정에서 기울이는 이른바 '짠 냄새 나는' 노력과 사회경제적 적응을 위한 일련의 진통에서 문화적 생경함으로 인한 난점과 두려움 등의 정서적 반응은 충분히 수렴되지 못한다. 이 프로그램이 기획의 주안점으로 설정한 "기성세대의 멘탈을 흔드는 비정상적이고 재기발랄한 세계의 젊은 시선으로" 한국 사회의 현실을 바라본다는 메시지를 고려할 때, 이런 유연하지만 '연성화된' 요인이 포함된 기획 자체가 한국에서 활동하고 있는 이주민들의 특성을 균형감으로 깊이 있게 고민하거나 성찰

38 한 언론의 기사(《한겨레》, 2014. 10. 13)는 출연진의 구성과 관련해 다음의 단서와 비평을 제공한다. "〈비정상회담〉의 김희정 PD는 한 미디어와의 인터뷰에서 제작진이 원하는 것은 딱 유럽 여행을 가면 게스트하우스에서 아침 식사를 할 때 서로 다른 나라 사람들끼리 문화에 대해 배우게 되는 바로 그 순간"이라 말했다. 이를 포착하는 것이 이 프로그램의 출발이라고 설명했다. 즉 이 프로그램이 표방하는 '세계의 젊은 시선'이란 유럽 사회, 백인 남성 중심적 시선이란 비판에서 벗어나기 힘들다."

적으로 고려하고 있다고 보기는 어려운 측면이 있다.[39]

물론 장르적 특징이나 기획의 주안점을 고려할 때, 이 프로그램이 본격적으로 다문화주의 관련 현황과 복합적 현실에 주력하는 것은 아닐 수도 있다. 그런데도 〈비정상회담〉의 높은 대중적 인지도나 파급력을 고려할 때, 전술한 측면의 비평과 비판적 제언을 곱씹고 성찰할 필요성이 제기된다. 이 기획은 나름의 선택과 배제의 의미 작용을 발현하며, 세련되고 깔끔한 동시에 교양을 갖춘 남성 출연자들의 자신감 있는 발화를 중심으로, 수용자들이 재미와 함께 '우호적'으로 이들이 엮어 내는 다채롭고 비교론적 의견을 접할 수 있는 조율된 설정에 주력한다. 앞서 소개했지만, 그런 면모가 박선옥과 이윤정(2015)이 판단하듯이, 다문화주의가 설파하는 공존이나 문화 간 교류와 관련해 일정한 긍정적 효과와 유연한 방식으로 관련 의제를 풀어내는 측면의 순기능을 돌아볼 수 있다. 동시에 앞서 주목한 재현의 치우침이나 문제의식의 연성화가 다문화주의의 적용과 용례를 지나치게 '안전하고' 마찰과 갈등이 상당 부분 스러진 이슈로 풀어내는 측면도 짚어 낼 필요가 있다. 김태영과 윤태진(2016: 282)은 "〈비정상회담〉의 기획 의도나 구성 방식을 고려할 때, 이 프로그램의 다문화주의는 [기존의] 동화주의적 시선을 최소화하면서 문화적 다원주의로 나아갔다고 평가할 수 있다"라는 관점을 제기한 바 있다.

39 또한 이 프로그램에서 주기적으로 등장하는 시장, 노동, 서구와 아시아의 역사적 변동 등의 사안을 바라보는 관점에서 '보수적'이거나 현실을 다면적으로 조명하는 관점이 상세하게 모색되지는 않는다.

〈비정상회담〉은 다국적 주체들이 논하는 주제와 인식에 대한 '정치적 올바름'의 반영에서, 원만한 토론이 가능한 다문화 관련 의제로의 일정한 공론화에 주목한다고 파악된다. 여기서 쟁점은 그런 '다원성'의 발휘가 어떤 고려할 함의와 명암을 발휘하며, 동시에 어떤 유형의 한계를 노출하는가로 이어질 수 있다. 특히 지명도가 높은 이런 방송 콘텐츠의 역할이, 한국 사회 내에서 균열과 갈등 그리고 통합되기 어려운 이질감과 혐오를 주기적으로 생성하는 다문화주의의 현실을 — 의도하지는 않았을지는 모르지만 — 주변화하는 효과도 제기하게 된다. 예컨대 이 프로그램이 상징하는 문화적·인종적 다양성과 상호 이해는 특정한 조건과 상업적 전략의 틀을 통해 '걸러진' 동시에, 한국에서 인종과 관련해 전개되는 현실의 반영과 관련해 상당히 소극적 대응과 한계를 노출하는 면모를 드러내기 때문이다(김내훈, 2021).[40] 앞서 언급한 사안과 관련해, 〈비정상회담〉에서 '기미가요 논란' 등 공적 영역에서 마찰과 갈등을 매개한 — 동시에 한국 사회 내부의 민족주의적 대응과 갈등을 보인 — 사건이 돌출한 바 있다. 아래에서 좀 더 집중적으로 논하겠지만, 이 사례는 과거에 비해 보

40 김내훈(2021) 등의 작업이 시사하듯이, 한국 사회에서 '외노자'(외국인 노동자)나 난민과 관련된 온라인과 소셜 미디어상의 담론은 혐오와 분노 및 위험을 강조하는 절대적이고 공격적인 타자화의 흐름을 명백히 구현하고 있다. 〈비정상회담〉은 그런 갈등에 대해서는 긴 호흡으로 대화나 담화를 끌어가지는 않는다. 물론 이 프로그램 하나에 그런 책임이나 부담을 전가할 필요가 있다는 뜻은 아니다. 그런데도 이 콘텐츠는 일견 합리적일 수 있지만, 얕은 인식과 시선으로 인종 간 관계나 상상이 생성하는 쟁점을 다룬다.

완과 변화를 모색한 다문화 관련 프로그램에서도 완강한 민족주의적 시각이나 반다문화적 감정이 스며들며, 수용자들의 인식과 작중에 부상한 특정한 사건이 연계되면서 큰 마찰과 파장을 빚는 쟁점이 불거졌던 현실을 환기해 준다. 요컨대 앞서 논한 다문화 관련 재현의 역할과 명암을 중심으로 외국인 대상 프로그램의 변화와 함의를 좀 더 구체적으로 진단해 봐야 한다. 이런 목적을 위해 인종과 이주 및 이산과 관련된 텔레비전의 재현이 드러내는 주요 변화의 지점을 중심으로 관련 논점과 쟁점을 풀어가 보자.

다문화주의를 표상하는 인물군의 기용: 재현의 주요 촉매제

앞서 거론했듯이, 작금의 다양한 텔레비전 기획에서 외국인 출연자들의 역할과 비중은 과거의 사례들과 비교할 때, 훨씬 더 확장된 기능과 생산 주체들이 주목하는 재현의 긴요한 자원으로 작용한다. 즉 이들을 기용하는 다양한 텔레비전 콘텐츠에서, 외국인들이 담당하는 역할은 주변적이거나 협소하게 기능적인 측면을 벗어난다. 예컨대 이들은 단순한 호기심의 대상이거나 손쉽게 소비되는 유형의 문화적 차이만을 표방하지는 않는다. 대신에 상당수 외국인 출연진은 비교적 자유롭게 자신의 시각과 경험을 표출하며, 종종 예능감과 개성도 드러내면서 프로그램의 성격과 매력 그리고 호소력과 친근감을 더하는 존재라 할 수 있다.

특히 한국어에 능숙하며, 특정한 개성과 친화력을 발휘하는 외국인들이 지속해서 등장하면서, 이들이 차지하는 위상과 중요성도 커진 바 있다. 이런 추세와 관련해, 문화비평가 김헌식은 이들이 "예전처럼 어눌하게 얘기를 하지 않기 때문에 오히려 더 한국인 같은 느낌을 주는 외국인들이 등장해서 재미를 주고 또 호의를 갖게 하면서 시청률을 높여 주는 효자 역할을 하고" 있다고 평가한 바 있다(자유아시아방송, 2019. 2. 27). 단적으로 논해, 일군의 텔레비전 콘텐츠에서 이들은 주로 온건하고 친근한 '다문화주의'의 상징이자, 인종적 차이를 넘어서 현재 진행형의 교섭과 소통을 육화하는 역할을 담당한다.

나아가 전술한 토론형 프로그램이나 교양 외에, 관찰 예능이 재현하는 외국인과 인종의 측면도 돌아볼 필요가 적지 않다. 예를 들면, 주로 연예인의 일상과 현실을 보여 주는 MBC의 〈나 혼자 산다〉와 같은 관찰 예능에서도, 기성의 내국인 출연자 외에, 한국에서 다년간 거주해 온 파비앙이 출연해서, 혼자 청소와 조리를 하며 소박하게 꾸려가는 일상이 수용자에게 우호적 반응과 친근감을 제공한 바 있다. 그는 인지도가 높은 유튜브 콘텐츠 기획에도 참여하고, 다른 프로그램에 패널로도 등장하면서 부쩍 인지도를 올린 인물이기도 하다. 요컨대 외국인 출연진 중에 이미 상당한 지명도를 가진 이들은 복수의 프로그램에 고정 출연하거나 초대 손님으로 꾸준히 등장하면서, 친근한 캐릭터이자 한국의 문화와 삶을 일정 깊이로 파악한 인물로 — 즉 수용자가 친밀하게 주목할 만한 서사적 '자원'으로 — 중용되고 있다.

또한 이들 중 상당수는 스튜디오를 벗어나서 여행 프로그램이나 관찰 예능에서도 활약하면서, 좀 더 유연한 방식으로 탐색의 가이드이자 '연예인'과 '유명인celebrity'으로서의 역할을 소화해 내기도 한다. 예시하면, 〈대한 외국인〉과 같은 범주와 고안을 변화시킨 퀴즈 프로그램도 등장하고 있으며, 〈슈퍼맨이 돌아왔다〉와 같은 육아 프로그램에도 외국인 출연자와 가족을 접할 수 있다. 또한 해외 로케이션으로 이국적인 정경 속에 타자들과 새롭게 만나는 〈내 친구의 집은 어디인가〉, 〈국경 없는 포차〉 등의 프로그램도 시도되고 있다. 즉 지상파와 종편을 가로지르며 다양한 집단의 외국인 출연진이 꾸준히 등장하면서, 내국인들이 나왔을 때와 사뭇 비교되는 문화적 체험기와 상대적으로 신선한 생동감이 발현되기도 한다. 요컨대 관찰 예능을 중심으로 이런 타자들과의 친근한 조우를 설정으로 구성하는 일군의 프로그램은 종종 음식과 음악, 놀이, 탐방, 일화 등의 설정을 통해 한국인과 한국 문화에 관한 이방인들의 우호적인 시선과 이들이 체감하는 발견을 스토리텔링의 뼈대로 삼는다. 동시에 그런 구성은 상당 부분 진하지 않은 '여행자적 시선tourist gaze'을 반영하며, 주로 경쾌하고 무겁지 않은 방안으로 다른 문화권에 속한 이들 간의 만남과 스침이나 짧은 교감을 풀어낸다. 달리 논하면, 관련 프로그램들은 이국적인 환경과 우발적 상황을 보는 재미와 다인종 간의 대화가 형성하는 서로 간의 친밀도를 더하는 이해를 주로 유쾌하고 버겁지 않게 선사한다.

이 같은 재현의 효과는 종종 '낯설게 하기defamiliarization'의 개념으로 진단할 수 있다. 예컨대 '우리'가 중심이 되는 시선을 어느 정도 벗어나서, 이들이 이방인이나 국외자의 시각으로 한국의 문화나 삶의 방식을 경험하며, 관련 체험과 의미를 표출하는 방식은 수용자들에게 상당한 흥미와 호기심에서 정서적 쾌감과 만족감을 제공한다. 이러한 추세를 선명하게 보여 주는 작업으로

MBC 에브리원의 〈어서와~ 한국은 처음이지?〉를 거론할 수 있다. 이 작품은 한국에 익숙하지 않은 외국인들이 여행과 탐방을 도모하며 벌어지는 소박한 여정과 일화를 전한다. 제작진은 일종의 '역발상'으로 이 기획을 추진했으며, 제작 팀장은 언론과의 인터뷰에서 "익숙하고 당연하게 생각했던 것들을 외국인의 시각으로 다르게 보는 게 신선하고, 여행에서 오는 순수함, 풋풋함에 많은 분들이 공감하시는 것 같다"라는 관점을 밝힌 바 있다(《경향신문》, 2018. 11. 15). 즉 다수 외국인 출연진이 등장하는 방송과 유튜브 콘텐츠에서 낯설게 하기와 '일상화된 친밀화'의 전략은 이들의 여정 속에 발현되는 진하지 않은 문화적 관찰과 음식과 음악 체험을 통한 공감의 생성을 주요 기반으로 삼는다.

또한 큰 예외 없이 관련 콘텐츠들은 상징적 주류로서 한국인의 감성과 기대 그리고 자존감을 고양하는 일화episodes와 대화를 적지 않게 전개하는 방식을 취한다. 예시하면, 이들이 콘텐츠 내에서 표출하는 화법과 정서는 상당 부분 칭찬과 경탄에서 긍정적 대응과 우호적인 감정의 표출로 구현된다. 이는 관찰 예능이 지향하는 심각하지 않은 장르적 특성과 즐거움의 추구를 이방인의 시선을 중심으로 고려한 결과일 수 있지만, 동시에 논란과 논쟁을 부를 만한 요인의 제어나 관리가 조직적으로 반영된 구성을 통해서 전달된다.

관련 사례를 더 들어보면, 〈국경 없는 포차〉와 같은 오락 콘텐츠에서 기획의 주안점은 코펜하겐이나 파리라는 이국적인 도시에서 "소박한 정서를 가진 포장마차와 이색적 공간이 만나서 새로운 이야기를 전하는" 발상이다(《이데일리》, 2018. 11. 19). 과거 한국에서 서민이 주로 이용하던 독특한 술집의 모델을 외국의 장소로 이식하면서, 이 프로그램은 한국인과 외국인으로 구성된 출연자와 현지인을 포함한 다양한 이들이 섞일 수 있는 계기와 우발적인 문화적 만남의 기회를 조성한다. 이 콘텐츠는 한국의 거리 음식을 대접하면서, 장소적 배경과 현지인과의 소탈한 대화와 상호 작용을 적극적으로 활용한다. 예컨대 이 기획에서 서로에게 조심스럽게 다가가며, 음식과 문화 관련 대화 내용을 촉매제로 삼아 일정한 교섭과 이해가 부상하기도 한다. 반면에 정감과 우호적 교감을 전술적으로 강조하는 기획의 방향성이나 인위적 구성이 작용하면서, 이 프로그램이 조형하는 리얼리티의 방향성이 지닌 문제점이 관찰되기도 한다. 예를 들면, 작중에 'K팝보다 퇴계 이황의 팬'이라는 현지인이 등장하는 설정이나 출연자인 안정환을 알아보거나 박중훈이 나온 영화를 보았다는 현지 주민의 등장은 명백히 인공적이고, 과도한 설정으로 판단된다.

앞서 조명한 사례가 시사하듯이, 상당수 관찰 예능이 제공하는 문화와 인종 간 이해나 교류의 방식이 여전히 옅으며, 장르적·구성적인 초점과 편집의 영향 속에 과도하게 작위적인 설정과 개연성이 떨어지는 측면도 관찰된다. 즉 과거에 비해 텔레비전이 다채로운 변주와 새로운 발상으로 한국인과 외국인 간의 관계 맺기나 상호 간 이해와 인정의 단면을 풀어내지만, 관찰 예능과 같은 주요 양식이 다문화적 함의와 앎을 구현하는 측면에서 충분히 사려 깊지 못하며, 전술한 새로운 발상과 양식에 과하게 의지하는 측면도 제기할 수 있다. 즉 작중에 등장하는 외국인들이 상당 부분 인종적·문화적 차이에 기반을 둔 소비 대상으로 활용되며, 이들이 한국 문화를 대상으로 펴내는 우호적 시선과 관심의 결이 평면적이거나 이른바 '국뽕'으로 불리는 한국인의 자존감과 기대에 주로 조응하는 측면도 명백히 지적할 수 있기 때문이다.

이제 외국인 출연자들은 나름의 차별화된 정체성과 함께, 수용자들에게 각인된 '유명인 자본'을 어느 정도 보유하며, 일군의 프로그램을 통해 자신들의 활동 영역을 상당히 넓히고 있다. 문화적 혼종성과 탈지역화의 영향이 이미 커진 한국 사회의 문화 환경을 돌아볼 때, 대중문화가 그런 현실을 대상으로 실험과 상업적 기획을 실행하는 것은 예견된 일이기도 하다. 지금까지의 논점을 정리하면, 이들이 수행하는 역할은 내국인 중심의 콘텐츠 기획에서 접하기 어려운 재미와 흥미 및 프로그램의 차별성을 각인하는 중요한 서사적 자원을 제공하며, 텔레비전을 포함한 대중문화가 제시하는 인종의 재현과 함의에 일정한 유연성과 함께, 문화적 차이를 넘어서 상호 이해와 교감의 기회를 어느 정도 제공한다.

이와 함께, 다수 다문화 관련 프로그램에서 활약하는 외국인들은 종종 한국의 문화물이나 한국인의 친절과 외부자에 대한 태도를 칭찬하고, 이를 타자의 시선과 목소리로 전하는 친근한 매개자이자 조율된 '해석자'의 역할도 수행한다. 요컨대 그러한 측면은 주류로서 내국인 수용자의 관심과 정서적 반응을 전략적으로 고려하며, 이에 연동하는 구성과 관행을 드러내기도 한다. 즉 외국인을 등용한 콘텐츠의 활용 범주가 늘어나고, 상업적 이해관계도 반영된 기획들이 꾸준히 등장해 오고 있다. 동시에 이방인의 참여와 안내인의 역할이 현실에 도사리고 응축된 인종주의나 다문화주의가 끈질기게 생성하는 갈등에서 적지 않게 유리된 채, 순화되고 선호도가 높은 의미 작용과 관련 서사로 경사진 측면도 숙고해야 한다.

다인종으로 수렴되는 텔레비전 생산 문화의 대응과 명암

방향을 바꾸어서, 현시점에서 텔레비전의 생산자들이 외국인들의 기용에 주력하는 측면을 이들이 고안한 유형과 장르 및 관련 구성의 특징과 명암을 중심으로 좀 더 상세하게 조명해 보자. 텔레비전은 시청률과 대중적 화제성에서 신선함을 발산하는 방편으로, 일련의 기획과 실험을 꾸준하게 시도한다. 이런 조직적이고 창의적인 노력의 일환으로, 생산자들은 인종과 문화적 배경이 다양한 외국인 주체들을 섭외하고, 이들이 수용자와 만나는 방식과 관련해 관점의 변화와 구성적 혁신을 모색해 오고 있다. 특히 그런 친근한 이방인들의 기용과 관련된 전반적인 재현 방식과 관련해서, 추구되는 관점과 장르가 비교적 개방적인 사례들이 꾸준히 관찰된다.

예시하면, EBS의 〈다문화 고부열전〉이나 〈글로벌 아빠 찾아 삼만리〉와 같은 현재 종영한 '휴먼 다큐멘터리' 계열의 작업이나 KBS2의 〈이웃집 찰스〉와 같은 교양 프로그램은 상당히 다양한 국적과 배경을 가진 이들의 사연과 이들이 한국에서 직면하는 쟁점을 상세하게 풀어낸다. 먼저 2013년에 처음 등장해서 2021년에 종영한 〈다문화 고부열전〉은 이방인 며느리와 한국인 시어머니 사이에 벌어지는 관계 맺기와 상호 간 이해와 소통의 어려움을 주로 '가족주의'와 이들의 관계가 빚어내는 쟁점을 중심에 두는 시선으로 전달한다. 이 장수했던 콘텐츠는 다문화 가정을 중심으로 국적과 연령대, 그리고 결혼 이후 예기치 않았던 결과가 가져온 다양한 사연과 특히 이들 간 마찰과 불협화음을 스토리텔링 속에 녹여 낸다. 또한 이 기획은 그런 과정에서 소통의 노력과 힐링 및 '역지사지'의 필요성을 강조하기도 한다(정선주, 2020). 특히 이 프로그램이 결혼을 통해 한국에 정착하게 된 이주민들의 현황과 적응의 어려움에 상세하게 주목하는 측면은 다문화주의가 사회적으로 확연하게 커진 한국 사회에서 간과된 특정 이슈와 마찰을 반영하는 측면에서 일정한 의의와 순기능을 발휘한다.

프로그램의 생산자들이 장기간에 걸쳐서 특히 한국의 농촌이나 중소 도시를 중심으로 이미 현실이 된 결혼 이주민들의 삶과 이들이 내국인 가족과 맺는 관계성의 특징과 진통을 재현했던 기획의 방향성은, 특히 공영 방송이 추구한 유의미한 대응이라고 판단하게 된다. 즉 결혼을 통해 우리 사회에 진입하고 시민권을 가지게 되었지만, 한국에서 여전히 맞닥뜨리는 문화적 이질성이나 사회적 통념이 완강하게 생성하는 문제를 조명하면서, 〈다문화 고부열전〉이 인종적·문화적 차이와 이를 넘어선 결연과 이해의 수용성을 위한 노력을 모색한 작업으로 평가할 수 있기 때문이다(권금상·이혜영, 2018). 특히 이 프로그램은 일상에서 출연자들이 육아와 가내 노동, 이질적인 가치관의 차이 그리고 여가와 소비 활동 등을 주제로 경험하는 크고 작은 이견과 마찰 그리고 소통의 어려움과 변화의 필요성을 난해하지 않은 구성과 서사로 제공한 바 있다. 일군의 예시적 사례를 보여 주면서, 이 콘텐츠는 결혼 이주민과 시어머니를 핵심 주인공으로 설정하고, 상호 간 '차이의 존중'과 배려 및 인권에 대한 자각, 그리고 공동의 노력이 동반되는 이해의 필요성을 상징적으로 환기해 주기도 했다. 그런 주제의 상징성과 실태를 자세하게 보여 주는 이 프로그램에서 공영 방송이 추구하는 교육적 기능이나 사회 통합적 역할과도 연동되는 메시지가 비교적 선명하게 반영되는 것이다.

반면에 서경희와 정철원(2020)이 제기하듯이, 〈다문화 고부열전〉에 등장하는 이들을 "'우리 집단'(한국 시어머니)과 '타 집단'(결혼 이주 여성)으로 [은연중에] 차별화하고, 우리 집단은 긍정적으로 (혹은 덜 부정적으로) 재현하고 타 집단인 결혼 이주 여성은 부정적으로 재현"하는 양상도 관찰된다. 이런 측면은 과거에 한국 사회에서 견지되던 이주민 관련 '동화주의'의 흔적을 떠올리게 하며, 문화생산자의 관점이 그런 관행과 문제점에 관하여 예민하지 못하고 성찰이 부족한 측면을 드러내기도 한다.[41] 이는 정선주와 최성보(2015)도 주목한 측면이다. 이들은 〈다문화 고부열전〉에서 "[직간접적으로] 강한 동화주의[를] 강요하는 시어머니와 며느리 사이의 갈등 사례"들이 크게 관찰되며, '혈육'을 중심에 두면서 '가족의 가치'와 '가족 중심적' 시각이 강하게 표출되면서, 결혼 이주자인

41 이런 측면은 민주언론시민연합이 이주민 여성들과 함께 〈다문화 고부열전〉에 대해 수행한 모니터링에서 제기되기도 했다(YTN 라디오, 2019. 11. 30). 이들은 고부 간 갈등이나 특히 성찰적이지 못한 발언으로 이주민 며느리의 행동과 의상이나 태도에 일침과 부정성을 제기하는 작중 에피소드에 대해 상당한 비판과 불편함을 제기한 것으로 알려졌다.

며느리들을 '주변인'으로 표상하는 의미 작용이 발현되는 양상을 탐구한 바 있다. 부연하면, 생산자가 구현한 그런 고답적인 의미 구현의 한계와 관련해, 균형적인 시각의 투사가 아닌 한국의 고령층 수용자들의 기대나 관점에 주로 부응하는 편향성이나, 한국 사회의 인종적 변동과 연계된 다문화적 감수성이 일부 부족한 문제점도 제기할 수 있다. 이런 쟁점과 함께, 주로 동남아시아를 포함한 비서구 출신의 며느리가 '갈등의 당사자'라는 관점과 관련 원인을 설파하는 프레임도 이 콘텐츠에서 직간접적으로 반영된다. 즉 인종 간 감수성과 관계에 대한 고민이 시어머니와 내국인 가족이 직면하는 문제나 애환을 중심으로 다뤄질 필요성이 있지만, 이 프로그램에서 그런 측면으로의 섬세한 성찰과 재현은 상대적으로 약한 편이다. 또한 다문화 가족 내에 부상한 문제점을 며느리와 시어머니가 동행하며, 서로를 이해하며 화해에 이르는 주요 해결 장치로 여행의 서사가 종종 변주되는 측면도 — 일정한 필요성이 있지만 — 한계를 드러낸다.

한편 〈글로벌 아빠 찾아 삼만리〉는 가족의 경제적 안정을 위해 한국에서 일하는 노동자들인 외국인 아버지들의 삶을 다루며, 이주민 노동의 현실과 관련해 주로 동남아와 중앙아시아 출신의 가족들이 소개된 바 있다. 특히 이 프로그램은 고국의 가족이 아버지를 만나기 위해 한국으로 오는 과정과 이들의 만남을 자녀들의 반응에 주력하는 유형의 소박하고 감성적인 스토리텔링을 채용한다. 즉 다른 다문화 관련 기획과 비교할 때, 이 텍스트는 '기러기 아빠'로 살아가며 고단하게 일하는 이주 노동자와 가족이 대면하는 경제적 난점 등의 애환과 고립이 주는 정서적 측면 그리고 이들에 관한 관심과 배려의 필요성을 무겁지 않으면서 울림이 있게 반영하는 특징을 보인다. 예컨대 이 텍스트는 힘든 노동 강도로 인해 건강을 해칠 만큼 일하는 이주 노동자에 관한 발화나 이들이 의료 서비스를 이용하기 어려운 어려움도 작중에 제시한다. 이 기획 역시 등장인물의 인간적 측면과 이들이 결부되는 소소한 일화에 주력하는 '휴먼 다큐멘터리'의 화법과 구성적 특징을 반영한다.

동시에 이 프로그램이 일종의 약자를 배려하는 '선한 의도'로 이주 노동자 가족의 회동을 보여 주지만, 타자에 관한 고답적이면서 고정된 인식을 재생산해 내는 관행도 관찰된다. 예시하면, 이 기획에 등장하는 부부의 역할은 주로 성실하게 일하는 남편과 조력자로서의 아내의 역할을 은연중에 설파하며 '자연화'한다. 또한 한국에 와서 작업장에서 어렵게 일하며 '성공'의 꿈을 밟아가면서 가족을 위해 분투하는 아빠의 고단하지만 묵묵히 일하는 노력을 부각한다. 그런 연민과 공감이 상당한 비중을 차지하는 감정적 반응과 의미화를 보이는 측면과 함께, 작중에서 고용주와의 대화를 통해 이주 노동자의 성실함이나 미담과 고용주에 대한 '순응'이 주기적으로 등장하고 강조되는 측면도 관찰된다. 즉 이 콘텐츠에서 표상하는 이방인에 대한 시선은 평면적이면서 시혜적인 면모를 일부 드러내기도 한다(이정화, 2021). 예컨대 이주민 아빠가 한국어도 배우고, 한국의 문물이나 음식에 친숙해지는 측면을 긍정적인 시선으로 바라보며, 이들이 특징한 문제나 일탈을 생성하는 인물은 아니라는 의미가 담긴 메시지가 내레이션 속에 온정적인 인식과 부드러운 화법으로 등장하기 때문이다.[42] 한편 한국에 온 엄마는 낯선 문화와 '발전된' 사회상 속에 신기함과 놀라움을 표출하는 대상으로 종종 등장하며, 남편과 가족을 챙기는 '자애로운 조력자caretaker'로의 역할을 드러낸다. 이런 측면은 〈글로벌 아빠 찾아 삼만리〉에서 한국 사회에서 등장했던 과거의 가부장적 통념과 가치가 발휘하는 효과가 여전히 작동하는 측면을 함축해 낸다(이근옥 · 강국진, 2019).

이정화(2021: 171)는 이 기획에서 이주 노동자가 고국의 가족을 위해 힘겹게 노동에 진력하는 과정과 한국 사회의 따뜻한 시선과 선의, 지원 및 보살핌이 연동하면서, "이주 노동자를 하층 일꾼이자 성공적으로 적응한 타자로 규정하는 — 동시에 그런 재현과 인식을 '과어휘화'하는 — 담론"이 발휘되는 측면을 비판적으로 짚은 바 있다. 그는 〈글로벌 아빠 찾아 삼만리〉가 이주 노동자에 관한 관심과 연민을 표출하지만, 집합적으로는 한국인으로 대표되는 "'우리' 집단의 긍정적인 속성과 행위를 강조하고 '그들' 집단의 부정적인 속성과 행위를 강조함으로써, 이주 노동자를 부정적 틀 안에서 [주로] 사회적 약자이자 타자로 규정한다는" 비판을 제기한다. 그런 양상과 관련해, 방송의 생산자들이 자문화 중심적이면서 상대적으로 고답적이고 성찰이 부족한 시선을

42 이정화(2021: 196)는 이 작품에서 "내레이터의 발화가 이주 노동자가 한국 문화를 '좋아하는' 데서 나아가 한국 문화에 성공적으로 '적응했다'는 것을 강조한다는 점"에 주목한다. 그는 "여기에는 주로 '토종 한국인,' '먹을 줄 알다,' '한국 사람 다 되다,' '못 먹는 한국 음식이 없다,' '푹 익은 김치 하나만 있으면 밥 한 그릇 뚝딱' 등의 표현"이 변주되면서 부각하는 의미의 전형성과 문제점을 지적하기도 한다.

투영하는 측면을 부분적으로 노출한다고 판단된다(안진, 2015; 이창호·정의철, 2010; 주재원, 2014). 요컨대 이 같은 재현의 방식은 한국 사회에서 이미 심대한 도전과 인식 변화 속에 상당히 스러진 '전통적인 며느리의 가치관'과 역할을 호출하기도 하며, 결혼 이주민에 대한 관성적인 '타자화'와 대응의 문제점을 제대로 성찰하지 않는 한계를 드러낸다. 특히 공영 방송이 앞서 제기한 한국의 인종 관계와 사회 현실을 관성화하며, 다면적으로 관련 이슈를 구현하지 못한 측면은 아쉽다.

방향을 돌려서, 〈이웃집 찰스〉는 한국에 이주한 외국인들이 대면하는 실제 사례에 주목하면서, 이들이 겪는 고충이나 난점에 대한 '해결책'과 조언을 제공하는 기획이다. 예시하면 기성의 휴먼 다큐멘터리와 차별성을 보이는 이 프로그램은 한국에 현재 거주하는 외국인들이 체감하는 취업과 결혼이나 문화 차이 등과 관련된 현실 속 정착의 어려움과 상세한 사연을 소개하며, 그런 '리얼 적응 스토리'를 제공하는 과정에서 이들이 체험하는 시행착오와 난점을 조명한다. 그런 측면에 더해 이 프로그램은 이들이 수렴할 만한 제언과 해결 방안을 일부 제공하는 유형의 '실용적' 대안을 구현하기도 한다. 이 프로그램은 인구·사회학적 측면에서 다양한 이주자와 직업 선택 등을 계기로 한국에 정착한 남성들과 외국인 간 결혼한 커플도 포함한다. 예컨대 구성적 측면에서, 〈이웃집 찰스〉는 출연하는 외국인의 일상적 활동을 가까이서 포착한 리얼리티 프로그램의 포맷과 '이방인 학교'로 불리는 스튜디오에서 고민과 해결 방안을 공유하는 포맷으로 연계된다. 이런 구상은 한국인 수용자가 충분히 인지하지 못하는 문화적·인종적 타자가 대면하는 일상에 대한 이해와 관심을 촉매하는 시각의 투사와 더불어, 사회적으로 공공성을 일정하게 지향하는 기획으로 간주할 수 있다.

〈이웃집 찰스〉는 난해하지 않고 정서적인 울림이 배인 스토리텔링과 구체적인 사례를 교차시켜 묶어 내면서, 이방인이 한국 사회에 거주하면서 겪게 되는 상황과 문제점을 비교적 구체적으로 조명하고, 관련 의제와 대응의 필요성을 함축해 낸다. 즉 전술한 지향성이 담긴 기획에서 제작진은 한국 사회의 저변에 흐르는 이들에 대한 부정적인 고정관념에 대응하는 변화된 방안이나 인적·문화적 교류의 의의에서 공존에 관한 개방적인 메시지를 일정하게 표출해 내기도 한다. 예시하면, 작중에 이주민들이 한국에서 겪게 된 강한 경쟁의 문화에서 이들이 노출된 주류 사회의 차별과 배타적 대응이나 무관심, 그리고 이들이 체감하는 정서 불안과 외로움 등을 다양하게 조명하면서, 이 기획은 일정한 문제의식과 대응의 필요성을 시사한다. 그런 방향으로, 〈이웃집 찰스〉는 다문화주의의 수용이나 이해와 관련된 일정한 환기 작용과 교육적 기능을 제공한다.

동시에 〈이웃집 찰스〉에서 조력자로 패널과 전문가들이 등장하면서, 이들의 조언이 꽤 큰 상징적 권위나 정당성을 발휘하는 면모를 드러내기도 한다. 박미경과 이헌율(2017)은 이 프로그램에서 이주민의 재현 대상이 과거 방식보다 좀 더 다양해진 데 반해, 이주민을 "한국 전통문화에 통합되어야 하는 대상으로 간주했던 민족주의적 특징도 잔존"한다는 문제점을 제기한 바 있다. 요컨대 이 기획에서 이주민이 한국에서 접하는 문화적 편견이나 몰이해가 주목받고, 이를 공적인 재현으로 제시하는 노력이 감지되는 측면은 긍정적이라 할 만하다. 동시에 개인 대 가족주의 간의 충돌이나 젠더의 재현과 관련해, 〈이웃집 찰스〉는 "전통적인 가족주의 담론이 문제 해결 수단"이라는 점을 일정 부분 유지하기도 한다. 그런 양상을 두고, 두 연구자는 "기존의 이주민 프로그램이 가지고 있던 가족주의 담론이 이 프로그램에서는 좀 더 다양하고 때로는 모순적으로 재현"되었으며, "갈등과 그 해결에 대한 제시도 출연자의 다양성에 의하여 복잡한 양상을" 발현한다는 점을 상술한다(21). 정리하면, 이 콘텐츠는 과거에 인종과 이산인 관련 프로그램이 노출했던 관성과 타자에 관한 이해 부족을 어느 정도 벗어나긴 하지만, 기존의 편향적인 시선을 일정하게 유지하기도 하는 것이다.[43]

한편 MBC 에브리원 〈어서와~ 한국은 처음이지?〉나 〈내 친구의 집은 어디인가〉, 〈헬로! 이방인〉, 〈대한 외국인〉과 같은 사례들이 시사하듯이, 텔레비전 부문에서 다문화라는 주제를 대상으로 과거보다 구성과 범주의 변화가 눈에 띄는 프로그램들도 꾸준히 등장하고 있다. 외면적으로 전술한 콘텐츠들은 앞서 소개한 구성적 관행 외에, 교양과 오락 프로그램의 성격을 구현하

43 권금상과 이혜영(2018: 37)은 〈이웃집 찰스〉가 일정한 성찰성의 반영에도 불구하고 이주민의 정형화된 모습과 의미화를 유지하는 측면을 나음과 같이 비판한 바 있다. "[이 프로그램에서] '바깥일 하는 남자'와 '집안일 하는 여자'로 이분화된 가부장적인 선주민의 모습은 반복적으로 등장하며, '한국은 원래 그렇다'라는 비논리적 근거로 이주민과 선주민 사이의 모든 갈등을 덮어 버린다."

면서, 여기에 예능적인 재미도 녹여 낸다. 〈어서와~ 한국은 처음이지?〉와 같은 콘텐츠는 한국어에 미숙하며, 한국 문화와 사회상도 잘 알지 못하는 외국인들을 핵심 대상으로 등장시킨다. 이들은 여행과 탐방에서 '먹방'을 시행하고, 처음 방문한 한국에서 유쾌하게 혼란과 좌충우돌도 경험하면서, 이방인이 처음 접하는 경험을 중심으로 보는 재미와 더불어 무겁지 않게 주제를 풀어낸다. 한편 〈대한 외국인〉은 퀴즈 프로그램의 형식을 취하면서, 한국에 오래 거주한 외국인들이 표방하는 한국어 능력과 한국 관련 지식의 깊이를 발현한다. 예컨대 이 프로그램은 경쟁과 비교 및 유머가 결합이 된 오락성이 지배적인 흐름 속에, 함께 출연한 한국인 패널이 보이는 실수나 정확하지 않은 지식을 이들을 압도하는 외국인들의 역할을 통해 대비하면서, 흥미를 생성하는 기획이다.

〈벌거벗은 세계사〉나 〈장미의 전쟁〉, 〈77억의 사랑〉 등의 시사와 다양한 예능적 요소를 조합한 일군의 프로그램에서도 외국인 출연진이 해당 기획의 구성원으로 꾸준히 등용되고 있다. '시사 교양'으로 분류되는 앞의 두 프로그램에서는 외국인이 일부 포함되며, 세 번째 프로그램은 집단 토크 쇼를 기반으로, 외국인 출연진이 좀 더 큰 비중을 차지하며 국제 커플이 경험하는 고민에서 사회적 이슈를 포함한 바 있다. 세분화하면, 앞서 거론한 콘텐츠들은 지식과 범죄 등의 사회적 이슈에서 여행, 게임, 먹방, 대중문화 관련 주제 등을 다룬다. 특히 예능이나 교양 관련 생산자의 시각에서, 외국인이 과거에 전담하던 유형의 기능적인 캐릭터 설정에서 탈피하고, 비교적 자유롭게 자신의 목소리와 개성 및 주관을 드러내는 재현의 방식이 꽤 채용되고도 있다. 이런 변화는 텔레비전의 생산자들이 새로운 소재와 주제를 탐색하면서, 과거보다 다양한 집단의 외국인과 이산인을 스토리텔링의 축으로 활용하는 2010년대 이후의 확장된 추세를 확인하게 해 준다.

동시에 그런 트렌드의 이면으로, 방송의 생산자들이 여전히 백인 출연자를 선호하며, 용모나 젊음에서 방송 경험과 역량, 학력과 지식 수준 등을 기준으로 출연진을 구성하는 방향성이 적지 않게 감지되고도 있다. 이 같은 측면은 텔레비전이 최근 몇 년간 집합적으로 활용하며 특히 선호하는 인물군의 선정 및 장르의 변화하는 구성과도 궤를 함께한다. 즉 교양과 예능 프로그램에서, 과거보다 유쾌하고 유연한 담화를 개방적으로 채용하는 방안이 크게 활성화되면서, 수용자층의 관심과 주목도를 올리는 방안으로 전술한 특징을 발현하는 기획들이 모색되고 있다. 그런 구성은 "리얼리티 예능 장르의 실재성과 재미 요소를 결합하여 수용자의 다문화 이미지 형성에 영향력"을 발휘하기도 한다 (박미경 · 이헌율, 2017: 15).

지금까지 논한 양상은 텔레비전 콘텐츠의 기획자들이 이미 한국에서 선별할 수 있는 입담과 감각이 뛰어나고 콘텐츠의 성격을 파악하는 외국인 출연자를 활발하게 기용하며, 그 결과 이들의 인지도와 존재감이 과거보다 크게 활용하는 현실을 반영한다. 특히 텔레비전의 생산 문화는 문화적 인식과 인종적 차이가 생성할 수 있는 마찰이나 논란을 제어하며, 문화 간 대화와 교감이 주어진 서사 속에 매끄럽게 작동하는 기획의 구체성과 파급효과를 영리하게 활용하고 있다. 이는 한국 사회의 일상에서 활발해진 외국인과의 직간접적 만남과 경험을 반영하면서, 동시에 수용자의 취향과 기대와 접맥된 상업화된 재현의 특징이기도 하다. 반면에 앞서 지적했듯이, 상당 수준에서 '포맷의 다양성'이 반영된 관련 기획들에서 한국 사회의 현실에서 관찰되는 다문화주의를 둘러싼 이해와 진단이 표층적이거나 한정되며, 그런 '취약성'이나 제작진의 기능적인 인식이 드러나기도 한다.

한국 사회 내 다문화주의의 불안한 위상과 텔레비전 콘텐츠의 한계

심훈(2013)과 권금상(2013) 등이 제기하듯이, 텔레비전을 포함한 미디어는 인종적 소수자와 이주의 주체를 재현하는 과정에서, 이들이 관련된 현실을 단순히 포착해 내거나 단선적으로만 구현하지는 않는다. 즉 관련 콘텐츠는 상세한 형상화와 선택적 — 즉 지배적이거나 경쟁하는 — 의미의 생산과 사회 속에 확장된 담론 작용을 매개하면서, 이들에게 특정한 정체성과 문화적 위상을 부여한다. 앞 장에서 논했듯이, 관찰 예능이나 연성 다큐멘터리 등에서 과거에 익숙했던 '전형성'을 드러내는 외국인들의 재현을 벗어나서, 활발하게 자신의 체험과 의견을 표출하며, 입담과 예능적인 능력을 발산하는 이방인을 접하는 일도 이제는 비교적 흔하다. 물론 그런 의미화가 특히 지상파와 케이블 텔레비전에서 크게 이루어지면서 상당한 영향력을 발산하지만, 특정 측면으로 경도되는 재현의 명암과 한계가 때로는 발현되기도 한다.

현황을 정리하면, 현재 광의의 대중문화와 방송 영역에서 과거에 등장하던 인종적·문화적 타자에 관한 정태적이고 성찰이 부족했던 양상이 일정하게 변화된 징후를 접할 수 있다. 예컨대 현시점에서 인종적·문화적 타자들이 미디어 정경 속에서 개인화된 차이와 소통 능력으로 자신의 이질성이나 종족성을 드러내고 문화적 가교의 역할을 발휘하며, 공존과 교류 및 적응의 가능성을 표방하는 양상이 꽤 관찰되기 때문이다. 동시에 그런 관행이 생산 과정에서 강조되는 상대적으로 안전하고 느슨한 다문화적 가치의 강조나 그런 전략을 상업적으로 반영한 관점과 편집으로 재생산되는 측면도 존재한다. 과거에 이인희와 황경아(2013)나 양은경(2010) 등이 진단했듯, 한국의 언론과 주요 미디어에서 등장한 다문화 담론들이 이주민과 외국인에 관한 "온정주의"에서 "내재화된 오리엔탈리즘"이나 단선적 "타자화" 등의 문제점을 담아내거나, 그런 고정관념을 직간접적으로 활용했던 사례들을 돌아볼 수 있다. 하지만 시간이 지나면서 특히 작금의 대중문화와 유튜브 콘텐츠는 과거보다 경직된 의미화의 관행을 일정하게 벗어나는 시선의 차별성과 이를 다양하게 상업화하는 기획을 모색하고도 있다. 예시하면, 다분히 호기심과 객체화된 대상으로 이들을 소비하던 시선이 일정하게 줄어들었으며, 다문화의 정경 속에 친근한 구성원이나 도우미guide로 다양한 이방인을 한국인과 대화나 교류가 가능한 인물로 응대하는 관점의 변화도 감지된다.

반면에 한국어 구사력과 직업적 안정성을 갖추고, 한국의 문화와 미디어에 관한 이해도가 높은 외국인을 중용하거나 '조건화'하는 — 동시에 이들 중 상당수가 일종의 연예인으로서의 입지를 드러내는 — 변화된 추세도 적지 않게 관찰된다. 이런 양상은 그간에 진전된 탈지역화나 세계화의 영향과 효과가 반영된 복합적인 결과로 판단된다. 또한 대중문화의 생산자들이 외국인들이 등장하면서 발휘하는 다양성이나 인종적인 편견의 극복을 수렴하면서, 한국 사회에 대한 친근한 타자가 소구하는 인식과 발견 그리고 공존의 가능성을 대중적 흥미와 즐거움을 위한 '선택적이고 상업화된' 다문화주의로 '전유appropriation'하는 방안도 확연하게 눈에 띈다(김수철, 2018; 박선옥 · 이윤정, 2015; 박소정 외, 2021). 예컨대 관찰 예능과 토론형 콘텐츠가 늘어나면서, 이방인들은 내국인들에게 공감과 일정한 지역적 대표성에서 개성과 안목을 부각하는 캐릭터이자 대중이 소비하는 콘텐츠에 차별성과 신선함을 더하는 장치적인 기능을 발휘한다.

예컨대 앞서 거론했듯이 '국경 없는 청년회의'를 상징하는 〈비정상회담〉의 경우, 자유롭고 경쾌한 화법과 때로는 거침이 없는 의견과 능동적인 관점의 개진으로 상당히 다채로운 이슈를 녹여 낸 바 있다. 이 기획은 인종 차별과 혐오 범죄, 젠더의 위계화 등의 예민한 주제에 관한 토론도 일부 보여 주었으며, 복수의 국가에서 관찰되는 이민자에 대한 차별과 타자에 대한 과장된 위협이나 강한 민족주의에 기반을 둔 공격적 대응에 관한 경계와 자성이 실린 논점을 공유하기도 했다. 이 같은 측면은 명백히 문화생산자들이 과거에 인종과 이주민 대상 프로그램에서 노출했던 관행의 한계와 지배적 프레임의 오류를 교정하려는 노력을 일정하게 시행했으며, 수용자를 대상으로 일정한 교육적 효과와 환기 작용을 도모한 것으로 판단이 된다.

특히 한국에 앞서 다문화주의의 현실과 내부자들이 표출하는 갈등적 대응을 먼저 경험했던 외국인들을 기용하면서, 이 프로그램은 작중에 난해하지 않은 방식으로 관련 경험과 학습 효과를 소개한 바 있다. 반면에 〈비정상회담〉이 콘텐츠의 내적 구성이나 유연한 스토리텔링의 구성을 넘어서, 한국 사회 내 축적되고 있는 문화적·인종적 대립과 반감을 '견인'한 사건도 명백히 짚어 봐야 한다. 관련 쟁점을 돌아보면, 2014년 10월 27일에 방영된 17회에서, 특별 게스트로 소개된 일본인 출연자 다케다 히로미츠가 등장할 때 "기미가요"가 방송되면서 강한 비판과 부정적 의견이 생성된 바 있으며, 이는 과거에 다른 일본인 패널이 출연했던 때도 벌어진 사안이었다. 이 사태에서 시청자 게시판이 달아오르고 포털의 검색어로 부상하면서, 기미가요가 일본 제국주의를 상징하며 야스쿠니 신사 참배에도 사용되는 곡이라는 측면을 중심으로 격한 비난과 비판이 증폭된 바 있다(SBS, 2014. 10. 28).[44] 당시 제작진이 "부적절한 음원"이 사용되었으며, 사려 깊지 못했다는 뜻과 SNS와 보도 자료 배포에서 본방송을 통해 네 차례 공식 사과를 했지만, 한동안 논란과 지적이 끊이지 않았다. 제작진은 "책임 프로듀서 겸 연출자를 보직 해임 및 경질"했으며 "기미가요를 배경 음악으로 채택한 프리랜서 음악 감독에 대해서도 해당 프로그램과 관련된 모든 업무 계약을 파기"했음을 공식 사과문에서 표방했다(《한국경제》, 2014. 10. 31). 이 기미가요 사태는 수용자들의 비판과 반감을 매개하면서, 상당한 파열음을 생

44 다른 언론(《한겨레》, 2014. 10. 28)도 ""JTBC의 〈비정상회담〉에서 일본 군국주의를 상징하는 기미가요를 배경음악으로 사용했다. 일본에서도 논란이 되는 상황에서 꺼리낌없이 내보내다니 일본 우익과 아베 총리가 만세를 부르겠다"라면서 JTBC를 비판"한 특정 트위터의 반응을 기사로 전한 바 있다.

성하는 사건과 돌아볼 맥락을 생성한 바 있다.

특히 김태영과 윤태진(2016)이 제기하듯이 제작진이 개설한 페이스북에 수용자들이 표출한 강한 정서적 분노와 비난이 실린 공세적 담화가 시사하듯이, 그런 돌출한 사건은 '징후적 symptomatically'으로 이 프로그램이 견지했던 다문화주의가 꽤 유용하고 흥미롭지만, 동시에 '취약'하며 불안정한 한계도 드러낸다는 주목할 시사점을 제기한다. 즉 〈비정상회담〉이 콘텐츠 층위에서 유지해 온 다문화주의에 "반일 정서가 개입하면서," 이 콘텐츠가 조형해 온 다문화주의의 위상에 소셜 미디어 사용자들과 온라인 공동체가 가세하며 맹렬한 도전과 심각한 '균열'을 내는 사건과 대립과 갈등으로 치닫는 사회적 맥락이 부상한 것이다. 이 사건은 이후 〈비정상회담〉에 대한 언론의 증폭된 보도에, 온라인에서 제기된 프로그램 폐지 청원, 그리고 광고 계약 해지에서 공적 심의 제도의 개입 등으로 사회적으로 파장이 크게 확장되기도 했다. 김태영과 윤태진의 작업은 전술한 〈비정상회담〉 사건이 특정 사건을 매개로 견인한 다문화 콘텐츠 관련 강한 반발이 실린 사회적 대응과 압박을 탐구하며, 관련 쟁점을 주의 깊게 탐구한 측면에서 상당히 주목할 만하다. 보다 구체적으로 논할 때, 이들은 핵심 문제의식으로 "미디어가 재현·구성하는 다문화주의 담론에 반일, 민족, 국가, 평화 등 다양한 개념이 개입할 때, 어떤 담론 구조적 변화를 겪는지"를 해당 사건에서 활성화된 시청자 게시판과 관련 기사들 및 심의 제도의 대응을 중심으로 체계적으로 조명한 바 있다(255).

이들의 연구는 〈비정상회담〉이 그간에 표방해 온 온건한 대화의 모델을 육화한embodiment 다문화주의에 한국 사회에서 강건하게 자리한 반일 정서와 민족주의적 감정, 그리고 다문화주의에 대한 기존의 비판과 불편함이 수면 위로 부상하고 '접합'하면서, 방송이 설파하는 특정 유형의 다문화 모델에 심각한 균열과 압박 및 반발이 분출한 측면을 선이 굵게 진단한다. 이 연구가 탐구한 그런 과정의 특징을 살펴보면, 먼저 기미가요 논란 발생 이후 해당 프로그램 게시판에 등장한 수용자층의 글 중 다수는 '우리나라,' '우리 역사,' '우리 국민 정서'를 강조하면서, 특히 일본 식민주의의 존재와 상흔 및 이를 상기하고 대항하는 민족의 '자긍심'과 역사적 인식을 기조로 거센 질책과 분노를 제기했다(276~277). 즉 이들의 진단에 따르면 당시 부상한 강한 대응과 비난의 목소리는 반일을 '민감한' 시금석으로 "역사·민족의 강조, 한일 관계라는 특수성의 (반제국주의, 반군국주의, 평화주의 등으로의) 보편화, [콘텐츠가 제공하는] 즐거움의 의의 축소 등" 일련의 연쇄적인 논리를 활용하며, 반反다문화 담론"을 공적으로 전개하는 방식으로 증폭되기도 했다(279).

이 측면을 부연하면서, 김태영과 윤태진은 〈비정상회담〉에서 "안정적으로 보이던 다문화(주의) 담론이 민족(중심)주의, 반일 감정, (이 문화에 대한) 타자화 등 다양한 측면에서 가해지는 흠집에 의해 순간적인 균열"이 부상했다고 지적하며, 텔레비전이 제공한 다문화성의 안정적이지 못한 위상과 취약성을 제기한다(279). 특히 이들은 기미가요 논란이 불거지고 증폭되면서, "시정자 게시글들과 언론 보도, 그리고 심의제 등 제도적 조치들이 거의 반론을 허용하지 않는 수준의 반일 담론을 구성함으로써, 다문화주의의 확대 여지가 일시적으로나마 봉쇄"된 사건의 함의에 주목하기도 한다(282). 또한 일군의 게시글은 당시 부상했던 프로그램 폐지론과 관련해, "교포"도 아닌 외국인 출연자들의 안위를 걱정하는 것이, 사안의 본질을 파악하지 못한 감성적 대응이라는 비판도 개진했다(278). 한편 예능 프로그램이 범한 오류에 대한 과도한 비판이나, 현실의 주요 주제가 아닌 지엽적인 이슈에 여론이 과하게 반응한다는 요지의 — 평가와 결이 다른 — 대응도 일각에서 등장한 바 있다.[45]

정리하면, 김태영과 윤태진의 연구는 한국 사회에서 지난 20년간 인종 간 이해와 소통, 존중, 그리고 공존을 강조하는 다문화주의의 담론이 표면적으로 크게 확장되고, 이를 채용한 지식과 교양 및 오락 콘텐츠들이 상당수 부상하긴 했지만, 그런 유형의 다문화주의 관련 기획들이 현실을 제대로 반영하지 못하며, 단단하게 '뿌리를 내리지' 못한 측면을 범주가 확장된 사례 분석을 통해 환기해 낸다. 요컨대 사회 내 축적된 인종적·문화적 타자들에 대한 불만과 이들을 부정적 존재로 문제시하며, 공동체에 위협과 갈등을 제기하는 위협으로 간주하는 집합적 흐름 속에, 텔레비전이 채용했던 다문화 관련 실험이 특히 반일을 소환

45 언론이 전한 당시 상황을 좀 더 예시하면 다음과 같다. "[분출한 의견 중에 프로그램의] 폐지까지 원하는 것이 아니라 책임자들의 책임 있는 모습을 보기 위해서다. 단호한 모습을 보여 다시금 역사의식을 다잡는 기회가 될 수 있었으면 좋겠다"라며 폐지까지는 과하다는 의견도 있지만, "기미가요는 단순 한 번의 방송 실수로 치부될 만한 가벼운 사안이 아니다. 기미가요 자체가 식민 지배의 뼈아픈 역사를 상징하는 거다"라며 여전히 폐지를 주장하는 이들이 존재한다"(《피알타임스》, 2014. 10. 31).

하는 사건의 상징성 및 집단화된 감정적 공세나 분노와 결합하면서 타격을 받았던 위기로 변환된 사건이 등장한 것이다.

이 대목에서 박소정 등(2021: 143)이 제기한 다음의 관찰점도 전술한 사안과 연계해 성찰해 봐야 한다. "외국인은 고유의 개성을 가진 개인으로서 외국인상을 다양화하는 데 기여하기도 하지만 프로그램 구조상 한국인 시청자들에게 국가민족주의적 상상에 부합하는 방식으로 한국의 이미지를 다시 조립해 전달하는 역할로서 도구화되기도 한다." 이 같은 시각은 상당한 발상의 전환과 선의를 투영한 〈비정상회담〉과 같은 문화 콘텐츠가 전파하는 의미 작용의 순기능과 함께, 그런 기획이 콘텐츠 '외부'에 존재하는 다문화주의에 대한 불관용과 불인정 그리고 특정 국면에서 증폭된 민족주의적 감정에 의해 균열과 동요의 대상이 될 수 있음을 곱씹게 해 준다. 즉 지상파가 아닌 종편의 전략적 콘텐츠로 〈비정상회담〉이 가시적인 '문화적 개방성'이나 타자들과의 소통에 기반을 둔 다원주의로의 의미화를 의욕적으로 도모했지만, 그런 일정한 고민이 감지되는 기획이 특정 국면에서 현실 속에 도사린 인종적 타자에 관한 경직되고 폭발력을 내장한 편견이나 과잉된 감정적 대응에 무력할 수 있음을 시사해 준다.

앞서 조명한 기미가요 사건이 매개한 〈비정상회담〉에 관한 집합적인 비난과 공방은 한국 사회에서 이미 상당한 파열음과 불협화음을 생성하는 이방인과 이주민이라는 대상에 대한 선별적 동경과 응축된 두려움, '선량한' 타자와 '위험한' 타자에 관한 가치 판단의 이중성이 가져오는 분열, 다문화가 주창되는 미디어의 담론과 요동치는 현실과의 괴리, 그리고 민족에 대한 과장된 위협 및 자긍심이 결합하여 사건화되면서, 거센 공격적 대응과 분노의 결집으로 이어졌다고 해석하게 된다. 이 사건 이후 2018년 제주에 정착한 '예멘 난민'에 대한 공적 지원책과 관련해서도, 일련의 집합적 비난과 우려 및 분노가 근거가 약한 가짜 뉴스와 반대 여론의 결집을 통해 큰 파문을 주면서 확산이 되기도 했다. 이런 타자와 관련해 주기적으로 부상하는 혈연적·영토적·인종적 배타주의와 갈등의 분출은 그간에 축적된 우리 사회 반다문화 담론과 이를 증폭하는 감정적 동원의 위력 및 '비타협성'과 '공존 불가능성'을 둘러싼 만만치 않은 쟁점을 돌아보게도 해 준다. 2000년대 이후 다문화주의의 필요성이나 관련 사회적 타당성이 지식 담론이나 언론에서 상당히 강조되고 가시화되기도 했지만, 온라인을 포함하여 광범위한 대중적 영역으로 눈을 돌리면, 이런 인식과 결부되는 현실은 여전히 상당히 불안정하며, 적지 않은 이견과 부정적 반응을 포함한다(김보현·황인성, 2016; 김영명, 2013). 단적인 예로, 온라인과 소셜 미디어의 공간에서 경제적 위상이나 사회적 지위 등의 측면에서 명망이 높지 않은 이주민 집단이나, 특히 외국인 노동자와 조선족으로 상징되는 특정한 인종적 타자들에 관해 관용과 이해가 깃든 인식이나 공감을 관찰하기는 쉽지 않다.

'조선족'이나 '중국 동포' 등의 표현이 혼재되며, 이들에 관한 차별화된 공방과 갈등적인 인식이 교차하는 현 상황에서, 이들을 잠재적인 범죄자나 경제적 이익에만 몰두하며 실상은 철저하게 중국인이라는 공세적 비판과 비난을 기조로 한 담론과 감정적 반응들이 온라인에서 상당 부분 관찰된다. 이와 함께, 영화와 드라마 등의 문화적 재현의 영역에서도 — 〈황해〉나 〈범죄도시〉, 〈청년경찰〉 등이 보여 주듯이 — 타자에 관한 과도한 전형성의 재생산이나 관행으로 이어지는 부정적인 형상화가 적지 않다(음영철 외, 2021; 진성희, 2018; 한희정 · 신정아, 2019). 한편 정책 부문에서는 외국인들을 한국 사회에서 필요한 인재로나 혹은 부족한 노동을 위한 인력으로만 설정하는 담론들도 존재한다. 또한 그러한 대중적 반응의 핵심으로 사회경제적 불안과 박탈감에 노출된 적지 않은 한국 사회 내부의 주체들이 반다문화의 흐름으로 동참하면서, 자신들의 분노와 예단이 담긴 불편함을 거르지 않고 표출하는 양상을 접하게도 된다(강진구, 2012; 2014; 김내훈, 2021; 김성윤, 2018; 김지혜, 2017; 노영은 · 류웅재, 2020; 신정원 · 오예주 · 홍석경, 2022; 육주원, 2016; 전의령, 2015; 2017; 2020; 황경아, 2017). 이런 현상과 관련해, 김내훈(2021)이 예민하게 진단하듯, 인종적 편견과 다문화의 극단적 문제점이나 배척의 양상을 온라인과 소셜 미디어를 통해 주로 도발하고 선동적으로 제기하는 이른바 '프로보커터provocateur'들의 움직임도 종종 관찰되고 있다.

조금 다르게, 홍석준(2018: 187)이 제언한 반다문화주의의 '시금석touchstone'으로서의 사회적 위상과 역할을 진중하게 고려할 필요성도 요구된다. 그는 "반다문화주의 담론의 성장은 역설적이게도 다문화에 대한 본격적인 논의의 출발점"으로 작용하며, "한국 사회는 엄연히 존재하는 다문화성이란 현실을 앞에 두고, 주류 사회와 소수자들, 그리고 다문화주의자들과 반다문화주의자들 간의 '합당한 합의'를 위해 지혜를" 수렴해야 할 만한 중요한 분기점에 진입했다는 관찰점을 제기한 바 있다. 물론 전술한 합의된 방편이나 다문화 관련 문제점에 관한 체계적인 대응의 도출이 매우 어렵고, 이를 실체화하는 작업을 구현하기가 상당히 까다로운 것이 엄연한 현실이다. 그런데도 이런 숙고할 제안과 관련해, 여전히 유념할 시발점으로 광의의 텔레비전과 플랫폼 영역에서 다문화의 재현을 둘러싼 진중하고 성찰적인 대화성이 반영된 콘텐츠의 기획과 윤리적·사회적 쟁점에 대응하는 동태적인 전략의 모색이 여전히 요구되는 측면을 거론하지 않을 수 없다.

주지하다시피 인종과 소수자와의 공존이나, 공동체가 도모할 상생의 윤리와 이를 가능하게 하는 숙고가 담긴 감수성의 배양은 한국을 포함한 다양한 지역에서 현재 강렬한 도전과 더불어 해결책을 요구하는 거시적인 난제와 밀접하게 연계된다. 요컨대 이는 성숙한 사회가 발현하는 다문화주의의 수용과 공인 및 관용과 한계에 관한 사려 깊은 고민과 다면적인 대응의 필요성을 구체적으로 시험하며, 그런 과제에 관한 생생한 경험적 사례를 한국인에게 도전적으로 제기하는 중요 이슈이기도 하다(김현미, 2014; 육주원·신형진, 2021; 오찬호, 2013; 이희은, 2017; 한선, 2015). 여기서 짧게나마 콘텐츠 생산과 관련된 필요한 실천과 대응의 예시를 들어보면, 다큐멘터리와 시사 교양 부문의 프로그램을 보강하며, 다문화주의의 재현과 관련된 고민의 깊이와 쟁점의 모색을 좀 더 예민한 관점과 포용적인 진단을 채용한 콘텐츠들의 기획으로 응대하는 일이 유의미하다고 판단한다.

예를 들면, 교양, 지식, 세계사, 시사 등의 주제를 이산 공동체의 구성원들이 서로 공조와 이견을 제기하며 공유하는 새로운 포맷의 고안과 활성화도 생산자들이 더 상세하고 끈기 있게 모색해야 할 필요가 있다. 한편 다문화나 이주를 둘러싼 복잡한 현실과 공적·윤리적 쟁점에 주력하는 탐사 보도와 다큐멘터리의 기획도 지금보다 장기적인 전망과 호흡으로 활성화해야 한다. 이와 함께, 인종적·문화적 타자들의 목소리가 좀 더 두껍게 반영된 콘텐츠의 기획이나 이들이 제작과 구성에 참여하고 제언을 주는 대안 찾기도 필요해 보인다(안진·채영길, 2015; 이유혁, 2018; 정의철, 2014). 요컨대 정의철(2018: 48)이 제안하듯이 "주류 미디어에 대한 접근에서 배제된 소수 집단이 목소리를 내면서 그들의 문화와 이슈, 권리를 '아래로부터bottom-up' 표현하고, '권능화empowerment'를 모색할" 구체적인 방안과 지원책에 관한 문화생산자와 공공 기관의 조직적 관심이 마땅히 요구되기도 한다. 이런 유형의 대응은 주류 미디어가 재생산하는 다문화의 현실에 관한 여전히 얕은 인식이나 성긴 문제의식을 보완하며, 넘어설 수 있는 기제로 작용할 수 있다고 판단한다.

한편 지식 생산과 학계의 경우, 이런 기획을 탐구하는 문화생산자들에게 다문화의 현실과 결부된 비평 담론과 조밀한 분석을 보다 집중력 있게 제기할 필요성도 빼놓을 수 없어 보인다. 예컨대 확장된 다문화적 시민권이나 한국 사회에 축적된 인종 관계의 이면과 불편한 쟁점을 콘텐츠와 플랫폼 영역에서 활용할 수 있는 방안으로 변환하는 과정에서 그런 비평과 지식 작업의 긴요성과 의의를 강조하게 된다. 부연하면, 텔레비전을 포함한 대중적 콘텐츠의 생산자들에게 다문화와 관련된 재현의 책임만을 강조하거나 문제점을 비평하는 차원을 넘어서, 이들의 활동에 필요한 지적·문화적 자원의 제공과 생산적인 압박을 학자와 비평가가 자신들의 역할과 책무를 각인하면서 대응할 필요가 크다.

앞서 언급한 방안이 문화생산자와의 협력과 소통을 통해, 요동치는 다문화의 불안정한 현실과 좀 더 활성화된 접점과 반향을 구현할 수 있는 재현 전략의 유용한 축을 구현한다고 판단하기 때문이다. 특히 우리는 미디어와 다양한 문화 콘텐츠가 지닌 소통의 가능성이나 공공적 '포럼'으로서의 역량에 주목하면서, 인종과 문화 간 이해와 위계적이지 않은 교섭에 관한 신중한 기획이 그런 협업으로 꾸준히 모색될 필요성을 강조하게 된다. 텔레비전이 생산하는 주요 콘텐츠가 여전히 수용자의 인식과 시각에 주요한 문화 자원을 제공한다는 측면에서, 앞서 논한 제언을 관련 주체들이 곱씹기를 고대한다.

참고 문헌

1장

류웅재 (2021). 《미디어 담론 연구: 이론, 사례, 적용》. 한나래.

원용진 (2014). 《새로 쓴 대중문화의 패러다임》. 한나래.

원용진 (2021). 《텔레비전 비평론》. 한울.

임영호 (2019). 《지식의 장, 학문의 제도화: 한국 언론학의 정체성 탐색》. 컬처룩.

한국방송학회 문화연구회 엮음 (2013) 《TV 이후의 텔레비전: 포스트 대중매체 시대의 텔레비전 문화 정경》. 한울아카데미.

한국방송학회 엮음 (2013). 《책, 텔레비전을 말하다》. 컬처룩.

한국방송학회 엮음 (2020). 《문화연구의 렌즈로 대중문화를 읽다》. 컬처룩.

한국언론정보학회 엮음 (2015). 《미디어 문화연구의 질적 방법론》. 컬처룩.

황인성 엮음 (1999). 《텔레비전 문화연구》. 한나래.

황인성 외 엮음 (1997). 《애인: TV드라마, 문화, 그리고 사회》. 한나래.

2장

강혜원 · 이성민 (2022). 넷플릭스의 초국적 콘텐츠 소구 전략: 〈오징어 게임〉에 나타난 장르적 보편성과 문화적 특수성의 이중적 상품화 구조 분석. 〈언론과 사회〉, 30(3), pp.5~41.

박소정 · 장인희 · 홍석경 (2021). 일본내 글로벌 SVOD 서비스를 통한 한국 드라마 수용. 〈한국언론학보〉, 65(3), pp.122~162.

심두보 (2017). 근대성과 혼종성: 방송 포맷산업의 세계화. 인문사회 21, 8(4), pp.1193~1211.

이다운 (2021). 넷플릭스 오리지널 드라마 〈보건교사 안은영〉 연구. 〈어문연구〉, 108(1),

pp.171~194.
이동후 (2012). 포스트 TV 시대의 텔레비전 시청 경험에 관한 질적 연구: 20 대들과의 심층 인터뷰를 중심으로. 〈한국언론정보학보〉, pp.172~192.
이소은 (2017). TV 시청 관습의 공간적 변화: 가내화 개념을 중심으로. 〈한국언론학보〉, 61(2), pp.157~189.
임종수 (2022b). 콘텐츠산업 빅뱅, OTT 한류를 위한 서사극과 콘텐츠 현지화 전략. 박승일 외, 《한류 – 테크놀로지 – 문화》(168~197). 한국국제문화교류진흥원.
최선영 · 고은지 (2018). 넷플릭스 미디어 구조와 이용자 경험: 행동경제학 관점에서 본 이용자와의 관계 맺기. 〈방송문화연구〉, 30(1), pp.7~42.
Alexander, N. (2016). "Catered to your future self: Netflix's 'predictive personalization'and the mathematization of taste." In McDonald, K. & Smith-Rowsey, D., Eds., *The Netflix Effect: Technology and entertainment in the 21st Century*, pp.81~97. London: Bloomsbury Academic.
Ang, I. (1989). *Watching Dallas: Soap opera and the melodramatic imagination*. Psychology Press.
Arnold, S. (2016) "Netflix and the Myth of Choice/Participation/Autonomy." In McDonald, K., and Smith-Rowsey, D., Eds., *The Netflix Effect: Technology and entertainment in the 21st Century*, pp.49~62. London: Bloomsbury Academic.
Askwith, I. D. (2007). Television 2.0: Reconceptualizing TV as an engagement medium, Doctoral dissertation, *Massachusetts Institute of Technology*.
Athique, A. (2016). *Transnational Audiences: Media Reception on a Global Scale*. Cambridge: Polity.
Baker, D. (2017) "Terms of excess: binge-viewing as epic-viewing in the Netflix era." In C. Barker & M. Wiatrowski, Eds., *The Age of Netflix*, pp.31~54. Jefferson: McFarland.
Boyd-Barrett, O. (1977). "Media imperialism: towards an international framework for the analysis of media systems." *Mass Communication and Society*. pp.116~135.
Brunsdon, C. (2012). "Bingeing on box-sets: The national and the digital in television crime drama." In Gripsrud, J., Ed., *Relocating television*, pp.85~97. Routledge.
Bury, R. (2017). *Television 2.0: New perspectives on digital convergence, audiences and fans*. New York: Peter Lang Publishing.
Cavell, S. (1986). "The Fact of Television," In *Video Culture: A Critical Investigation*, Ed. J. G. Hanhardt, pp.192~218. Rochester, N.Y.: Virtual Studies Workshop.
Chalaby, J. (2012). "At the origin of a global industry: The TV format trade as an Anglo-American invention." *Media, Culture & Society*, 34(1), pp.36~52.

Chalaby, J. (2022). "Global streamers: Placing the transnational at the heart of TV culture." *Journal of Digital Media & Policy*, 13(2), pp.223~241.

Chin, B., & Morimoto, L.(2013). "Towards a theory of transcultural fandom." *Participations*, 10(1), pp.92~108.

Cunningham, S., & Scarlata, A. (2020). "New forms of internationalisation? The impact of Netflix in Australia." *Media International Australia*, 177(1), pp.149~164.

Evans, E., McDonald, P., Bae, J., Ray, S., & Santos, E. (2016). "Universal ideals in local realities: Online viewing in South Korea, Brazil and India." *Convergence*, 22(4), pp.408~425.

Finn, E. (2017). *What Algorithms Want: Imagination in the Age of Computing*. Cambridge: MIT Press.

Gaw, F. (2022). "Algorithmic logics and the construction of cultural taste of the Netflix Recommender System." *Media, Culture & Society*, 44(4), pp.706~725.

Gillespie, M. (1995). *Television, ethnicity and cultural change*. Psychology Press.

Gray, J., & Lotz, A. D. (2015). *Television studies*. [윤태진 · 유경한 옮김. 《텔레비전 연구》. 커뮤니케이션북스, 2017].

Hartley, J. (1999) *Uses of Television*. London and New York: Routledge.

Hills, M. (2013). "Fiske's 'textual productivity' and digital fandom: Web 2.0 democratization versus fan distinction?" *Participations* 10(1): pp.130~153.

Horeck, T. (2019). *Justice on Demand: True Crime in the Digital Streaming Era*. Detroit: Wayne State University Press.

Jenkins, H. (1992). *Textual poachers: Television fans and participatory culture*. Routledge.

Jenkins, H. (2006). *Convergence Culture: Where Old and New Media Collide*. New York: New York University Press.

Jenkins, H., Ford, S. & Green, J. (2013) *Spreadable Media: Creating Value and Meaning in a Networked Culture*. New York: New York University Press.

Jenner M. (2017). "Binge-watching: video-on-demand, quality TV and mainstreaming fandom." *International Journal of Cultural Studies* 20(3): pp.304~320.

Jenner, M. (2018). *Netflix and the Re-invention of Television*. Springer.

Jenner, M. (2020). "Researching binge-watching." *Critical Studies in Television*, 15(3), pp.267~279.

Johnson, C. (2019). *Online TV*. Routledge.

Ju, H. (2020). "Korean TV drama viewership on Netflix: Transcultural affection, romance, and identities." *Journal of international and intercultural communication*, 13(1), pp.32~48.

Kleut, J., Pavlickova, T., Picone, I., de Ridder, S., & Romic, B. et al. (2018). "Emerging trends in small acts of audience engagement and interruptions of content flows." In Das, R. & Ytre-Arne, B., Ed., *The future of audiences*, pp.123~140. Palgrave Macmillan

Lee, D. H. (2019). "Transnational Film Project in the Changing Media Ecology: The Case of Okja." In *Asia-Pacific Film Co-productions*, pp.155~176. Routledge.

Liebes, T., & Katz, E. (1986). "Patterns of involvement in television fiction: A comparative analysis." *European journal of communication*, 1(2), pp.151~171.

Limov, B. (2020). "Click it, binge it, get hooked: Netflix and the growing US audience for foreign content." *International Journal of Communication*, 14(2020), pp.6304~6323.

Livingstone. S. (2019). "Audiences in an Age of Datafication: Critical Questions for Media Research." *Television and New Media 20* (2): pp.179~183.

Lobato, R. (2019). *Netflix Nations*. [안세라 옮김. 《넷플릭스 세계화의 비밀: 넷플릭스식 OTT 플랫폼의 원리》. 유엑스 리뷰, 2020].

Lotz, A. (2014). *The television will be revolutionized*. NYU Press.

Lotz, A., Lobato, R., & Thomas, J. (2018). "Internet-distributed television research: A provocation." *Media Industries Journal*, 5(2), pp.35~47.

Madrigal, A. (2014). How Netflix reverse engineered Hollywood. *The Atlantic*. https://www.theatlantic.com/technology/archive/2014/01/how-netflix-reverse-engineered-hollywood/282679/

Markham, A., Stavrova, S., & Schlüter, M. (2020). "Netflix, imagined affordances, and the illusion of control." In Plothe, T., & Buck, A. M., Eds., *Netflix at the nexus: Content, practice, and production in the age of streaming television*, pp.29~46. Peter Lang Incorporated.

Matthew, J. (2020). "Netflix and the design of the audience: The homogeneous constraints of data-driven personalization." *MedieKultur: Journal of Media & Communication Research*, 36(69), pp.52~70.

Mayer-Schönberger, V. & Cukier, K. (2013). *Big data: A revolution that will transform how we live, Work, and Think*. Boston: Houghton Mifflin Harcourt.

McCarthy, A. (2001). *Ambient television: Visual culture and public space*. Duke University Press.

Mello, A. (2020). How do Netflix and Amazon know what I want? *Towards Data Science*, 18 March. https://towardsdatascience.com/how-do-netflix-and-amazon-know-what-i-want-852c480b67ac

Napoli, P. M. (2003). *Audience economics: Media institutions and the audience marketplace.* Columbia University Press.

Özgün, A., & Treske, A. (2021). "On streaming-media platforms, their audiences, and public Life." *Rethinking Marxism*, 33(2), pp.304~323.

Pajkovic, N. (2022). "Algorithms and taste-making: Exposing the Netflix Recommender System's operational logics." *Convergence*, 28(1), pp.214~235.

Robins, K., & Aksoy, A. (2005). "Whoever looks always finds: Transnational viewing and knowledge-experience." In Chalaby, J. Ed. *Transnational television worldwide: Towards a new media order*, pp.14~42, I.B. Tauris.

Schiller, H. (1969). *Mass communication and American empire.* Boston: Beacon Press.

Silverstone, R. & Haddon, L. (1996). "Design and the domestication of information and communication technologies: technical change and everyday life." In R. Mansell & R. Silverstone Eds., *Communication by design: The politics of information and communication technologies*, pp.44~74. Oxford University Press.

Simons, N. (2014). "Audience reception of cross-and transmedia TV drama in the age of convergence." *International Journal of Communication*. 8, pp.2220~2239.

Sinclair, J., Jacka, E., & Cunningham, S. (1996). *New patterns in global television: Peripheral vision*. Oxford University Press.

Thussu, D. K. (2006). *Media on the move: Global flow and contra-flow*. Routledge.

Turner, G. (2018). "Netflix and the Reconfiguration of the Australian Television Market." *Media Industries* 5 (2): pp.129~42.

Turner, G. (2021). "Television studies, we need to talk about "binge-viewing"." *Television & New Media*, 22(3), pp.228~240.

Uricchio, W. (2009). "Contextualizing the broadcast era: Nation, commerce, and constraint." *The Annals of the American Academy of Political and Social Science*, 625(1), pp.60~73.

Wasko, J. & Meehan, E. (2020). *A companion to television*. John Wiley & Sons

Wayne, M. (2022). "Netflix audience data, streaming industry discourse, and the emerging realities of 'popular' television." *Media, Culture & Society*, 44(2), pp.193~209.

Westcott, T. & Evenson, M. (2023) WTBI Tech & Analysis: The where & why of Netflix's original content spend. *Television Business international*. March 13, 2023. https://tbivision.com/2023/03/13/tbi-tech-analysis-the-where-why-of-netflixs-original-content-spend/

Wight, L., & Cooper, S. (2022). "Binge-watching: Cultural Studies and developing critical literacy in the age of surveillance capitalism." *Continuum*, 1～12.

Williams, R. (1974). *Television: Technology and cultural form*. [박효숙 옮김. 《텔레비전론: 기술과 문화적 형식》. 현대미학사, 1996].

Ytre-Arne, B., & Das, R. (2021). "Audiences' communicative agency in a datafied Age: Interpretative, relational and increasingly prospective." *Communication Theory*, 31(4), pp.779～797.

3장

강명구 (2014). 유교적 가족 안에서 개인은 어떤 모습으로 사는가?: 한국과 중국 텔레비전 드라마에 나타난 개인성의 변모. 〈언론과 사회〉, 22(1), pp.162～222.

강혜원 · 이성민 (2022). 넷플릭스의 초국적 콘텐츠 소구 전략: 〈오징어 게임〉에 나타난 장르적 보편성과 문화적 특수성의 이중적 상품화 구조 분석. 〈언론과 사회〉, 30(3), pp.5～41.

공희정 (2019). 영화와 드라마는 왜 서로를 원하게 되었나. 〈방송작가〉, 157, pp.34～37.

곽영신 · 류웅재 (2022). 사회비판적 'K-콘텐츠'는 세상을 바꿀 수 있는가? 〈스카이캐슬〉, 〈기생충〉, 〈오징어 게임〉 의 분열하는 기호들. 〈한국언론학보〉, 66(6), pp.307～349.

김경은 · 최라영 (2017). 비정규직 사원 직업 적응과 갈등 과정의 자기성찰적 의미: 드라마 〈미생〉 내레이션 중심 탐구. 〈공공사회연구〉, 7(1), pp.106～134.

김미라 (2015). 크로스 미디어 스토리텔링 사례 연구. 〈한국콘텐츠학회논문지〉, 15(8), pp.130～140.

김미라 (2020). TV 드라마의 장르–사회 간 공진화 연구 — 동성애 재현과 담론을 중심으로. 〈한국극예술연구〉, 69, pp.139～177.

김미라 · 장윤재 · 김소희 (2022). "이상하고 별나지만 가치 있고 아름다운": 〈이상한 변호사 우영우〉의 장애 재현과 함의. 〈한국방송학보〉, 36(6), pp.41～79.

김미선 · 이가영 (2016). 미디어 재현에 나타난 남성성과 젠더 이데올로기의 정치학. 〈미디어, 젠더 & 문화〉, 31(3), pp.97～137.

김미숙 (2018). 《드라마 작가는 어떻게 만들어지는가》. 푸른사상.

김미숙 (2022). 미디어 콘텐츠 생산자로서 웹소설 작가의 정체성 연구: 심층 인터뷰와 자기기술지를 중심으로. 〈한국콘텐츠학회논문지〉, 22(10), pp.658～675.

김미숙 · 이기형 (2013). 심층 인터뷰와 질적인 분석으로 조명한 텔레비전 드라마 작가들의 정체성과 노동의 단면들. 〈언론과 사회〉, 21(3), pp.5～63.

김미숙 · 홍지아 (2016). TV 드라마 작가 연구. 〈한국방송학보〉, 30(4), pp.41～82.

김미숙 · 홍지아 (2017). 드라마 제작과정에서 벌어지는 생산자 사이의 갈등연구. 〈한국언론정보학보〉, 86, pp.7～41.

김민승 · 류웅재 (2022). 대중문화 콘텐츠가 재현하는 지역과 청년들: 드라마에 대한 텍스트 분석과 심층인터뷰를 중심으로. 〈언론과 사회〉, 30(3), pp.42～92.

김수정 · 김수아 (2018). 한국 수용자의 중국드라마 팬덤 형성과 브로맨스 코드. 〈젠더와 문화〉, 11(2), pp.195～233.

김수정 · 김은준 (2016). 동남아시아 반한류에 나타난 문화적 갈등과 특성: 인도네시아와 베트남을 중심으로. 〈동남아시아연구〉, 26(3), pp.1～50.

김수정 · 야마나카 치에 (2018). TV 드라마 속 음식의 표상에 관한 비교문화적 연구: 일본 드라마 〈심야식당〉과 한국판 리메이크를 중심으로. 〈언론정보연구〉, 55(2), pp.169～212.

김숙현 (2020). 〈이태원 클라쓰〉의 청년 재현과 서사 분석. 〈한국영상학회논문집〉, 18(5), pp.119～133.

김영찬 (2007). '미드'(미국 드라마)의 대중적 확산과 방송사 편성 담당자의 '문화생산자' 그리고 '매개체'로서의 역할에 관한 연구. 〈방송문화연구〉, 19(2), pp.35～61.

김영찬 (2008). 베트남의 한국 TV드라마 수용에 관한 현장연구. 〈커뮤니케이션학 연구〉, 16(3), pp.5～29.

김예란 (2022). 죽음, 우정, 그리고 〈오징어 게임〉: 글로벌 시각정경과 의미 세계. 〈방송문화연구〉, 34(1), pp.7～47.

김은준 (2022). 미디어와 수용자 담론 실천의 불연속성 연구: 대학입시 담론을 중심으로. 〈미디어, 젠더 & 문화〉, 37(2), pp.47～98.

김창남 (2018). 《대중문화의 이해》. 한울.

김태희 외 (2021). 《모빌리티 시대 기술과 인간의 공진화》. 앨피.

김현경 (2017). 신자유주의 시대의 포스트페미니즘 가족 서사. 〈미디어, 젠더 & 문화〉, 32(1), pp.5～39.

김현미 (2005). 문화산업과 성별화된 노동 : TV 방송 프로그램 여성 작가들의 사례를 중심으로. 〈한국여성학〉, 21(2), pp.69～103.

김홍중 (2016). 《사회학적 파상력》. 문학동네.

김환희 · 이소윤 · 김훈순 (2015). TV 드라마와 젠더 담론의 균열과 포섭: 이혼녀와 미혼모의 재현. 〈미디어, 젠더 & 문화〉, 30(3), pp.5～40.

나미수 (2012). 《미디어 연구를 위한 질적 방법론》. 커뮤니케이션북스.

나미수 (2016). 《질적 수용자 연구》. 커뮤니케이션북스.

민혜영 · 박진선 · 박무늬 (2017). 영화 〈아가씨〉에 나타난 여성 재현 연구: 여성성과 젠더 이데올로기를 중심으로. 〈씨네포럼〉, 27, pp.167～204.

박노현 (2009). 《드라마 시학을 만나다》. 휴머니스트.
박노현 (2020). 텔레비전 드라마의 업데이트 혹은 업그레이드 — 〈슬기로운 의사생활〉의 자기반영성을 중심으로. 〈어문론총〉, 85, pp.215~237.
박정아 · 이지선 (2019). 판타지는 어떻게 텔레비전 장르가 되었나: 판타지 드라마의 장르 형성 과정에 대한 탐색적 연구. 〈언론문화연구〉, 27, pp.1~74.
송아현 · 백선기 (2018). 미디어에서 재현되는 청년세대의 현실과 위기: TV 드라마 〈이번 생은 처음이라〉에 대한 기호학 · 담론 분석. 〈한국콘텐츠학회논문지〉, 18(11), pp.146~160.
심두보 (2022). 한류와 한국 드라마, 〈한류NOW〉 47(3,4월호), 한국국제문화교류진흥원, pp.10~19.
원용진 (2014). 《새로 쓴 대중문화의 패러다임》. 한나래.
원용진 (2021). 《텔레비전 비평론》. 한울.
유건식 (2021). 《넷플릭스, 한국드라마 시장을 바꾸다》. 한울아카데미.
이기형 (2011). 《미디어 문화연구와 문화정치로의 초대》. 논형.
이기형 (2012). "분노하라"와 대중드라마가 주는 함의: 〈추적자〉가 드리우는 한국 사회 속 현실. 〈문화과학〉, 71, pp.208~221.
이기형 외 (2020). 텔레비전이 제공하는 '인문 예능'의 특징과 명암: 〈알쓸신잡〉에 관한 중층적인 텍스트 분석을 중심으로. 〈한국언론정보학보〉, 102, pp.103~159.
이기형 · 이동후 (2019). 문화/젠더연구의 궤적과 진단. 한국언론학회 엮음. 《한국 언론학 연구 60년: 성과와 전망》(pp.493~552). 나남출판.
이동후 (2021). 《미디어는 어떻게 인간의 조건이 되었는가》. 컬처룩.
이상길 (2018). 《아틀라스의 발: 포스트식민 상황에서 부르디외 읽기》. 문학과지성사.
이상길 (2020). 《상징권력과 문화: 부르디외의 이론과 비평》. 컬처룩.
이영미 (2013). 지상파가 드라마를 이끄는 시기는 끝났다. 〈황해문화〉, 80, pp.313~319.
임영호 (2015). 한국 텔레비전 생산 연구의 실태 진단. 〈언론정보연구〉, 52(1), pp.5~32.
임영호 (2019). 《지식의 장, 학문의 제도화: 한국 언론학의 정체성 탐색》. 컬처룩.
임종수 (2015). 넷플릭스와 콘텐츠, 디지털 방송 플랫폼 시대의 콘텐츠 진화. 〈방송문화〉, 403, pp.105~117.
정영희 (2019). 2000년대 중반 이후 한국 텔레비전 드라마 연구 : 지상파, 케이블 · 종편의 장르 및 소재를 중심으로. 〈한국방송학보〉, 33(5), pp.221~-252.
정영희 (2020). 텔레비전 드라마 속 모성 판타지에 대한 여성주의적 고찰: KBS 드라마 〈동백꽃 필 무렵〉을 중심으로. 〈한국언론학보〉, 64(4), pp.132~166.
정영희 (2021). 청년세대의 텔레비전 드라마 수용 연구: JTBC 드라마 〈이태원 클라쓰〉의 공감과 재미 요소를 중심으로. 〈한국언론학보〉, 65(2), pp.330~-369.

정영희 (2022). 텔레비전 드라마의 젠더 정치, 일상의 소재에서 판타지의 영역으로. 〈한국언론학보〉, 99(6), pp.350～387.

정영희 · 장은미 (2015). 흔들리는 젠더, 변화 중인 세상: 드라마 〈미생〉을 중심으로. 〈미디어, 젠더 & 문화〉 30(3), 2015년, pp.153～184.

주창윤 (2013). 《허기사회》. 글항아리.

주창윤 (2019). 〈미스터 션샤인〉, 역사의 소환과 재현방식. 〈한국언론학보〉, 63(1), pp.228～252.

주창윤 (2021). 〈조선구마사〉 역사 표현의 쟁점과 함의. 〈커뮤니케이션 이론〉, 17(4), pp.55～89.

진달용 (2021). 디지털 플랫폼 시대의 한류 소통 방식의 변화. 〈국어문학〉, 77, pp.103～124.

천정환 (2019). 드라마 〈스카이캐슬〉과 신재민 사건에 나타난 학벌 · 계급 · 가족. 〈역사비평〉, 126, pp.423～450.

최종렬 (2018). 《복학왕의 사회학: 지방 청년들의 우짖는 소리》. 오월의봄.

〈한겨레〉(2020. 9. 12). "흑백의 역사가 아닌 고통과 죄책감까지 이야기한 드라마." URL: https://www.hani.co.kr/arti/culture/culture_general/961882.html

한국방송학회 엮음 (2020). 《문화연구의 렌즈로 대중문화를 읽다》. 컬처룩.

한국언론정보학회 엮음 (2015). 《미디어 문화연구의 질적 방법론》. 컬처룩.

한달호 (2009). 한국 영화 제작의 다양성을 위한 팩션 콘텐츠 활용 연구. 〈한국콘텐츠학회논문지〉, 9(2), pp.193～202.

한송희 (2020). 가난 재현의 정치학: 영화 〈기생충〉을 중심으로. 〈언론과 사회〉, 28(1), pp.5～50.

홍경수 · 정영희 (2021). 청년세대의 텔레비전 드라마 수용 연구: JTBC 드라마 〈이태원 클라쓰〉의 공감과 재미 요소를 중심으로. 〈한국언론학보〉, 65(2), pp.330～369.

홍석경 (2020). 멀티플랫폼 시대의 텔레비전 드라마에 대한 미디어 문화적 접근. 한국방송학회 엮음 (2020). 《문화연구의 렌즈로 대중문화를 읽다》. (pp.133～158) 컬처룩.

홍석경 외 (2016). 《드라마의 모든 것》. 컬처룩.

홍석경 · 정창영 · 이광훈 (2022). 《디지털 시대 영상 문화와 윤리》. 컬처룩.

황인성 엮음 (1999). 《텔레비전 문화연구》. 한나래.

吉見俊哉 (2000). 〈カルチュラル · スタディーズ〉. [박광현 옮김. 《문화연구》. 동국대학교출판부, 2008].

Du Gay, P., Hall, S., Janes, L., Mackay, H. & Negus, K. (1997). *Doing cultural studies: The story of the Sony Walkman*. London, UK: Sage.

Du Gay, P. (ed.) (1997). *Production of Culture/Cultures of Production*. London, UK: Sage.

Hall, S. et al., (eds.) (2013). *Representation: Cultural Representations and Signifying*

Practices. UK: Sage.

4장

김동훈 · 백선기 (2015). 리얼리티 TV 프로그램의 포맷, 서사 및 담론과 함축의미- SBS TV 〈짝〉에 대한 기호학과 담론 분석을 중심으로, 〈한국기호학회〉, 42권, pp.29~66.

김미라 (2011). "리얼리티 오디션 쇼의 인지된 진정성차원과 수용자 관여, 재미와의 관계연구," 〈한국방송학보〉, 25권, 6호, pp.88~124.

김석 (2023. 12. 23). 2030 '대본집을 굿즈처럼'… 3040은 자기계발서 · 5060은 문학, 〈KBS 뉴스〉. https://news.kbs.co.kr/news/view.do?ncd=5981327

김수정 (2011). 한국 리얼리티 프로그램의 정서구조와 문화정치학, 〈방송문화연구〉, 제23권 2호, pp.37~72.

김정영 · 이성민 · 이소은 (2014). 나의 성장과 경험으로서 연애의 재구성. 〈미디어, 젠더 & 문화〉, 29권 3호, pp.45~81.

김종원 (2022. 8. 24). 넷플릭스의 역성장과 새로운 해법, 〈방송영상트렌드&인사이트〉, 30호.

김해원 (2020). 소셜미디어 '쓰기' 활동과 '이야기하는 자아(narrative self)'의 계발, 〈방송과 커뮤니케이션〉, 21권 4호, pp.47~89.

김홍균 (2014. 3. 9). "짝 제작진, 내 딸을 비련의 여인 만들려," 〈경향신문〉. https://www.khan.co.kr/national/incident/article/201403092125465

마경희 외 (2020). 청년 관점의 '젠더 갈등' 진단과 포용 국가를 위한 정책적 대응 방안 연구, 협동연구총서 20-05-01, 경제 · 인문사회연구회.

박근서 (2009). 문화유물론. 〈현대사상〉, 제4호, pp.235~250.

박은지 (2021). 낭만적 연애의 쇠퇴와 공동체적 사랑의 부상: 〈이번 생은 처음이라〉, 〈멜로가 체질〉을 중심으로, 〈한민족문화〉, 78, pp.289~320.

방송통신위원회 (2022). 〈2022 방송매체 이용행태조사〉.

윤민재 (2020). 한국사회의 경쟁과 자기계발, 〈인문사회21〉, 제11권 2호.

윤석진 (2014). 디지털 시대, 한국 텔레비전 드라마의 구성과 소통방식의 고찰 — 2000년대 미니시리즈를 중심으로, 〈비평문학〉, 53, 한국비평문화학회, p.127.

윤태진 (2011). 정서적 참여와 실재(reality)의 재구성 : 한국 리얼리티 텔레비전쇼의 작동방식에 대한 고찰, 〈방송문화연구〉, 제23권 2호, 7~36.

이경은(2022.8.24.). '남의연애' 임창혁PD "실제 커플 탄생… 사귀고 있다," 〈여성동아〉. https://woman.donga.com/culture/3/18/12/3590263/1

이기범 (2022. 10. 18). "반차까지 썼는데"…티빙, '환승 연애2' 마지막화 공개 연기에 시끌,

〈뉴스1〉. https://www.news1.kr/articles/4847471
이다혜 · 류웅재 (2017). 청년세대의 연애상담 리얼리티 텔레비전 수용에 관한 연구 — 〈마녀사냥〉과 〈김제동의 톡투유 — 걱정말아요 그대〉를 중심으로, 〈우리춤과 과학기술〉, 39, pp.87~122.
이민선 · 이현화 (2017). SNS 외모 관련 사진활동이 여성의 사회 · 심리적 외모 관련 태도, 신체만족도 및 자아존중감에 미치는 영향, 〈한국의류학회지〉, 41(5), pp.858~871.
이종수 (2004). 《TV 리얼리티》. 한나래.
이종수 (2005). TV 장르 트렌드 국제 비교연구: 90년대 이후 한국 · 미국의 지상파 TV의 인기 장르 비교를 중심으로, 〈방송연구〉, 여름호, pp.263~292.
이종수 (2008). 오디션 리얼리티 쇼와 현대 여성의 '통과의례,' 〈미디어, 젠더 & 문화〉, 제9호, pp.51~86.
이종임 (2009) 리얼리티 그늘에 가려진 오락 프로그램의 선정성. 한국방송학회 학술대회 발표문.
이헌율 (2015). 한국 리얼리티 프로그램의 실제성 구현 연구 — 〈1박 2일〉에 나타난 제작진 노출을 중심으로, 〈한국방송학보〉, 29권 6호, 244.
이희은 (2014). 관찰 혹은 자발적 감시: 리얼리티 프로그램과 신자유주의의 감시사회의 정경, 〈한국방송학보〉, 28권 2호.
임지영 (2017). 자기계발서의 이해. 〈인문학연구〉, pp.329~354.
전인화 (2020). 〈미디어를 통한 정상적 연애의 구성 — 연애 관찰 토크 쇼에 대한 비판적 분석을 중심으로〉, 연세대학교 커뮤니케이션대학원 석사 학위 논문.
정덕현 (2022. 8. 13). 연애 리얼리티, 자극적이거나 설레거나, 〈시사저널〉. http://www.sisajournal.com/news/articleView.html?idxno=244068
정민경 (2022. 4. 20). FIFA OTT에 국내 스포츠 채널까지… 스포츠 콘텐츠 경쟁심화, 〈미디어오늘〉. http://www.mediatoday.co.kr/news/articleView.html?idxno=303590
최민지 (2023. 10. 30). 연애 예능 전성시대, 우리가 '남의 연애'를 보는 이유, 〈경향신문〉. https://www.khan.co.kr/culture/culture-general/article/202210301444001
최소망 · 강승묵 (2012). "텔레비전 오디션 리얼리티 쇼의 서사구조 분석: 〈스타오디션 위대한 탄생〉과 〈슈퍼스타 K2〉를 중심으로," 〈한국콘텐츠학회논문지〉, 제12권, 제6호, pp.120~131.
최영주 (2022. 6. 15). '오징어 게임,' 456만 달러 건 리얼리티 쇼로 재탄생한다, 〈노컷뉴스〉. https://www.nocutnews.co.kr/news/5772238
최은경 · 김승현 (2010). 리얼리티 프로그램의 이데올로기적 현실 구성과 비판적 성찰의 이중성 — 연예인 구혼 리얼리티 프로그램 〈골드미스가 간다〉의 텍스트 및 수용 분석, 한국방송학보, pp.175~219.

Anita Biressi and Heather Nunn(2005). *Reality TV*. Columbia University Press.

Barnet-Weiser, S. & L. Portwood-Stacer(2006). "I Just Want to be Again!: Beauty Pageants, Reality Television and Post-feminism," *Feminist Theory*, Vol.7, No.2, pp.255-272.

Berman, J. (2019). Trashy Reality TV Is Back, Baby!, *TIME Magazine*., Vol. 193 Issue 8, 2019, pp.49~51.

Corner, J. (2002). Performing the real: Documentary diversions. *Television & New Media*, 3(3), pp.255~269.

Crew, R. E. (2006). "Viewer Interpretations of Reality Television: How Real is Survivor for Its Viewers?," In D. S. Escoffery(Ed.), *How Real is Reality TV?: Essays on Representation and Truth*, Jefferson, NC: McFarland & Company, pp.61~77.

Dubrofsky, R. E. (2006). "The bachelor: Whiteness in the Harem," *Critical Studies in Media Communication*, Vol.23, No.1, pp.39~56.

Fiske, John & Hartley, John (2003). *Reading Television*, London: Routledge.

Foucault, M.(2005). *The Hermeneutics of the Subject: Lectures at the Collège de France 1981⊠1982*, Picador. [심세광 옮김. 《주체의 해석학: 1981~1982, 콜레주 드 프랑스에서의 강의》. 동문선. 2007]

Goodwin, A & Whannel, A.(1990). *Understanding Television*, Routledge. [하종원 · 김대호 옮김. 《텔레비전의 이해》, 한나래. 1995]

Hamm, Marianne (2021). "Flirting, Dating, Fighting, Partying" — a Sexual and Media — Pedagogical Perspective on the TV Dating Formats "The-Bachelor," "The Bachelorette" and "Prince Charming," ZEITSCHRIFT FUR SEXUALFORSCHUNG; JUN 2021, 34 02, 103~109.

Hill, A. (2005). *Reality TV*. London and New York.

In BBC Culture's poll of the greatest series of the 21st Century, one reality show made the list. It's a genre that, for all its issues, merits more recognition, writes Louis Staples. https://www.bbc.com/culture/article/20211201-why-reality-tv-deserves-more-credit

Institute of Ideas. (2003). *Designer babies : where should we draw the line?*(Debating Matters), Hodder & Stoughton, [박민아 · 정동욱 · 정세권 옮김. 《논쟁없는 시대의 논쟁》. 이음, 2009].

Johnson, S. (2006). *Everything bad is good for you: How Today's Popular Culture is Actually Making Us Smarter*, Riverhead Books, [윤명지 · 김영상 옮김. 《바보상자의 역습》, 비즈앤비즈. 2008]

Kilborn, R. (1994). "How real can you get? Recent developments in 'reality television,'" *European Journal of Communication*, Vol.9, pp.421~439.

Klein, Bethany & Coleman, Stephen (2022). Look at me, I'm on TV: the political dimensions of reality television participation. *Media, Culture & Society*. Apr2022, Vol. 44 Issue 3, 497~513.

Missika, J. L. (2006). *La Fin de la télévision*, SEUIL, [최서연 옮김. 《텔레비전의 종말》. 베가북스. 2007]

Moeller, H. G. & D'Ambrosio, P. J. (2021). You and Your Profile: Identity After Authenticity, Columbia University Press, [김한슬기 옮김. 《프로필사회》, 생각과 이음. 2022]

Nichols, B. (2001). *Introduction to documentary*. Bloomington: Indiana UniversityPress. [이선화 옮김. 《다큐멘터리 입문》. 한울. 2005]

Razac, L. (2002). *L'écran et le zoo*, Denoël, [백선희 옮김. 《텔레비전과 동물원》. 마음산책. 2007]

Siocum, Charles B. (2022. 8. 28). "The Real History of Reality TV" *TIME*, https://web.archive.org/web/20121116083908/http://www.wga.org/organizesub.aspx?id=1099

Sparks, C. (2007). Reality TV: The Big Brother Phenomenon, *International Socialism*.

The 50 Most Influential Reality TV Seasons of All Time. *TIME Magazine*. 8/22/2022, Vol. 200 Issue 7/8, p.82~86. https://time.com/collection/reality-tv-most-influential-seasons/

Tincknell, E. & Raghuram, P. (2002). Big Brother: Reconfiguraing he'active'audience of cultural studies? *European Journal of Cultural Studies*, 5(2), pp.199~215.

5장

강진구 (2012). 한국 사회의 반다문화 담론 고찰: 인터넷 공간을 중심으로. 〈인문과학연구〉, 32호, pp.5~34.

강진구 (2014). 한국 사회의 반다문화 담론에 대한 비판적 고찰. 〈다문화콘텐츠연구〉, 17호, pp.7~37.

〈경향신문〉 (2018. 11. 15). 외국인들이 본 '한국의 낯섦'… 성찰과 '국뽕' 사이 예능 확산. https://www.khan.co.kr/culture/culture-general/article/201811150600005

권금상 (2013). 대중매체가 생산하는 '이주여성' 재현의 사회적 의미: 결혼이주민과 북한이탈주민 TV 프로그램을 중심으로. 〈다문화사회연구〉, 6권 2호, pp.39~81.

권금상 · 이혜영 (2018). 〈방송영상콘텐츠의 다문화 수용성 제고 안내서〉. 문화체육관광부.

김내훈 (2021). 《프로보커터》. 서해문집.

김보현 · 황인성 (2016). 한국영화에 드러난 동화주의적 다문화주의에 대한 일고찰: 2000년 이후를 중심으로. 〈커뮤니케이션학 연구〉, 24(2), pp.77~105.

김성윤 (2018). "우리는 차별을 하지 않아요": 진화된 혐오 담론으로서 젠더 이퀄리즘과 반다문화. 〈문화과학〉, 93, pp.93~119.

김수철 (2018). 2010년 이후 에스닉 푸드를 둘러싼 한국의 음식문화 분석 : 일상적 다문화주의의 표상. 〈문화와 정치〉, 5(3), pp.43~76.

김영명 (2013). 한국의 다문화 담론에 대한 비판적 고찰. 〈한국정치외교사논총〉, 35집 1호, pp.143~174.

김인영 · 박관영 · 이인희 (2009). TV 프로그램에 나타난 한국적 다문화주의의 특수성에 관한 미디어 담론: KBS 〈러브 인 아시아〉와 〈미녀들의 수다〉를 중심으로. 〈OUGHTOPIA〉, 24권 2호, pp.69~95.

김지혜 (2017). 한국 언론의 다문화 아동청소년 담론 분석. 〈사회복지연구〉, 48(3), pp.57~81.

김초희 · 김도현 (2018). 한국 다문화 TV 프로그램에서의 이주민 · 외국인 재현: 장르별 차이와 시기별 변화. 〈한국언론학보〉, 62(3), pp.309~341.

김초희 · 김도현 (2019). 한국 텔레비전 다문화 프로그램 속 다문화 구성원 및 외국인의 이미지: 인종, 출신지, 다문화 구성 유형별 차이를 중심으로. 〈한국방송학보〉, 33(4), pp.66~109.

김태영 · 윤태진 (2016). 텔레비전 예능 프로그램 속의 다문화주의: JTBC 〈비정상회담〉의 '기미가요' 논란을 통해 본 다문화주의 담론의 취약성 연구. 〈한국언론정보학보〉, 70, pp.255~288.

김현미 (2014). 《우리는 모두 집을 떠난다: 한국에서 이주자로 살아가기》. 돌베개.

노영은 · 류웅재 (2020). 유튜브 콘텐츠에 재현된 온라인 공간에서의 민족주의 — '외국인 리액션' 콘텐츠를 중심으로. 〈영상문화콘텐츠연구〉, 20, pp.7~38.

박미경 · 이헌율 (2017). 가족주의 관점에서 본 KBS〈이웃집 찰스〉의 이주민 가족 재현 연구: 이주 남성 가족을 중심으로. 〈한국콘텐츠학회논문지〉, 17(4), pp.12~24.

박선옥 · 이윤정 (2015). 〈비정상회담〉의 다문화 이해 양상 분석. 〈다문화콘텐츠연구〉 19, pp.77~112.

박소정 외 (2021). 샘 오취리의 스타 이미지 분석을 통해 본 한국 다문화주의의 발전과 한계. 〈미디어, 젠더 & 문화〉, 36(1), pp.137~179.

박진선 · 김새봄 (2016). JTBC 〈내 친구의 집은 어디인가〉의 낭만적 다문화 담론. 〈미디어, 젠더 & 문화〉, 31(2), pp.159~191.

백선기 · 황우섭 (2009). 다문화성 TV 방송 프로그램의 패러독스: KBS-TV의 〈미녀들의 수다〉에 내재된 '다문화성'과 '섹슈얼리티'의 혼재성. 〈한국언론정보학보〉, 45호, pp.255~295.

서경희 · 정철원 (2020). 누가 갈등의 유발자인가?: 「다문화 고부열전」의 제목을 중심으로. 〈인문사회21〉, 11(5), pp.1249~1264.

손희정 (2015). 우리 시대의 이방인 재현과 자유주의적 호모내셔널리티. 〈문화과학〉, 81,

pp.364~386.
신정원 · 오예주 · 홍석경 (2022). 여성 주체와 온라인 민족주의 : 〈조선구마사〉 방송 중단 운동을 중심으로. 〈언론정보연구〉, 59(3), pp.195~238.
심훈 (2013). 다문화 휴먼 다큐멘터리에 관한 비판적 담론 분석: KBS 〈인간극장〉에 등장하는 결혼 이주민의 언술행위 중 인터뷰를 중심으로. 〈한국방송학보〉, 27권 4호, pp.131~167.
안종수 (2021). 관광지화에 따른 디아스포라 공간의 장소성 재편 — 오사카 코리아타운의 장소, 미디어, 행위 경관 분석. 〈로컬리티 인문학〉, 26, pp.173~218.
안진 (2015). 나는 왜 백인 출연자를 선호하는가: 어느 TV제작자의 자기민속지학적 연구. 〈미디어, 젠더 & 문화〉, 30(3), pp.83~121.
안진 · 채영길 (2015). 공동체 미디어 실천과 다문화 정체성의 재구성: 결혼이주여성의 공동체 라디오 참여활동과 권능화. 〈한국방송학보〉, 29(6), pp.94~136.
양은경 (2010). 민족의 역이주와 위계적 민족성의 담론 구성: 『조선일보』의 조선족 담론 분석. 〈한국방송학보〉, 24(5), pp.194~237.
오찬호 (2013). 《우리는 차별에 찬성합니다》. 개마고원.
육주원 (2016). 반다문화 담론의 타자 만들기를 통해 본 다문화–반다문화 담론의 협력적 경쟁관계. 〈한국사회학〉, 50(4), pp.109~134.
육주원 · 신형진 (2021). 한국인의 사회적 관용과 다문화수용성. 〈한국인구학〉, 44(4), pp.1~18.
음영철 외 (2021). 재한 조선족 혐오 표현과 타자화 연구: 영화 〈청년경찰〉과 〈범죄도시〉를 중심으로. 〈동서비교문학저널〉, 57, pp.225~251.
이경숙 (2006). 혼종적 리얼리티 프로그램에 포섭된 '이산인'의 정체성 : 〈러브 人 아시아〉의 텍스트 분석. 〈한국방송학보〉, 20(3), pp.239~276.
이근옥 · 강국진 (2019). 미디어가 재현한 이주 노동자 가족: EBS1 〈글로벌 아빠 찾아 삼만리〉 텍스트 분석. 〈사회과학연구〉, 30(3), pp.25~50.
〈이데일리〉 (2018. 11. 19). "유럽서 韓포차를"… '국포차,' 몰카 논란 극복할까. URL: https://www.edaily.co.kr/news/read?newsId=01449766619407360&mediaCodeNo=S
이상길 · 안지현 (2007). 다문화주의와 미디어/문화연구: 국내 연구동향의 검토와 새로운 전망의 모색. 〈한국언론학보〉. 51권 6호. pp.58~83.
이유혁 (2018). 다문화주의에 관한 공적 페다고지로서의 영화: 〈방가?방가!〉에 나타난 마이너 트랜스내셔널리즘과 소수자 공간정치. 〈다문화와 평화〉, 13(3), pp.1~23.
이인희 · 황경아 (2013). 다문화 관련 미디어 보도 프레임 연구에 대한 메타분석. 〈다문화사회연구〉, 6(2), pp.83~108.
이정화 (2021). 비판적 담화 분석에 기초한 이주노동자의 표상에 관한 연구: TV 다큐멘터리

〈글로벌 아빠 찾아 삼만리〉를 중심으로. 〈동아연구〉, 40(2), pp.171~205.
이창호 (2012). 이주민 2세대의 고향(home)의 의미와 초국적 정체성: 화교 동창생들의 인터넷 커뮤니티를 중심으로. 〈한국문화인류학〉, 45(1), pp.30~41.
이창호 · 정의철 (2010). 다문화사회 대중매체의 사회통합적 역할 탐구. 〈한국방송학보〉, 24(5), pp.370~414.
이희은 (2017). 무례한 미디어 매개된 경험과 타자의 삶. 〈한국방송학보〉, 31(3), pp.216~246.
이희은 · 유경한 · 안지현 (2007). TV 광고에 나타난 전략적 다문화주의와 인종주의. 〈한국언론정보학보〉, 39, pp.473~505.
자유아시아방송 (2019. 2. 27). 외국인 참여 방송 프로그램의 다양한 진화. https://www.rfa.org/korean/weekly_program/culture_talk/fe-ck-02262019161244.html
전의령 (2015). '선량한 이주민, 불량한 이주민' : 한국의 주류 이주 · 다문화 담론과 반다문화 담론. 〈경제와 사회〉, 106, pp.238~270.
전의령 (2017). 인터넷 반다문화 담론의 우익 포퓰리즘과 배제의 정치. 〈경제와 사회〉, 116, pp.396~423.
전의령 (2020). 타자의 본질화 안에서의 우연한 연대: 한국의 반다문화와 난민 반대의 젠더 정치. 〈경제와 사회〉, 125, pp.360~401.
정선주 (2020). 다문화가정의 고부갈등 양상: EBS 〈다문화고부열전〉에 나타난 고부갈등을 중심으로. 〈다문화사회연구〉, 13(3), pp.145~195.
정선주 · 최성보 (2015). TV 프로그램에 재현되는 한국적 다문화주의의 특성: EBS 〈다문화고부열전〉을 중심으로. 〈다문화교육연구〉, 8(2), pp.97~122.
정의철 (2014). 지역방송의 다문화프로그램과 사회공헌활동에 대한 연구 : 방송관계자 및 전문가 인식을 중심으로. 〈한국언론학보〉, 58권 2호, pp.191~218.
정의철 (2018). 이주의 시대, 미디어 참여와 참여적 시민권 : 소통권과 다문화주의 논의를 중심으로. 〈커뮤니케이션 이론〉, 14(2), pp.45~88.
조진희 (2017). 조선족 여성에 대한 한국 상업영화의 민속지적 상상. 〈현대영화연구〉, 13(3), pp.103~133.
주재원 (2014). 다문화 뉴스 제작 관행과 게이트키핑의 문화정치학. 〈한국콘텐츠학회논문지〉, 14(10), pp.472~485.
주혜연 · 노광우 (2013). 드라마 속에 재현된 외국인과 한국의 다문화주의. 〈만화애니메이션연구〉, 32, pp.335~361.
진성희 (2018). 기울어진 연대: 한국영화에서 조선족 여성의 리얼리티는 어떻게 재구성되는가. 〈중국어문논총〉, 90, pp.381~404.
〈피알타임스〉 (2014. 10. 31). '비정상회담'의 비정상(?) 대응이 위기 키웠다. URL: http://

www.the-pr.co.kr/news/articleView.html?idxno=12052
〈한겨레〉 (2014. 10. 13). '비정상회담'이 재미없는 나, 비정상인가요?. https://www.hani.co.kr/arti/culture/culture_general/659512.html
〈한겨레〉 (2014. 10. 28). JTBC '비정상회담,' 일본 왕 찬양 '기미가요' 방송 물의. URL: https://www.hani.co.kr/arti/society/media/661749.html
〈한국경제신문〉 (2014. 10. 31). "JTBC, 기미가요 논란 관련 '비정상회담' 책임 프로듀서 경질" https://tenasia.hankyung.com/topic/article/2014103115534
〈한국경제신문〉 (2020. 4. 13). 국내 체류 외국인 252만명… "올해 다문화 사회 진입." https://sgsg.hankyung.com/article/2020041010691
한선 (2015). 공익광고가 재현하는 한국식 '다문화주의'에 대한 비판적 독해. 〈디아스포라연구〉 9(2), pp.173~195.
한희정 · 신정아 (2019). 한국 드라마의 조선족 재현. 〈한국영상학회논문집〉, 17(2), pp.43~61.
홍석준 (2018). 현대 한국에서의 '다문화' 담론에 대한 비판적 검토. 〈다문화와 인간〉, 7(1 · 2), pp.153~192.
홍지아 (2010). 젠더적 시각에서 바라본 한국 언론의 다문화 담론: 경향, 동아, 조선, 한겨레 기사분석을 중심으로. 〈언론과학연구〉, 10권 4호, pp.644~678.
홍지아 · 김훈순 (2010). 다인종 가정 재현을 통해 본 한국사회의 다문화 담론: TV 다큐멘터리 〈인간극장〉을 중심으로. 〈한국방송학보〉, 24권 5호, pp.544~583.
황경아 (2017). 반다문화 담론의 부상과 언론의 재현: 〈조선일보〉와 〈한겨레신문〉의 반다문화 관련 기사에 대한 텍스트분석을 중심으로. 〈미디어 젠더 & 문화〉, 32(4), pp.143~189.

찾아보기